KARIN ROLLER

Zielgerichtet traden mit Fibonacci

KARIN ROLLER

Zielgerichtet traden mit Fibonacci

DEUTSCHER
WIRTSCHAFTSBUCH
VERLAG

Bibliografische Information der Deutschen Nationalbibliothek
Die Deutsche Nationalbibliothek verzeichnet diese Publikation in der Deutschen Nationalbibliografie; detaillierte bibliografische Daten sind im Internet über dnb.dnb.de abrufbar.

Wir freuen uns auf eure Anregungen und Fragen
info@deutscherwirtschaftsbuchverlag.com

Wichtiger Hinweis
Die im Buch veröffentlichten Empfehlungen wurden von Verfasserin und Verlag erarbeitet und geprüft. Der Inhalt dieses Buches beruht ausschließlich auf den persönlichen Erfahrungen der Autorin und erhebt keinen wissenschaftlichen Anspruch. Die benutzten Begrifflichkeiten sind wertfrei. Eine Garantie kann dennoch nicht übernommen werden. Ebenso ist die Haftung der Verfasserin bzw. des Verlages und seiner Beauftragten für Personen-, Sach- und Vermögensschäden ausgeschlossen.

Originalausgabe
1. Auflage 2025

Deutscher Wirtschaftsbuch Verlag GmbH, Christoph-Rodt-Straße 11, 86476 Neuburg an der Kammel
www.deutscherwirtschaftsbuchverlag.com

Auch wenn eine gendergerechte Sprache wünschenswert ist, gibt es aus Sicht des Verlages bisher keine befriedigende, gut lesbare Lösung. Der leichten Lesbarkeit zuliebe haben wir des Öfteren von der Doppelung männlicher und weiblicher Formen Abstand genommen. Selbstverständlich liegt es uns fern, dadurch einen Teil der Bevölkerung zu diskriminieren.

Redaktion: Christine Rechberger
Satz: inpunkt[w]o, Wilnsdorf
Korrektorat: Christiane Geldmacher
Cover- und Umschlaggestaltung: www.b3k-design.de, © 2025 Andrea Schneider & diceindustries
DZS Grafik d.o.o.
Printed in Slovenia

ISBN Print: 978-3-69066-223-9
ISBN E-Book (PDF): 978-3-69066-225-3
ISBN E-Book (EPUB, Mobi): 978-3-69066-224-6

INHALT

FIBONACCI IM TRADING – MYTHOS MIT WIRKUNG!

Ob diskretionär, systembasiert oder KI-gestützt: Jeder Trader kennt das Problem. Der Einstieg passt – aber wo liegt der optimale Ausstieg? Wann und wo ***realisiert*** man die Gewinne? Scale Out an welchen Marken? Wo setzt man den Stop-Loss?

Dabei gilt: Wer eine Position eröffnet, sollte das Szenario für den Ausstieg von Anfang an mitdenken. Während man sich beim Einstieg meist intensiv informiert und analysiert, bleibt der Ausstieg oft eine Bauchentscheidung, dem weniger Aufmerksamkeit gewidmet wird. Doch gerade dieser verdient mindestens genauso viel Aufmerksamkeit. ***Der Ausstieg entscheidet über die Performance.*** Ob Exit auf Basis fixer Gewinnziele in Euro, Prozentgrenzen sowohl im Gewinn als auch im Verlust oder zeitlicher Trigger – etwa rund um Hauptversammlungen, Dividendenausschüttungen oder den Jahreswechsel: Relevante Exit-Marken braucht jede Strategie.

Und hier kommt Fibonacci ins Spiel:
Die Fibonacci-Zahlenreihe ist eng mit dem Goldenen Schnitt verknüpft. Sowohl die Zahlen aus der Fibonacci-Reihe als auch die Ratios sind in der belebten und unbelebten Natur allgegenwärtig. Und zwar seit Millionen von Jahren.

In der Praxis dienen insbesondere die Ratios vielen Tradern zur Definition markttechnischer Zielzonen. In der Praxis werden mit Retracements, Expansionen, Extensionen und Projektionen potenzielle Wendepunkte identifiziert.

In der Theorie herrscht aber Uneinigkeit. Während manche Studien den Nutzen als zufallsbedingt einstufen, sehen andere signifikante Häufungen an markttechnisch relevanten Fibonacci-Niveaus. Dieser Widerspruch ist bekannt – und ein Kernthema dieses Buches.

Fibonacci ist für manche der Heilige Gral des Tradings, für andere bloße Esoterik. Ob Trading-Kompass oder vermeintlicher Aberglaube: Fibonacci polarisiert. Doch Rationalität ist am Markt eine Utopie. Denn es zählt nicht, ob etwas wahr ist, sondern ob es gehandelt wird.

Und Fibonacci wird gehandelt!
Es gibt keinen rationalen Grund, warum sich Börsenkurse an Fibonacci-Ratios orientieren sollten. In der Natur zeigt sich der Goldene Schnitt zwar häufig – aber auch in den Finanzmärkten? Doch Fakt ist: Viele institutionelle und private Marktteilnehmer nutzen Fibonacci-Marken zur Zielbestimmung – manuell wie auch automatisiert. Im Algo-Trading ist der Einsatz programma-

tisch trivial: Ein Algorithmus kann problemlos auf definierte Fibonacci-Level reagieren, sei es zum Entry, Exit oder zur Order-Modifikation.

Algo-Trading ist nichts anderes als automatisierte Parametrisierung von Aufträgen – darunter Timing, Preis, Volumen oder Order Management mit minimaler menschlicher Intervention. Fibonacci lässt sich darin problemlos integrieren. Und Algo-Trading ist auf dem Vormarsch. An der EUREX entstammt bereits jede dritte Order einem Algorithmus!

Daraus folgt ein pragmatischer Ansatz: ***Avoid it or exploit it!*** Vermeide es oder nutze es aus. Als kleine Fische im Haifischbecken sollten wir unser Wissen über Fibonacci als Vorteil begreifen. Auch wenn es keine objektive Begründung für deren Wirksamkeit gibt: Wenn viele Marktteilnehmer danach handeln, funktioniert das System nach dem Prinzip der sich selbst erfüllenden Prophezeiung. Genau dieser Effekt ist einer der zentralen Kritikpunkte, aber auch ein faszinierender Aspekt der technischen Analyse.

Solche Phänomene sind keineswegs selten. Sie stehen im Fokus der Behavioral Economics, einem vergleichsweise jungen Zweig der Wirtschaftswissenschaften. Hier wird menschliches Verhalten in ökonomischen Situationen untersucht – besonders dort, wo es nicht dem Idealbild des Homo oeconomicus entspricht. Behavioral Finance liefert das theoretische Fundament: Märkte sind nicht rational, sie sind menschlich. Und Menschen reagieren auf Muster. Fibonacci ist ein solches Muster – anerkannt, weit verbreitet, handelbar.

Was zählt, ist die Anwendung!

Fibonacci-Tools entfalten ihre Wirkung nur bei korrekter und konsistenter Anwendung. Wer die typischen Reaktionen einer Aktie oder eines Indexes auf Fibonacci-Ratios historisch analysiert, kann daraus belastbare Zielzonen für künftige Setups ableiten. Wenn der Markt Fibonacci-Levels *respektiert*, kann man davon ausgehen, dass er es weiter tun wird, jedenfalls so lange, wie ausreichend Teilnehmer entsprechend handeln.

Rationalität ist in der Marktmechanik nicht zwingend notwendig. Wirksamkeit zählt. Und die lässt sich empirisch prüfen, durch Backtesting, Cluster-Analysen und Beobachtung realer Marktsituationen.

Selbst wenn es keine logische Erklärung für ihre Wirksamkeit gibt: Fibonacci-Tools sind ein funktionales Werkzeug. Wer es korrekt einsetzt, erweitert sein strategisches Arsenal und erhält einen systematischen Vorteil. Wer es ignoriert, verzichtet unter Umständen auf einen Informationsvorsprung, auf den **Edge**.

Dieses Buch richtet sich an Trader, die Fibonacci nicht als Glaubensfrage sehen, sondern als operatives Tool prüfen und nutzen wollen. Für erfahrene Anwender bietet es methodische Vertiefung – für Skeptiker rationale Zugänge und Testkriterien.

Mein Dank gilt allen Wegbegleitern, die dieses Projekt mitgetragen haben.

Bücher kann man auf vielerlei Arten lesen: konsequent und systematisch von der ersten bis zur letzten Seite; oder selektiv, zuerst die spannendsten Kapitel und dann die weniger spannenden.

Bei einem Krimi ist dies nicht unbedingt sinnvoll, bei einem Fachbuch wie diesem eine durchaus zielführende Variante.

Damit Sie sich, werte Leserinnen und Leser, die sich einem Buch eher selektiv nähern, zügig orientieren können, finden Sie hier eine kleine Übersicht der einzelnen Kapitel:

Das **Kapitel 1** beinhaltet eine Chronologie zum Goldenen Schnitt und zu einigen Variationen des Goldenen Schnitts.

In **Kapitel 2** wird die Mathematik erklärt, die hinter den Fibonacci-Zahlen und -Ratios steckt. Die Fibonacci-Ratios können in einem Chart sowohl in der Preisachse als auch in der Zeitachse angewendet werden.

In **Kapitel 3** werden die absolut notwendigen Basics zur Trenddefinition und Trendumkehr erklärt.

In **Kapitel 4** wird die Anwendung von Fibonacci-Ratios in der Preisachse gezeigt: Retracement, Projektion, Expansion und Extension.

In **Kapitel 5** werden einige Muster vorgestellt, die auf Fibonacci-Ratios basieren: das ABC-Muster, das ABCD-Muster, das Gartley-222 und das Butterfly-Pattern.

In **Kapitel 6** finden Sie zwei Anwendungsvarianten: Fibonacci-Kanäle und Fibonacci-Fächer.

Im abschließenden **Kapitel 7** erwartet Sie dann noch die Anwendung von Fibonacci-Zahlen und Fibonacci-Ratios in der Zeitachse.

Die Anhänge bieten Grundlagen zum Nachschlagen:

Anhang I: Einführung in die technische Analyse

Anhang II: Die Dow-Theorie – Ursprung moderner Trendanalyse

Anhang III: Formationen und ihre Bedeutung im Chart

Anhang IV: Indikatoren & Oszillatoren inkl. Berechnung & Interpretation von MACD und MACD-Histogramm

Anhang V: Überblick über die Elliott-Wellen-Theorie

Anhang VI: Einführung in Candlestick-Formationen

Anhang VII: Der Traders Trick Entry (nach Joe Ross)

Ob Sie das Buch also von vorne nach hinten lesen oder sich gezielt einzelne Kapitel herauspicken: Es begleitet Sie Schritt für Schritt – vom theoretischen Fundament bis zur praktischen Anwendung der Fibonacci-Tools.

Anmerkungen:

Zur besseren Lesbarkeit wird das generische Maskulinum verwendet.

Auf Anglizismen kann nicht verzichtet werden.

Ist vom DAX die Rede, dann ist damit immer der XETRA-DAX (der Deutsche Börse AG) gemeint, der Performance-Index, ISIN DE0008469008. Der **D**eutsche **A**ktien **I**ndex ist der wichtigste deutsche Aktienindex, bestehend aus den 40 größten und umsatzstärksten, an der Frankfurter Wertpapierbörse gelisteten (Aktien-)Unternehmen. Der DAX wurde am 01.07.1988 eingeführt.

Wenn von Ratios, Retracements, Projektionen, Expansionen oder Extensionen die Rede ist, dann handelt es sich immer um Fibonacci-Ratios, Fibonacci-Retracements, Fibonacci-Projektionen, Fibonacci-Expansionen oder Fibonacci-Extensionen.

KAPITEL 1

DER GOLDENE SCHNITT – DER GEHEIME CODE

1.1 CHRONOLOGIE ZUM GOLDENEN SCHNITT

Der *Goldene Schnitt* (lat.: sectio aurea), auch *Göttliche Teilung* (lat.: proportio divina), hat die Menschheit seit Jahrtausenden fasziniert. Er ist in der Natur weit verbreitet und wurde in der griechischen Antike als Symbol für Ästhetik und Harmonie in Architektur und Kunst verwendet.

Die frühen Baumeister nutzten den Goldenen Schnitt, ein Wissen über *Maß und Zahl*, das nur Eingeweihten zugänglich war, als gestalterisches Mittel zur Bestimmung der Proportionen ihrer Bauwerke.

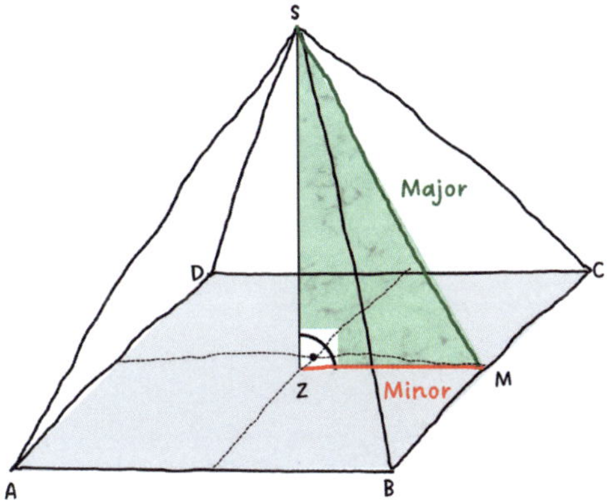

Abbildung 1: Cheopspyramide

Zum Beispiel: Der Historiker **Herodot** (490/480 v. Chr. – 430/420 v. Chr.) war ein antiker griechischer Geschichtsschreiber, Geograf und Völkerkundler. Er gilt als der »Vater der Geschichtsschreibung«. Er schrieb, dass das Verhältnis der Wandhöhe zur Gesamthöhe der Cheopspyramide dem Goldenen Schnitt entspricht. Zum besseren Verständnis ist dieses Beispiel als Skizze in Abbildung 1 dargestellt.

Bei einer ursprünglichen Höhe der Cheopspyramide von 146,59 m = $\overline{ZS}$ und einer Seitenlänge von 230,4 m = $\overline{BC}$ lässt sich über den Satz des Pythagoras die Strecke MS = 186,44 m berechnen.

- Das Verhältnis Major zu Minor = 186,44 m / 115,2 m = 1,618 = Φ.
- Das Verhältnis Minor zu Major = 115,2 m / 186,44 m = 0,618 = ϕ.

War das Zufall? Oder kannten die Baumeister der Cheopspyramide bereits das Geheimnis von Maß und Zahl?

Der Goldene Schnitt findet sich sowohl im Parthenon, in vielen gotischen Kathedralen wie der Kathedrale von Chartres als auch in »modernen« Bauwerken wie der Walhalla bei Regensburg.

Der schweizerisch-französische Architekt **Le Corbusier** (1887–1965) war einer der einflussreichsten Architekten des 20. Jahrhunderts. Er entwickelte ein Proportionssystem namens Modulor, das auf menschlichen Maßen und dem Goldenen Schnitt basiert.

Der Goldene Schnitt wurde erstmals von **Euklid** (um 360 v. Chr. – 280 v. Chr.) in seinem berühmtesten Werk *Die Elemente* mathematisch dargestellt. Euklid war ein griechischer Mathematiker, der vermutlich in Athen geboren und dort an Platons Akademie ausgebildet wurde. Seine Hauptleistung ist darin zu sehen, dass er das zu seiner Zeit bekannte mathematische Wissen einheitlich darstellte und einer strengen Beweisführung unterzog.

Er teilte eine Linie in ein »äußeres und ein mittleres Verhältnis« (proportio habens medium et duo extrema). Die Strecke L wird in zwei Abschnitte unterteilt, sodass das größere Segment (der grüne Major) im gleichen Verhältnis zum kleineren Segment (der rote Minor) steht wie die Summe der beiden Segmente zum größeren Segment.

Abbildung 2*: a* verhält sich zu *b* wie *(a + b)* zu *a*

$$\frac{a}{b} = \frac{a+b}{a}$$

Wie kann die Strecke L entsprechend dem Goldenen Schnitt geteilt werden?

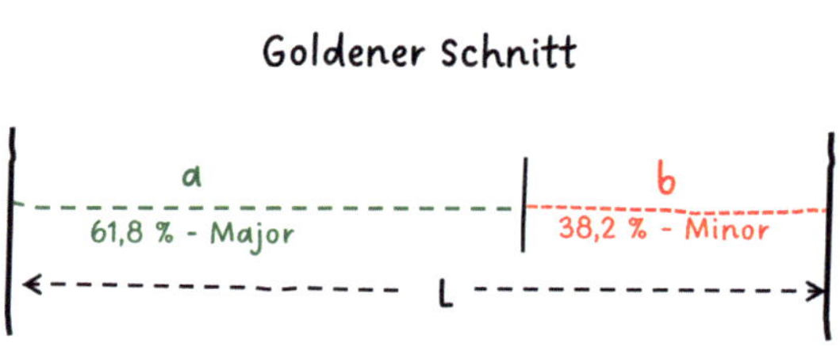

Abbildung 2: Goldener Schnitt

Die in der Geometrie angewandten Konstruktionsmethoden sind auf die Verwendung von Zirkel und Lineal (ohne Skalierung) beschränkt. Auch Euklid hat ein Verfahren für die göttliche Teilung beigesteuert (Abbildung 3):

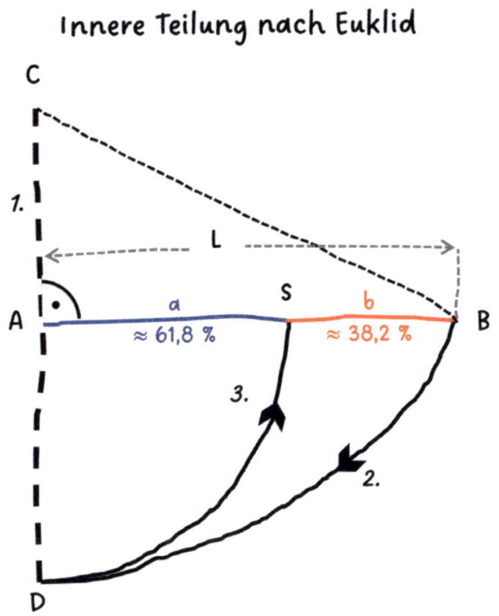

Abbildung 3: Innere Teilung nach Euklid

1. Errichte auf der Strecke $\overline{AB}$ im Punkt A eine Senkrechte der halben Länge von $\overline{AB}$ mit dem Endpunkt C.
2. Der Kreis um C mit dem Radius $\overline{CB}$ schneidet die Verlängerung von $\overline{AC}$ im Punkt D.
3. Der Kreis um A mit dem Radius $\overline{AD}$ teilt die Strecke $\overline{AB}$ im Verhältnis des Goldenen Schnitts.
   $\overline{AS}$ = a ~61,8 % von L
   $\overline{SB}$ = b ~38,2 % von L

Den Begriff *Goldener Schnitt* hat Euklid nicht verwendet, dieser stammt von Luca Pacioli aus dem späten Mittelalter.

Leonardo da Pisa (ca. 1180 in Pisa – ca. 1241) war der bedeutendste Mathematiker des Mittelalters. Sein Beiname **Fibonacci** ist zurückzuführen auf *Bonaccio*, den Namen des Großvaters. *Filius Bonacii* – Sohn des Bonaccio –, woraus dann Fibonacci wurde. Über sein Leben ist nur wenig bekannt. Als Sohn eines Kaufmanns reiste er durch Nordafrika und Arabien, wo er nicht nur das Rechnen mit den neun indo-arabischen Ziffern, sondern auch die Verwendung der Null erlernte. Zu dieser Zeit wurde in Europa noch mit römischen Ziffern gerechnet, was keine fortgeschrittene Mathematik ermöglichte und somit ein erhebliches Hindernis für die Weiterentwicklung der Wissenschaften darstellte.

Sein Hauptwerk *Liber Abbaci*, veröffentlicht im Jahr 1202, führte die lateinisch sprechende Welt in die Vorteile der neun indo-arabischen Ziffern und der Null ein. Er etablierte das noch heute gebräuchliche Zahlensystem im mittelalterlichen Europa. In diesem Buch hat er die »Kaninchenaufgabe« formuliert:

- **Aufgabe:** Angenommen, wir haben ein Pärchen junger Kaninchen. Wie viele Kaninchen sind es nach 12 Monaten?
- **Annahmen:** Wir starten mit einem Pärchen junger Kaninchen. Die jungen Kaninchen werden nach einem Monat geschlechtsreif und bringen dann jeden Monat ein weiteres Pärchen zur Welt. Die Nachkommen verhalten sich ebenso. Das Experiment wird unter idealen Bedingungen durchgeführt: Die Kaninchen sind unsterblich, es können von außen keine weiteren Kaninchen hinzukommen und sie können ihr ideales Umfeld nicht verlassen.
- **Der Clou:** Leonardo da Pisa entwickelte ein **Modell**, vereinfachte das Problem und machte es damit berechenbar.
- **Ergebnis:** Nach 12 Monaten sind es 233 Kaninchen. Die ersten Monate des Kaninchenwachstums sind in Abbildung 4 dargestellt.

Die **Fibonacci-Zahlenfolge** lässt sich über dieses Kaninchenwachstum grafisch skizzieren (Details zur Fibonacci-Zahlenfolge in Kapitel 2):

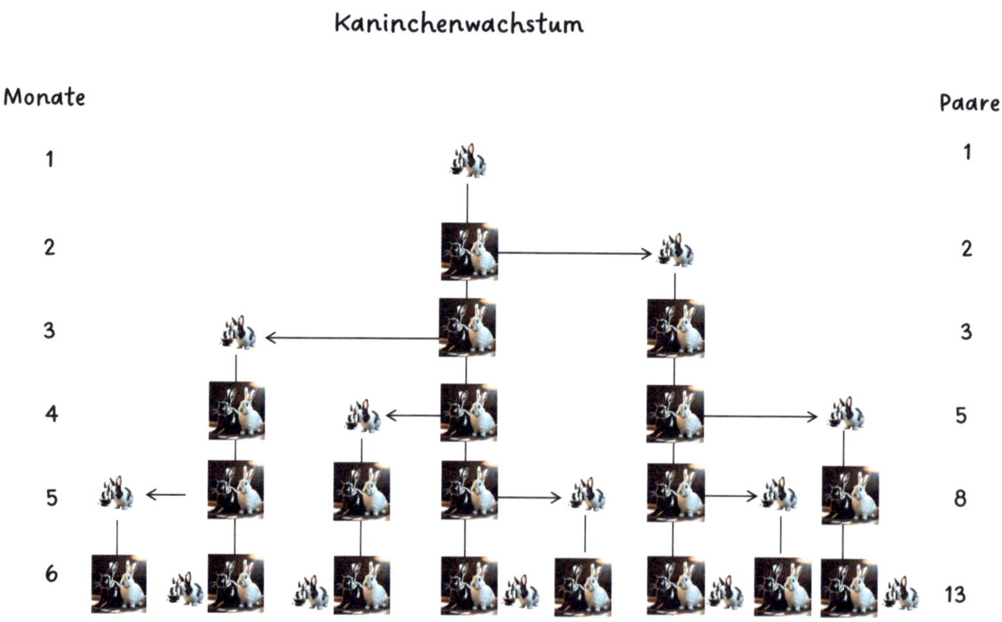

Abbildung 4: »Kaninchenaufgabe« – Herleitung der Zahlenfolge

Leonardo da Pisa stellte keinen Zusammenhang mit dem Goldenen Schnitt her, der ihm bekannt war, er hat sich auch nicht weiter mit der Zahlenfolge beschäftigt.

Erst über 600 Jahre später hat **Édouard Lucas** (1842–1891) dieser Zahlenfolge den Namen *Fibonacci Sequence* gegeben. Lucas war ein französischer Mathematiker, der sich mit der Zahlentheorie beschäftigte und die Fibonacci-Zahlenfolge verallgemeinert hat. Lucas entwickelte eine eigene Zahlenfolge, die nach dem gleichen Prinzip wie die Fibonacci-Folge funktioniert, aber mit unterschiedlichen Startwerten. Details stehen in Kapitel 2: Die Fibonacci-Zahlenfolge.

Den Begriff *divina proportio* (Göttliche Teilung) soll **Luca Pacioli** (um 1445–1514), Franziskanermönch und Mathematiker aus Florenz, als Erster verwendet haben, als er damit 1494 die doppelte Buchführung beschrieb. Er wurde von einem seiner Schüler angeregt, eine Abhandlung über den Goldenen Schnitt zu verfassen.

Dieser Mathematikschüler war **Leonardo da Vinci** (1452–1519), er soll sein Buch *De divina proportione,* erschienen 1509, illustriert haben. Von diesem italienischen Genie und Universalgelehrten stammt die Darstellung des Menschen in Quadrat und Kreis (*homo ad quadratum et circulum*), bekannt als der vitruvianische Mensch. In dieser Zeichnung ist das Verhältnis des Goldenen Schnitts in der Seitenlänge des Quadrats zum Radius des Kreises dargestellt. Diese Federzeichnung von Leonardo da Vinci ist auf der Rückseite der italienischen 1-Euro-Münze abgebildet.

Abbildung 5: Rückseite der italienischen 1-Euro-Münze

Die Bezeichnung *sectio divina* (Göttlicher Schnitt) stammt vom Mathematiker, Physiker und Astronom **Johannes Kepler** (1571–1630). Er hat den **Zusammenhang zwischen der Fibonacci-Zahlenfolge und dem Goldenen Schnitt aufgezeigt**. Berühmt wurde Kepler allerdings durch seine *Keplerschen Gesetze*, denn er entdeckte die Gesetze der Planetenbewegung und bestätigte damit das heliozentrische Weltbild.

Der Tübinger Professor **Michael Maestlin** (1550–1631) beschrieb 1597 in einem Brief an seinen früheren Schüler Johannes Kepler die erste bekannte Berechnung des Goldenen Schnitts als »ungefähr 1,6180340«.

Zu Ehren des Baumeisters des Parthenon, **Phidias** (Φιδιασ, 490 – 430 v. Chr.), benannte der amerikanische Mathematiker **Mark Barr** (1871–1950) um 1909 den Goldenen Schnitt mit dem griechischen Buchstaben Φ (Phi), dem Anfangsbuchstaben des Baumeisters.

Das (große) Phi $\Phi = 1{,}618$ und das (kleine) phi $\phi = 0{,}618$.

1.2 VARIATIONEN DES GOLDENEN SCHNITTS

Der **Goldene Schnitt** als ein Streckenverhältnis oder Zahlenverhältnis:

Das (große) Phi Φ hat den Zahlenwert 1,618. Die Herleitung erfolgt über diese Formel:

$$\phi = \frac{1+\sqrt{5}}{2} = 1{,}618$$

Das (kleine) phi ϕ ist der reziproke Wert (= Kehrwert) vom (großen) Phi Φ und hat den Zahlenwert 0,618. Die Kehrwertberechnung lautet:

$$\varphi = \frac{1}{1{,}618} = 0{,}618$$

Ein Rechteck ist dann ein **Goldenes Rechteck**, wenn die Seitenverhältnisse dem Goldenen Schnitt entsprechen (Abbildung 6). Bei einem DIN-A4-Blatt mit den Maßen 210 mm × 297 mm lassen sich die Seitenverhältnisse über $\sqrt{2} : 1 = 1{,}414$ berechnen. Das entspricht nicht dem Goldenen Schnitt.

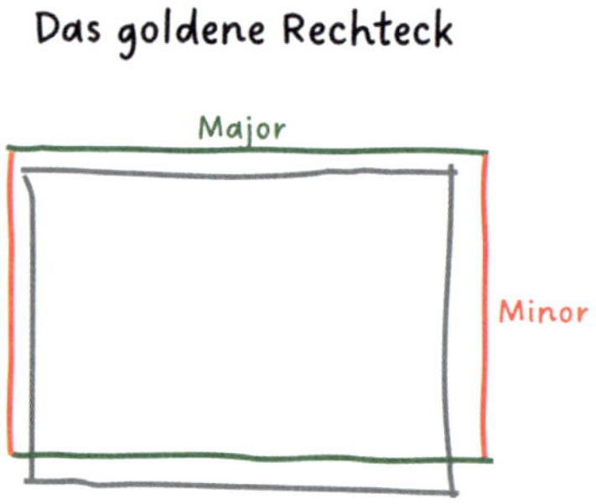

Abbildung 6: Die grauen Linien entsprechen einem DIN-A4-Blatt, das Goldene Rechteck ist mit grünen und roten Linien gezeichnet.

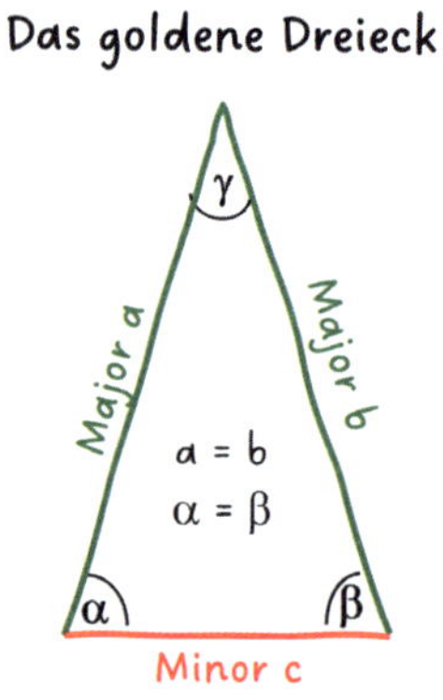

Abbildung 7: Goldenes Dreieck

Ein gleichschenkliges Dreieck (a = b) ist ein **Goldenes Dreieck,** bei dem das Verhältnis der Länge der Schenkel a und b zur Basis c dem Goldenen Schnitt entspricht (Abbildung 7).

Teilt man einen Kreis im Verhältnis des Goldenen Schnitts in zwei Kreisausschnitte, dann erhält man einen **Goldenen Winkel** Psi Ψ (Abbildung 8). Üblicherweise wird der kleinere dieser Winkel als Ψ1 und der größere dieser Winkel als Ψ2 bezeichnet.

$$\psi 2 = \frac{360^\circ}{\phi} = \frac{360^\circ}{1{,}618} \approx 222{,}5^\circ$$

$$\psi 1 = 360^\circ - \psi 2 = 360^\circ - 222{,}5^\circ \approx 137{,}5^\circ$$

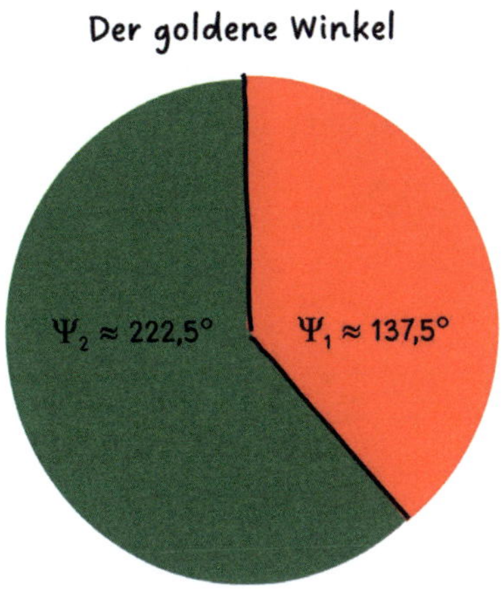

Abbildung 8: Goldener Winkel

Werden Blätter um einen Stängel im Goldenen Winkel angeordnet, erhält man Blattansätze wie in Abbildung 9 dargestellt. Zum Beispiel bildet die echte Aloe vera ihre Blätter nach dem Goldenen Winkel aus.

Das ist keine Laune der Natur, sondern überlebenswichtig: Werden die Blätter in exakt diesem Winkel angeordnet, dann führt das dazu, dass jedes Blatt die maximale Lichtmenge einfangen kann. Wird vom Goldenen Winkel um nur 1 Grad abgewichen, dann verkümmern die unteren Blätter, weil sie nicht mehr genügend Sonnenlicht bekommen, um Photosynthese zu betreiben.

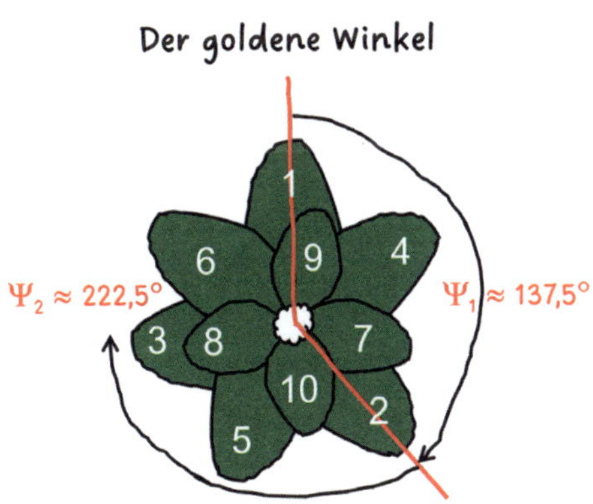

Abbildung 9: Blattansätze im Goldenen Winkel

Das Perlboot (lateinisch Nautilus, Abbildung 10), ein Kopffüßer der ursprünglichsten Form – sie sind immerhin über 480 Millionen Jahre alt! – bildet seine Schale als **Goldene Spirale** aus. Auch der Nautilus verwendet die Goldene Spirale nicht aus einer Laune heraus oder aufgrund der ästhetischen Form, sondern aus Notwendigkeit: Er bildet jeden Monat eine neue Kammer, bis er ausgewachsen ist. Die neue Kammer ist immer um den Faktor 1,618 größer als die alte. Diese ausgeklügelten Proportionen ermöglichen seine Fortbewegung. Die miteinander verbundenen Kammern enthalten Gas und Wasser. Durch das Verhältnis dieser beiden kann der Nautilus sinken oder steigen.

Abbildung 10: Perlboot von Pixabay

Wer jetzt eine Goldene Spirale konstruieren möchte und nicht wie das Perlboot auf sein uraltes, genetisches Programm zurückgreifen kann, der startet mit einem Goldenen Rechteck. Das erste Rechteck wird im Verhältnis 61,8 % (in Grün) und 38,2 % (in Rot) geteilt, also in einen Major und einen Minor. Der Minor wird dann wieder im Verhältnis 61,8 % und 38,2 % geteilt und so weiter und so fort. Durch die wiederholten Teilungen erhält man eine Figur, in die eine goldene Spirale eingezeichnet werden kann (Abbildung 11).

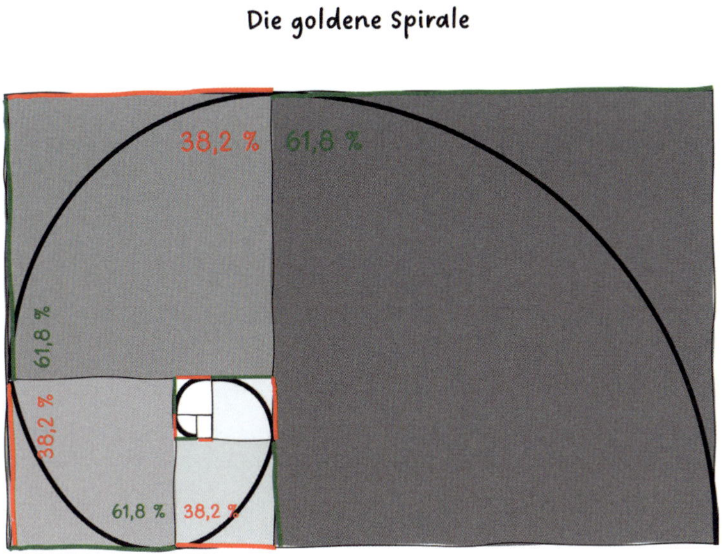

Abbildung 11: Aufbau der Goldenen Spirale

1.3 ZUSAMMENFASSUNG: GOLDENER SCHNITT

Was der Mensch erst seit wenigen Jahrhunderten berechnen kann, verwendet die Natur schon seit Jahrmillionen. Der Goldene Schnitt und seine Variationen wie der Goldene Winkel oder die Goldene Spirale sind in der unbelebten und belebten Natur omnipräsent. Nicht nur die Baumeister der vergangenen Jahrhunderte haben ihre teils sehr wuchtigen Gebäude mit dem »Geheimnis von Maß und Zahl« gestaltet, wie zum Beispiel die Cheopspyramide (2560 v. Chr.) oder der Parthenon auf der Akropolis (438 v. Chr.). Auch repräsentative Gebäude jüngeren Datums wie etwa die Walhalla bei Regensburg (1842) oder das Hauptquartier der UNO in New York City (1951) wurden unter Berücksichtigung des Goldenen Schnitts entworfen.

Maler wie Albrecht Dürer (1471–1528) oder Caspar David Fridrich (1774–1840) haben in ihren Gemälden den Goldenen Schnitt und dessen Variationen verwendet.

Oder: Das Design des Aston Martin One-77, ein in Kleinstserie von 2009 bis 2012 gebauter Sportwagen, basiert auf dem Goldenen Schnitt.

Viele für uns harmonische und »gefällige« große und kleine Objekte basieren in ihrer Konstruktion auf dem Goldenen Schnitt und dessen Variationen.

KAPITEL 2:

DIE FIBONACCI-ZAHLENFOLGE

2.1 FIBONACCI-ZAHLEN

Die **Fibonacci-Zahlenfolge** ist eine mathematische Folge nicht negativer, ganzer Zahlen, die über das rekursive Bildungsgesetz

$$f_n = f_{n-1} + f_{n-2} \text{ (für } n \geq 2\text{)}, f_0 = 0 \text{ und } f_1 = 1$$

berechnet werden.

In Worten: Die beiden Startwerte 0 und 1 sind vorgegeben. Jede weitere Zahl wird dann aus der Summe der beiden Vorgänger berechnet.

Die Herleitung der ersten sieben Fibonacci-Zahlen sieht folgendermaßen aus:

Die beiden vorgegebenen Startwerte werden addiert:	$0 + 1 = 1$
Dann werden die beiden Vorgänger, jeweils eine 1, addiert:	$1 + 1 = 2$

Die neuen Vorgänger sind nun die 1 und die 2. Diese werden wieder addiert:

$1 + 2 = 3$	1, 2, 3
$2 + 3 = 5$	1, 2, 3, 5
$3 + 5 = 8$	1, 2, 3, 5, 8
$5 + 8 = 13$	1, 2, 3, 5, 8, 13
$8 + 13 = 21$	1, 2, 3, 5, 8, 13, 21

So erhalten wir die Fibonacci-Zahlenfolge (0, 1,) 1, 2, 3, 5, 8, 13, 21, 34, 55, 89, 144, 233, 377, 610, 987 …

Die Fibonacci-Zahlen sind in der Natur allgegenwärtig. Bei einem Tannen- oder Pinienzapfen, einer Ananas oder der Blüte einer Sonnenblume gibt es im Uhrzeigersinn sowie gegen den Uhrzeigersinn drehende Spiralen. Die Anzahl der Spiralen entspricht immer zwei Nachbarzahlen aus der Fibonacci-Zahlenfolge. Bei einer großen Sonnenblume zum Beispiel 55 und 34 Spiralen. Bei der Ananas sind es 13 und 8.

2.2 FIBONACCI-RATIOS

Nicht die Fibonacci-Zahlen aus der Fibonacci-Zahlenfolge sind beim Trading relevant, sondern die Ratios.

Ratio ist ein lateinischer Begriff. In der Mathematik bedeutet er meist **Verhältnis** beziehungsweise **Quotient** und weist darauf hin, dass eine Größe zu einer anderen in Beziehung gesetzt wurde. Die beiden Wörter »Ratio« und »Verhältnis« können also gleichbedeutend verwendet werden.

Die Fibonacci-Zahlen aus der Zahlenfolge haben spannende Eigenschaften:

- Das Verhältnis einer Zahl zur nächsthöheren Zahl beträgt ≈ 0,618.
- Das Verhältnis einer Zahl zur nächstniedrigeren Zahl beträgt ≈ 1,618.
- Je weiter die Reihe fortschreitet, desto mehr nähert sich dieses Verhältnis der Zahl Phi Φ, einer irrationalen Zahl mit dem Wert 1,618033988.
- Phi ist der »Goldene Schnitt« (Abbildung 2).
- Das (kleine) phi $\varphi = 0{,}618033988\ldots$ ist der Kehrwert vom (großen) Phi $\Phi = 1{,}6180339887\ldots$
- Das Verhältnis zwischen den jeweils übernächsten Zahlen beträgt circa 0,382 in aufsteigender und circa 2,618 in absteigender Richtung.

2.3 MATHEMATISCHE HERLEITUNG DER FIBONACCI-RATIOS

Viele Wege führen nach Rom – und viele mathematische Herleitungen zu den in der technischen Analyse relevanten Fibonacci-Ratios.

GRENZWERT- ODER LIMESFUNKTION

Tauchen wir noch etwas tiefer in die Mathematik des Goldenen Schnitts ein. Wie Sie bereits wissen, beträgt das Verhältnis einer Zahl zur nächstniedrigeren ≈ 1,618.

Der Quotient (n/n-1) nähert sich mit immer größeren Zahlen der 1,618. In der Mathematik wird das als Grenzwert- oder Limesfunktion bezeichnet. Wobei gilt: n ist eine Zahl aus der Fibonacci-Zahlenfolge.

Angewendet auf die Zahlen aus der Fibonacci-Zahlenfolge sieht das so aus:

$\lim\limits_{n\to\infty} \frac{a_n}{a_{n+1}} = 0{,}618$	$\lim\limits_{n\to\infty} \frac{a_n}{a_{n-1}} = 1{,}618$
$\lim\limits_{n\to\infty} \frac{a_n}{a_{n+2}} = 0{,}382$	$\lim\limits_{n\to\infty} \frac{a_n}{a_{n-2}} = 2{,}618$
$\lim\limits_{n\to\infty} \frac{a_n}{a_{n+3}} = 0{,}236$	$\lim\limits_{n\to\infty} \frac{a_n}{a_{n-3}} = 4{,}236$

Die Reihe lässt sich beliebig fortsetzen.

Gabriel Lamé (1795–1870), ein französischer Mathematiker und Physiker, hat die Entdeckung der Fibonacci-Zahlenfolge für sich reklamiert. Das hat den Mathematiker **Édouard Lucas** dazu bewogen, Leonardo da Pisa zum rechtmäßigen Entdecker dieser Zahlenfolge zu erklären und sie mit seinem Namen zu versehen. Auch Lucas hat sich intensiv mit Zahlenfolgen beschäftigt.

Die **Lucas-Zahlenfolge** beruht auf derselben Gesetzmäßigkeit wie die Fibonacci-Zahlenfolge, sie unterscheidet sich nur durch die anderen Startwerte $f_0 = 2$, $f_1 = 1$. Daraus ergibt sich die Zahlenfolge (2, 1,) 3, 4, 7, 11, 18, 29, 47, 76, 123, 199, 322, 521, 843 …

Auch bei dieser Zahlenfolge konvergieren die Ratios aufeinanderfolgender Werte gegen 1,618, den Goldenen Schnitt.

In Tabelle 1 sind die Verhältnisse der Fibonacci-Zahlen berechnet. Rot hervorgehoben sind die am häufigsten verwendeten Ratios:

	1	**2**	**3**	**5**	**8**	**13**	**21**	**34**	**55**	**89**	**144**
1	*1*	2,000	3,000	5,000	8,000	13,000	21,000	34,000	55,000	89,000	144,000
2	**0,500**	*1*	1,500	2,500	4,000	6,500	10,500	17,000	27,500	44,500	72,000
3	0,333	0,667	*1*	1,667	2,667	4,330	7,000	11,330	18,330	29,670	48,000
5	0,200	0,400	0,600	*1*	1,600	2,600	4,200	6,800	11,000	17,800	28,800
8	0,125	0,250	0,375	0,625	*1*	1,625	2,625	4,250	6,875	11,125	18,000
13	0,077	0,154	0,231	0,385	0,615	*1*	1,615	2,615	4,230	6,846	11,077
21	0,048	0,095	0,143	0,238	0,381	0,619	*1*	1,619	2,619	4,238	**6,857**
34	0,029	0,059	0,088	0,147	0,235	0,382	0,618	*1*	1,618	2,618	**4,235**
55	0,018	0,036	0,055	0,091	0,146	0,236	0,382	0,618	*1*	1,618	**2,618**
89	0,011	0,022	0,034	0,056	0,089	0,146	0,236	0,382	0,618	*1*	**1,618**
144	0,007	0,014	0,020	0,035	0,055	0,090	**0,146**	**0,236**	**0,382**	**0,618**	*1*

Tabelle 1: Berechnung der Fibonacci-Ratios durch Division der Zahlen aus der Fibonacci-Zahlenfolge.

POTENZEN DER BASIS PHI Φ = 1,618

Diese Variante basiert auf Phi Φ = 1,618. Der Goldene Schnitt wird einfach potenziert.

Φn	**Ratio**	**Kehrwert ($\frac{1}{x}$)**
(1,618)1	1,618	0,618
(1,618)2	2,618	0,382
(1,618)3	4,236	0,236
(1,618)4	6,854	0,146
(1,618)5	11,089	0,090

Tabelle 2: Berechnung der Fibonacci-Ratios durch Potenzieren der Zahl Phi.

In Tabelle 2 sind die in der technischen Analyse relevanten Ratios aufgelistet.

QUADRATWURZEL AUS PHI Φ = 1,272 UND KEHRWERT 0,786

Zwei wichtige Ratios, die 1,272 und der Kehrwert 0,786, lassen sich über das Ziehen der Quadratwurzel aus dem (großen) Phi = 1,618 und dem (kleinen) phi = 0,618 berechnen:

$$\sqrt[2]{1,618} = 1,272 \rightarrow \frac{1}{1,272} = 0,786$$

$$\sqrt[2]{0,618} = 0,786 \rightarrow \frac{1}{0,786} = 1,272$$

Wie leiten sich die Quelle n von $\sqrt[2]{1,618}$ und $\sqrt[2]{0,618}$ ab?

Das große Phi und das kleine phi leiten sich von der Fibonacci-Zahlenfolge ab. Für das Ziehen der Quadratwurzel kommen wir zu den alten Griechen, und zwar zu Pythagoras, der als Pionier der Geometrie gilt. Geometrie ist der Schlüssel zu den Mustern (siehe Kapitel 5: Muster mit Fibonacci-Ratios).

Der Satz des Pythagoras ist vielen aus der Schule bekannt:

- Als Formel ausgedrückt: $a^2 + b^2 = c^2$
- In Worten ausgedrückt: In einem rechtwinkligen Dreieck ist die Summe der Flächeninhalte der Katheten-Quadrate gleich dem Flächeninhalt des Hypotenusen-Quadrats (Abbildung 12). Dabei gilt: a und b stehen für die Längen der Katheten (die am rechten Winkel anliegenden Seiten), und c entspricht der Länge der Hypotenuse (die dem rechten Winkel gegenüberliegende Seite).

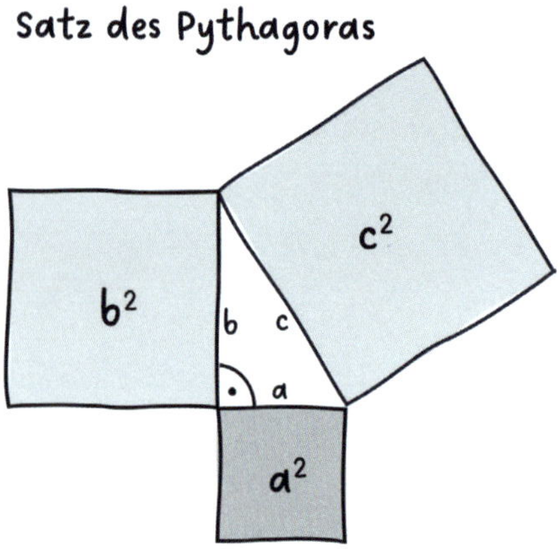

Abbildung 12: Satz des Pythagoras in einer Grafik dargestellt.

Und wo ist nun die Verbindung zur technischen Analyse?

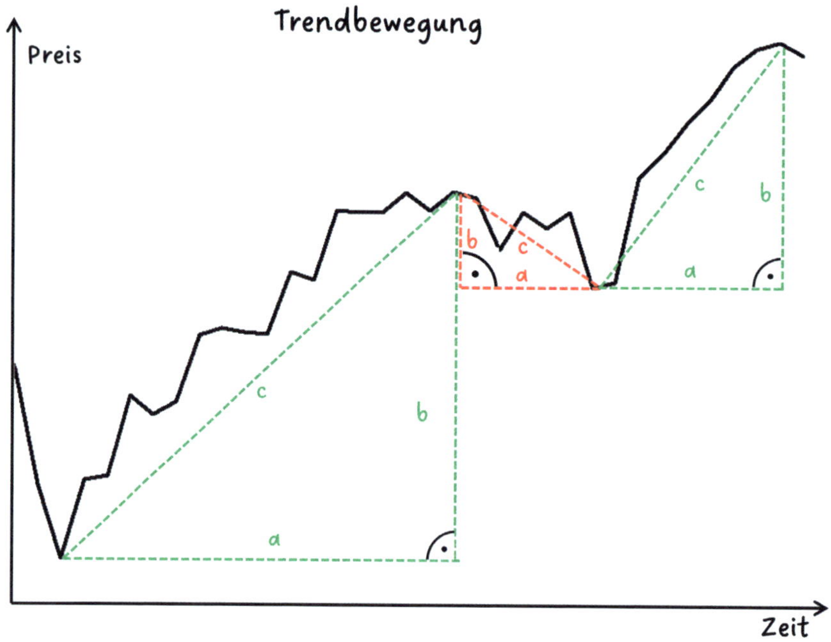

Abbildung 13: Drei Trendbewegungen als rechtwinklige Dreiecke skizziert.

Jede Trendbewegung lässt sich als ein rechtwinkliges Dreieck beschreiben (Abbildung 13). Damit kommt der Satz des Pythagoras zur Anwendung: Um die Länge der Trendbewegung c zu bestimmen, das ist die Hypotenuse, wird aus der Summe der Katheten-Quadrate die Wurzel gezogen:

$$c = \sqrt{a^2 + b^2}$$

Wobei gilt:

c = Länge der Trendbewegung
a = Dauer der Trendbewegung
b = Höhe der Trendbewegung

- Damit können auch über Quadratwurzeln relevante Ratios berechnet werden.

VIERTE WURZEL AUS PHI Φ = 0,886 UND KEHRWERT 1,128

Das Wurzelziehen muss mit der Quadratwurzel nicht zu Ende sein. Ziehen wir aus unseren Basiszahlen Phi und phi die 4. Wurzel, dann errechnen sich folgende Ratios:

$$\sqrt[4]{1{,}618} = 1{,}128 \rightarrow \frac{1}{1{,}128} = 0{,}886$$

$$\sqrt[4]{0{,}618} = 0{,}886 \rightarrow \frac{1}{0{,}886} = 1{,}128$$

Beim Pattern-Trading (Kapitel 5: Muster mit Fibonacci-Ratios) wird das 88,6 %-Retracement bei einigen Pattern gerne als Stop-Loss-Level verwendet. Oder beim Deep-Crab-Pattern muss der Punkt D am 88,6 %-Retracement ausgebildet werden. Auch die 112,8 % finden beim Pattern-Trading ihre Anwendung. Harmonische Pattern werden in aller Ausführlichkeit im Buch *Das große Buch des Pattern Tradings* vorgestellt (Roller, Eismann 2025).

SUBTRAKTION ZWEIER RATIOS

In vielen Charttools sind die beiden Ratios 76,4 % und 138,2 % voreingestellt. Diese lassen sich nicht über eine Limesfunktion oder durch Wurzelziehen herleiten.

Für die 76,4 % gibt es zum Beispiel diese beiden Herleitungen:

1. Die ganz kurze Variante: 100 % – 23,6 % = 76,4 %. Es werden einfach zwei Fibonacci-Ratios subtrahiert.
2. Oder etwas aufwendiger:
   Im ersten Schritt teilen wir die schwarze Strecke L in den grünen Major a = 61,8 % und den roten Minor b = 38,2 %.
   Im zweiten Schritt teilen wir den roten Minor b ebenfalls in den Goldenen Schnitt:
   Von den roten 38,2 % entsprechen die blauen 38,2 % den 14,6 % der schwarzen Strecke L.

Im Umkehrschluss entsprechen die blauen 61,8 % den 23,6 % der schwarzen Strecke L. Zum grünen Major a addieren wir die blauen 38,2 %: 61,8 % + 14,6 % = blaue 76,4 %.

Auch die 138,2 % können nicht als Limesfunktion oder Wurzel aus Phi oder phi hergeleitet werden. Es ist einfach die Summe der 100 % + 38,2 % = 138,2 %.

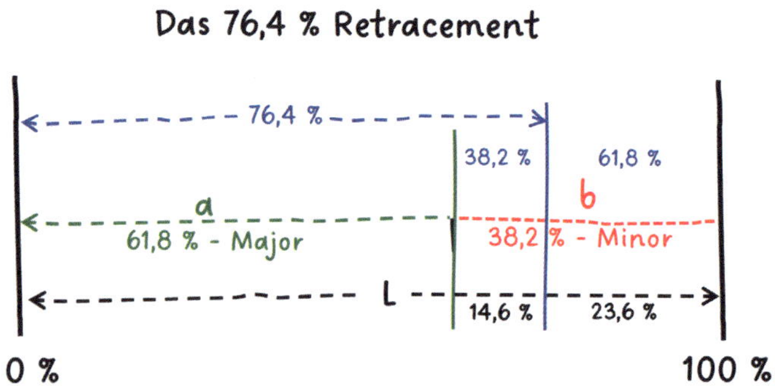

Abbildung 14: Grafische Darstellung der 76,4 %-Retracements.

Die 76,4 % und 138,2 % sind also keine »echten« Fibonacci-Ratios. Aber da diese beiden Ratios von vielen Marktteilnehmern verwendet werden, können an diesen Marken Reaktionen erfolgen.

2.4 FIBONACCI-RATIOS AUF EINEN BLICK

Nachfolgend werden die für uns Trader relevanten Fibonacci-Ratios in einer übersichtlichen Tabelle zusammengefasst:

Ratio	Ergebnis	Kehrwert von
n/(n+1) =	0,618	1,618
n/(n-1) =	1,618	0,618
n/(n+2) =	0,382	2,618
n/(n-2) =	2,618	0,382
n/(n+3) =	0,236	4,236
n/(n-3) =	4,236	0,236

n/(n+4) =	0,146	6,854
n/(n-4) =	6,854	0,146
$\sqrt[2]{1{,}618}$	1,272	0,786
$\sqrt[2]{0{,}618}$	0,786	1,272

Tabelle 3: Fürs Trading relevante Ratios und deren Herleitung. Wobei gilt: n = Zahl aus der Fibonacci-Zahlenreihe.

2.5 FIBONACCI-KURSZIELBESTIMMUNG

Was hat denn nun die Fibonacci-Zahlenfolge mit Kurszielbestimmung zu tun?

Zurück zur Kaninchenaufgabe von Kaiser Friedrich II (Abbildung 4). Mit der daraus abgeleiteten Formel wird das **Wachstum** einer Kaninchenpopulation mathematisch formuliert. Wenn wir *Messgröße* gleichsetzen mit *Aktienkurs* oder *Indexstand* und *Zunahme* gleichsetzen mit *Kursziel*, dann ergibt sich aus der Anwendung der Fibonacci-Zahlenfolge und deren mathematischen Ableitungen auf einen Aktienkurs oder Indexstand ein mögliches Kursziel.

- *Wachstum* wird definiert als Zunahme einer bestimmten Messgröße im Zeitverlauf.
- Sowohl die Zahlen als auch die Ratios sind in der Natur und in den Genen eingebaut.
- Ratios und Zahlen der Zahlenfolge ergeben den Goldenen Schnitt, das Geheimnis von Maß und Zahl.
- Fibonacci-Ratios wirken auf das menschliche Gehirn harmonisch.

Um Kapitel 4 (Anwendung in der Preisachse) vorzugreifen: Welche Ratios sind relevant?

- Um in einer abgeschlossenen Bewegung Korrekturlevels zu bestimmen, werden die Ratios unterhalb von 100 % verwendet:
  - 14,6 % = eine sehr schwache Korrektur
  - 23,6 % = eine schwache Korrektur
  - 38,2 % = wichtiges Korrekturziel
  - 50 % = wichtiges Korrekturziel
  - 61,8 % = wichtiges Korrekturziel
  - 76,4 % = eigentlich kein »echtes« Fibonacci-Ratio, aber in vielen Fibonacci-Tools voreingestellt
  - 78,6 % = *Last Line of Defense* (siehe auch das Kapitel *Last Line of Defense* – das 78,6 %-Fibonacci-Retracement, Seite 60)
  - 88,6 % = Stop-Loss-Level bei vielen harmonischen Pattern

- Um höhere Hochs oder höhere Tiefs zu bestimmen, werden die Ratios gleich oder größer 100 % verwendet:
  - 100 % = symmetrische Bewegung
  - 127,2 % = ein wichtiges Kursziel
  - 138,2 % = eigentlich kein »echtes« Fibonacci-Ratio, aber in vielen Fibonacci-Tools voreingestellt
  - 161,8 % = der Goldene Schnitt, eines der wichtigsten Kursziele
  - 261,8 % = Kursziel für eine starke Bewegung
  - 423,6 % = Kursziel für eine sehr starke Bewegung
  - 685,7 % = dieses Kursziel wird nur in extrem starken Trendbewegungen erreicht und ist eher selten.

2.6 ZUSAMMENFASSUNG: FIBONACCI-ZAHLENFOLGE

Die Fibonacci-Zahlen werden über eine Wachstumsfunktion hergeleitet. Sowohl die Fibonacci-Zahlen als auch deren Ratios sind in der belebten und unbelebten Natur allgegenwärtig. Vieles von dem, was sich seit Jahrmillionen durchgesetzt hat, wächst nach der Fibonacci-Folge. Vorteilhafte Entwicklungen setzen sich durch, unvorteilhafte verschwinden von allein, weil sie nicht konkurrenzfähig sind.

Die Natur hat Formen und Muster gefunden, die schlichtweg perfekt funktionieren. Die Fibonacci-Zahlenfolge ist ein Schlüssel für den Bauplan der Natur und ein Garant für das Überleben vieler Arten.

Manch ein Anhänger von Fibonacci spricht gar von einem Naturgesetz, das Ordnung ins Chaos bringt. Und »Börse« ist ein chaotisches System. Insbesondere mit den Fibonacci-Ratios kann Ordnung ins Chaos gebracht werden.

KAPITEL 3:

TREND & TRENDUMKEHR

Wie wird die Fibonacci-Zahlenfolge in der technischen Analyse (Anhang I – Technische Analyse) angewendet?

Nun, *Actio est Reactio* (das Newtonsche Wechselwirkungsprinzip) bedeutet auf die Finanzmärkte übertragen: Jeder Trend wird irgendwann korrigiert (siehe dazu auch Anhang II – Dow-Theorie).

Als technischer Analyst und auch Trader oder Investor verfolgen Sie vor allem zwei Ziele:

1. Den aktuell vorherrschenden Trend identifizieren.
2. Die Trendumkehr zügig erkennen.

Die meisten Strategien sind trendfolgend. Je eher man in einen neuen Trend einsteigt und beim Trendwechsel schließt, desto lukrativer.

3.1 TRENDDEFINITION

Das Trendkonzept ist *der* wesentliche Bestandteil der Dow-Theorie (Anhang II – Dow-Theorie) und somit auch der technischen Analyse, sodass es hier vorgestellt wird. Nur wer das Trendkonzept verstanden und verinnerlicht hat, kann die Bewegungen im Chart korrekt identifizieren und dann auch die Fibonacci-Tools korrekt und gewinnbringend anwenden.

Handelsansätze gibt es viele, aber diese lassen sich in zwei grundsätzliche Kategorien einteilen (von komplexen Optionsstrategien mal abgesehen, die zum Beispiel auf eine Veränderung der Volatilität setzen):

- **Trendfolgend:**
  Die meisten Handelsansätze sind trendfolgend. Ein technischer Analyst erkennt den Trend frühzeitig und handelt entsprechend der Richtung des Trends. Gibt es eindeutige Signale für eine Trendumkehr, dann schließt er die Position.

- **Contrarians = antizyklisch:**
Contrarians sind Trader, die gegen den vorherrschenden Trend handeln. Sie sind nicht immer Permabären, die sich gegen den Aufwärtstrend stemmen, oder Dauerbullen, die sich gegen einen intakten Abwärtstrend stellen. Sie nutzen vielmehr Marktstimmungen aus. Bei übermäßigem Optimismus gehen sie short, da alle bereits investiert sind. Bei starken Rückgängen kaufen sie wieder ein, da die meisten schon verkauft haben.

DIE DREI TRENDRICHTUNGEN

Aufwärtstrend

Der **Aufwärtstrend** definiert sich über steigende Hochs und steigende Tiefs (Abbildung 15). Wie er zustande kommt, ist recht simpel: Es werden mehr Aktien gekauft als verkauft. Dem technischen Analysten ist egal, aus welchem Grund die Marktteilnehmer kaufen, er sieht im Chart die steigenden Kurse, sprich die Aufwärtsbewegung. Aufwärtstrend bedeutet, dass die Nachfrage größer ist als das Angebot, und die Kurse steigen.

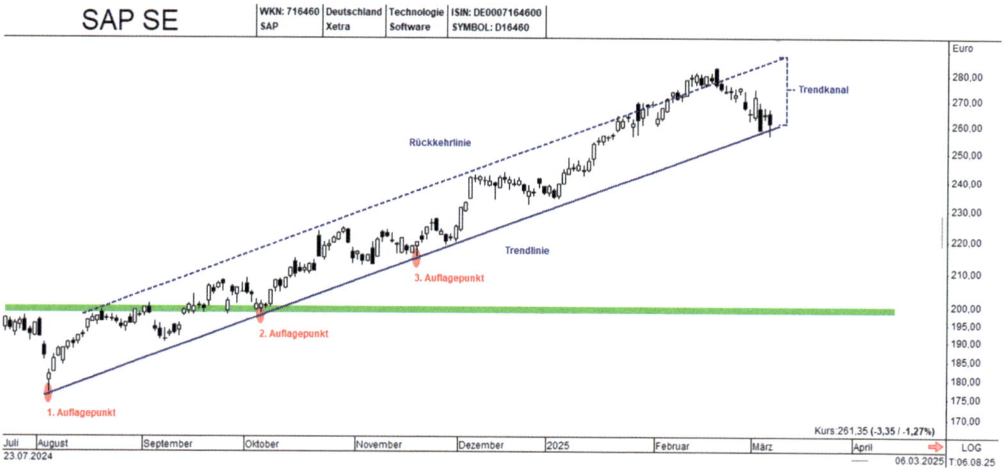

Abbildung 15: SAP SE im Tageschart, XETRA. Quelle: TAI-PAN

Die Aufwärtstrendlinie wird eingezeichnet, indem die Tiefs miteinander verbunden werden. Dafür werden zwei Auflagepunkte benötigt (rot eingekringelt). Das ist dann die *vorläufige* Trendlinie. Im weiteren Verlauf muss die Trendlinie eventuell angepasst werden. Am SAP-Chart ist deutlich erkennbar, dass ein echter Chart bei Weitem nicht so ideal verläuft wie eine gezeichnete Grafik. Und die Erfahrung zeigt, dass es selten so sauber verlaufende Trendkanäle gibt.

Kommt ein dritter Auflagepunkt dazu, dann wird aus der *vorläufigen* eine *bestätigte* Trendlinie. Je mehr Auflagepunkte so eine Trendlinie hat und je länger sie gültig ist, desto signifikanter ist sie.

Wird die Aufwärtstrendlinie kopiert und an die Hochs gelegt, so nennt sich die obere Linie *Rückkehrlinie* oder auch *Kanallinie* und das ganze Gebilde *Trendkanal.*

Zurück zur SAP-Aktie: Drei wichtige Aspekte fallen ins Auge:

1. Von Juli bis Oktober 2024 hat sich der Kurs an den runden 200 Euro festgebissen, bevor diese *magic number* im Oktober ihre Anziehungskraft verloren hat. Runde Zahlen entwickeln sich oft zu signifikanten Widerständen und/oder Unterstützungen und sollten im Auge behalten werden.
2. Im Februar 2025 hat sich der Kursanstieg beschleunigt und ist für viele Tage über die Rückkehrlinie gestiegen. Das neue Kursniveau konnte jedoch nicht gehalten werden und es ging wieder ans untere Ende des Trendkanals. Hätte, wäre, wenn … Hätten die Marktteilnehmer das neue Kursniveau angenommen, dann hätte der Trendkanal nach oben angepasst werden müssen.
3. Ende Februar/Anfang März 2025 ist der Kurs wieder an der Trendlinie angekommen. Es wurden sogar tiefere Hochs und tiefere Tiefs ausgebildet. Der Aufwärtstrend ist also ernsthaft in Gefahr. Wie genau eine Trendumkehr definiert wird, lesen Sie gleich in Kapitel 3.3 Trendumkehr.

Solange höhere Hochs und höhere Tiefs ausgebildet werden, bleibt der Aufwärtstrend intakt. Sollte jedoch ein niedrigeres Hoch und ein niedrigeres Tief ausgebildet und zusätzlich die Trendlinie durchbrochen werden, besteht das Risiko eines Trendwechsels. In diesem Fall wird empfohlen, den Stop-Loss näher an den aktuellen Kurs zu platzieren und gegebenenfalls ernsthaft über eine Schließung der Position nachzudenken.

Abwärtstrend

Wie verhält sich das nun in einem **Abwärtstrend**? Irgendwann ist die Party vorüber und die Aktionäre nehmen ihre Gewinne mit, sie beginnen zu verkaufen. Das Angebot übersteigt die Nachfrage und die Kurse fallen. Es kommt zur Trendumkehr und der Aufwärtstrend dreht in einen Abwärtstrend. Dieser definiert sich über fallende Hochs und fallende Tiefs (Abbildung 16).

Bei einem Abwärtstrend werden die Hochs miteinander verbunden, um die Abwärtstrendlinie einzuzeichnen. Bei zwei Auflagepunkten (rot eingekringelt) ist es eine *vorläufige* Abwärtstrendlinie, kommt ein dritter Auflagepunkt hinzu, wird daraus eine *bestätigte* Abwärtstrendlinie. Wird die Abwärtstrendlinie kopiert und an den Tiefs angelegt, so ist die neue Linie die *Rückkehrlinie* und zusammen bilden die beiden Linien den *Trendkanal.*

Bei der Rheinmetall AG hat sich der Kurs über Wochen an der Abwärtstrendlinie entlanggehangelt, bevor er dann im Oktober 2022 die Trendlinie nachhaltig nach oben durchbrochen hat.

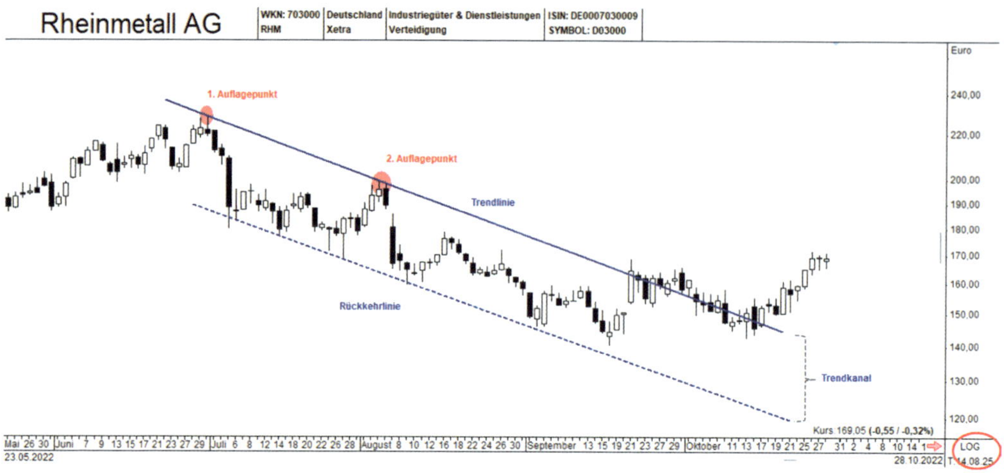

Abbildung 16: Rheinmetall AG im LOG-Tageschart, XETRA. Quelle: TAI-PAN

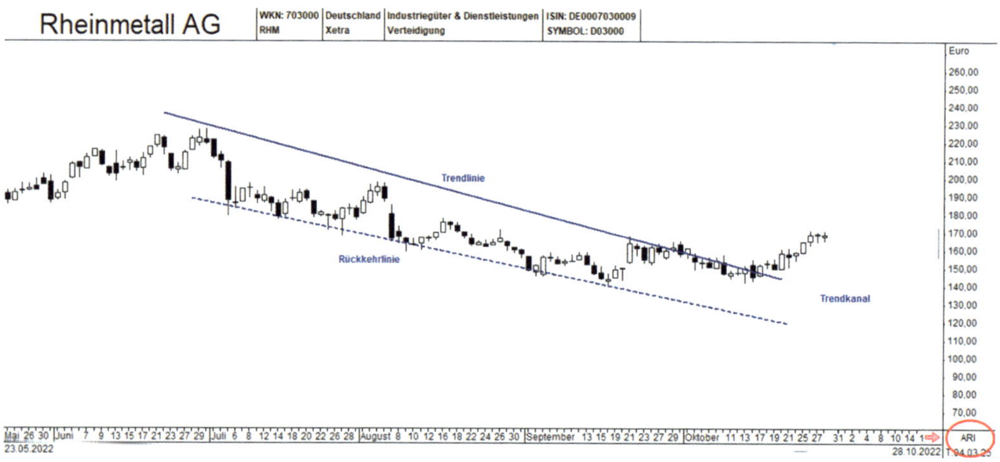

Abbildung 17: Rheinmetall AG im ARI-Tageschart, XETRA. Quelle: TAI-PAN

Noch ein paar wichtige Anmerkungen zu Trendlinien:

- Trendlinien werden entweder an den Hochs (= Abwärtstrend) oder den Tiefs (= Aufwärtstrend) der Candles angelegt, oder an den Schlusskursen. Es wird **nicht gemischt!** Entweder Hoch/Tief – oder Schlusskurs. Auf »Neu-Deutsch« heißt das: Wick-to-Wick- oder Close-to-Close-Methode.
- Trendlinien in einem halblogarithmischen Chart (Abbildung 47: arithmetische (links) und logarithmische (rechts) Skalierung, Seite 71) sehen ganz anders aus als in einem linearen Chart. Hier gezeigt im Rheinmetall-Chart von Abbildung 16 im LOG-Chart und in Abbildung 17 in einem ARI-Chart. Wird der LOG-Chart per Mausklick in einem ARI-Chart geändert, nimmt der Trendkanal eher die Form eines Keils an.

- Wird die Trendlinie gebrochen, ist das nicht automatisch eine Trendumkehr! Es ist in der Regel erst ein *Frühwarnsignal*, dass es zur Trendumkehr kommen *kann*.

Wenn Sie also fremde Charts nachzeichnen möchten und Ihre Trendlinien so ganz anders aussehen als im Original, dann prüfen Sie besser mal nach, ob Sie die Preisachse wie im Original eingestellt haben.

Seitwärtsbewegung

Die dritte Trendvariante ist die **Seitwärtsbewegung**. Dabei bewegt sich der Kurs der Aktie über Wochen oder Monate in einer Range, ohne klaren Trend nach oben oder unten. Solche Phasen werden oft auch als *Konsolidierung* bezeichnet. Eine Seitwärtsbewegung wird durch zwei Begrenzungen definiert:

1. Den **Widerstand** (= resistance) an der Oberseite und
2. die **Unterstützung** (= Support) an der Unterseite.

Das klappt nicht immer perfekt im Sinne einer Punktlandung, es sind in der Regel Zonen, wie das Beispiel der adidas AG zeigt (Abbildung 18).

Abbildung 18: adidas AG im Tageschart, XETRA. Quelle: TAI-PAN

Nach einem Up-Gap, einer Kurslücke nach oben im April 2024, war die adidas-Aktie in einer monatelangen Seitwärtsbewegung gefangen. Das konnte man im April nicht wissen, sondern erst ein paar Monate später im Chart sehen. Auch hier erkennen wir wieder, dass ein echter Chart nicht wie eine idealisierte Grafik einer Seitwärtsbewegung aussieht. Ober- und Unterkante einer Seitwärtsbewegung werden durchaus über- oder unterschritten, nur um dann wieder innerhalb der Range zu fallen. Das nennt sich dann *False Breakout*, ein Fehlausbruch.

Im vorliegenden Beispiel schafft es der Kurs Ende 2024, den Widerstand zu brechen. Er kehrt allerdings immer wieder zurück zur Oberkante der Seitwärtsbewegung, was auch als *Re-Test* oder *kissback* bezeichnet wird.

3.2 UNTERSCHIEDLICHE TRENDS IN UNTERSCHIEDLICHEN ZEITEINHEITEN

Wie bereits ausgeführt, gibt es also drei Trendrichtungen:

1. Aufwärtstrend,
2. Abwärtstrend,
3. Seitwärtsbewegung.

Bezogen auf die zeitliche Ausdehnung gibt es vier Trendvariationen:

1. Säkularer Trend: über viele Jahre bis Jahrzehnte und länger,
2. Primärer Trend: viele Monate bis Jahre,
3. Sekundärer Trend: viele Wochen bis einige Monate,
4. Tertiärer Trend: wenige Tage bis einige Wochen.

Einen säkularen Aufwärtstrend sehen wir bei der Microsoft Corp. (Abbildung 19). Die Aufwärtsbewegung verläuft von links unten nach rechts oben und umfasst die Jahre von 1986 bis 2025.

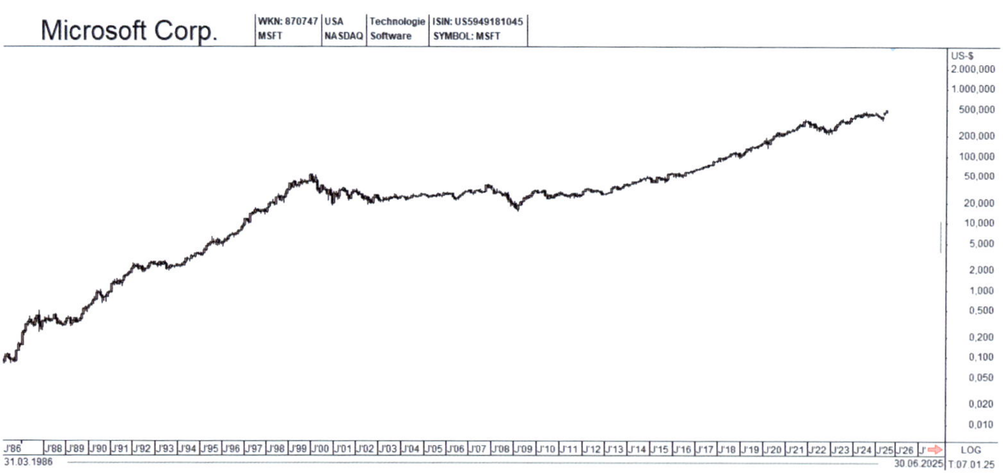

Abbildung 19: Microsoft Corp. im Monatschart, NASDAQ. Quelle: TAI-PAN

Dieser Monatschart zeigt uns aber auch, dass ab und zu Seitwärtsbewegungen oder sogar kurze Abwärtsbewegungen ausgebildet wurden.

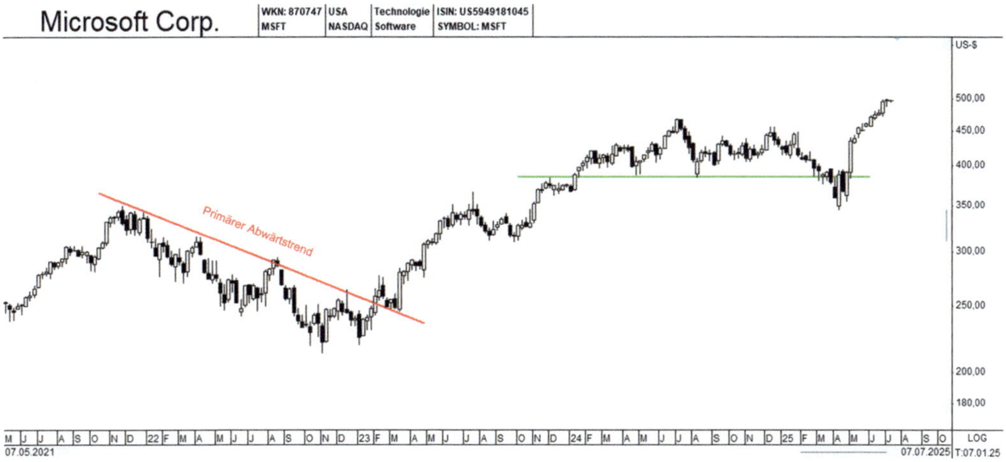

Abbildung 20: Microsoft Corp. im Wochenchart, NASDAQ. Quelle: TAI-PAN

Die Abwärtsbewegung wurde zum Beispiel ab Ende 2021 bis Anfang 2023 ausgebildet (Abbildung 20). Aufgrund der Dauer ist das ein primärer Abwärtstrend.

Wenn wir diesen Zeitraum im Tageschart analysieren, können wir sekundäre Aufwärtstrends (gestrichelte rote Linie) und tertiäre Abwärtstrends (grüne Linie) erkennen (Abbildung 21).

Abbildung 21: Microsoft Corp. im Tageschart, NASDAQ. Quelle: TAI-PAN

Wir sehen: Eine Aktie befindet sich nicht in *einem* Trend, sondern in vielen verschiedenen, je nachdem, welche Zeiteinheit wir betrachten.

Bei der Microsoft Corp. zum Beispiel sind es Mitte März 2025:

- Monatschart: Aufwärtstrend
- Wochenchart: Seitwärtsbewegung
- Tageschart: Abwärtstrend
- Stundenchart: Aufwärtstrend
- 15-Minutenchart: Aufwärtstrend
- 5-Minutenchart: Seitwärtsbewegung

Abhängig vom Anlagehorizont finden die verschiedenen Zeithorizonte ihre Anwendung wie folgt:

- Der **langfristige Investor**, der in der Regel long only investiert, wird den Monats- und Wochenchart analysieren. Für den perfekten Einstieg dient der Tageschart.
- Für den **Swingtrader**, der in der Regel Tage bis Wochen in einer Aktie engagiert ist und auch mal shortet, ist der Tageschart der Wichtigste.
- Der **kurzfristige Trader**, der nur wenige Tage long oder short investiert ist und auch Derivate auf Aktien oder Indizes handelt, wird den Stundenchart oder sogar die Zeitebenen darunter analysieren.
- **Intraday-Trader**, die je nach Trend und Strategie long oder short gehen, bevorzugen den 5-Minutenchart (M5), den 3-Minutenchart (M3) oder sogar den Tickchart.
- **Scalper** nehmen nur ein paar Ticks mit. Oft verwenden sie keinen Chart, sondern arbeiten mit dem Orderbuch, auch DOM (= Depth of the Market) genannt.

Für jedes Tierchen gibt es sein Pläsierchen …

3.3 TRENDUMKEHR

Haben wir den Trend identifiziert, müssen wir »nur« noch die Trendumkehr rechtzeitig erkennen – und dieses »nur« ist oftmals gar nicht so einfach.

Ein Trend besteht so lange, bis es definitive Signale gibt, dass er sich umgekehrt hat – so hat es bereits Charles Dow vor über 100 Jahren in seiner Dow-Theorie niedergeschrieben.

- Das bedeutet, dass zunächst ein Trend existieren muss, bevor eine Umkehr stattfinden kann. Eigentlich ganz einfach.
- Betrachten wir erneut die bereits bekannte Definition eines Trends: Ein *Aufwärtstrend* wird definiert durch steigende Hochs und steigende Tiefs, ein *Abwärtstrend* durch fallende Hochs und fallende Tiefs.
- Befindet sich der Markt in einem stabilen Aufwärtstrend und wird plötzlich das letzte Hoch nicht überschritten, sondern ein tieferes Hoch ausgebildet, dann ist das ein erstes Warnsignal,

dass der Aufwärtstrend beendet sein könnte. Wird dann auch das letzte Tief unterschritten und werden daraufhin weitere fallende Hochs und Tiefs ausgebildet, dann hat sich der Trend in Richtung Abwärtstrend umgekehrt.

- Beim Abwärtstrend verhält sich das vice versa: Der Markt befindet sich in einem stabilen Abwärtstrend. Wird dann ein höheres Tief ausgebildet, scheint das ein erstes Signal, dass der Abwärtstrend beendet sein könnte. Wenn das letzte Hoch überschritten wird und eine Serie höherer Tiefs und höherer Hochs folgt, hat sich der Trend in Richtung Aufwärtstrend umgekehrt.

OBERE UMKEHR

In der Theorie liest sich das einfacher, als es in der Praxis ist. Die obere Umkehr bei der E.ON SE in Abbildung 22 sieht nicht aus wie ein oft gezeigtes – und gezeichnetes – ideales grafisches Beispiel.

Gehen wir es Schritt für Schritt wie bei der unteren Umkehr durch.

1. Die Aktie der E.ON SE befindet sich in einem intakten Aufwärtstrend. Es wird zuerst ein Shooting Star, eine obere Umkehrformation, ausgebildet; dann eine schwarze Kerze. Zusammen mit der vorauslaufenden weißen Kerze ergibt das einen Evening Star, ebenfalls eine sogar recht zuverlässige obere Umkehrformation mit einer Erfolgsquote von immerhin 72 %.
2. Es folgt ein Black Marubozu, eine bearishe Kerze, mit der der Bruch der Trendlinie einhergeht.
3. Die nächsten Tage wird ein steigender und damit bearisher Keil, eine Konsolidierungsformation, ausgebildet. Am Ende des Keils wird das tiefere Hoch in Bezug auf das Hoch des Shooting Stars ausgebildet.
4. Mit dem Bruch des Tiefs des Black Marubozu wird das tiefere Tief ausgebildet. Erst damit hat sich für den sicherheitsorientierten Trader der Aufwärtstrend umgekehrt.
5. Es folgt ein False Breakout über die Widerstandszone mit einem nicht perfekten Evening Star.
6. Mit einem Down-Gap, einer Kurslücke nach unten, wird der Ausbruchsversuch der Bullen eingefangen und die Aktie fällt weiter.

Der spekulative Trader wird bereits mit dem ersten Evening Star eine kleine Short-Position eröffnen. Wird der bearishe Keil nach unten verlassen, kann die Position aufgestockt werden. Dann heißt es »nur« noch: Position managen und Stop regelmäßig in Gewinnrichtung nachziehen.

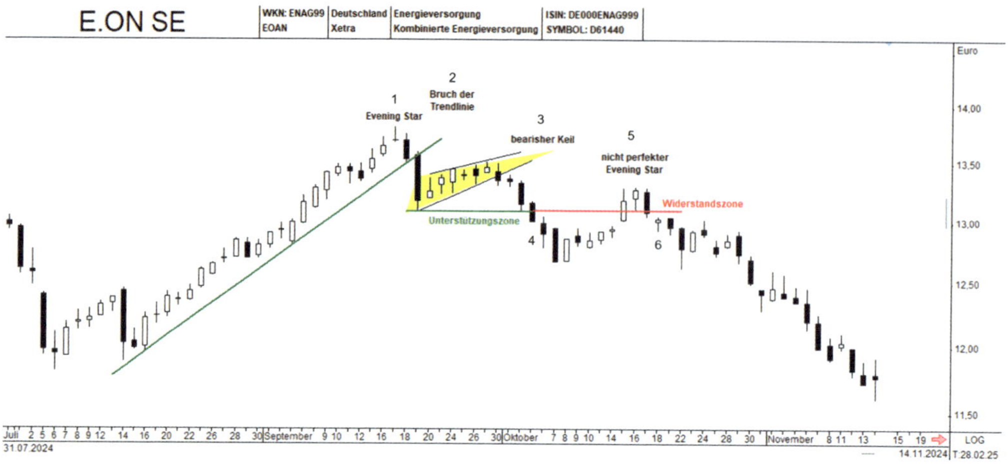

Abbildung 22: E.ON SE im Tageschart, XETRA. Quelle: TAI-PAN

UNTERE UMKEHR

Das Beispiel einer unteren Umkehr ist in Abbildung 23 dargestellt. Und auch dieses echte Beispiel sieht nicht aus wie eine idealisierte Grafik.

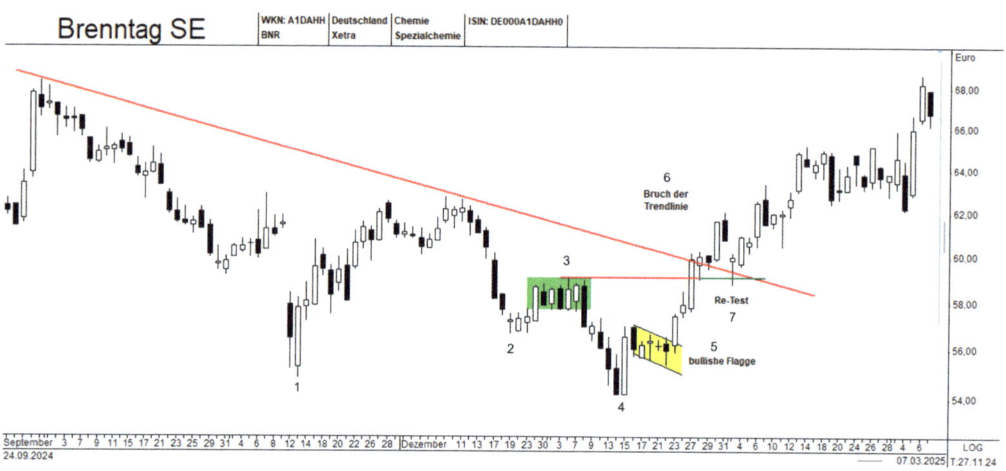

Abbildung 23: Brenntag SE im Tageschart, XETRA. Quelle: TAI-PAN

1. Die Aktie der Brenntag SE befindet sich seit Wochen in einem intakten Abwärtstrend.
2. Am 19.12.2024 wird ein höheres Tief ausgebildet, bezogen auf Punkt 1. Es ergibt sich die Chance auf eine Trendumkehr.
3. Zum Jahreswechsel 2024/2025 wird eine kleine Seitwärtsbewegung ausgebildet (grün markiert). Die Range wird mit viel Momentum nach unten verlassen.

4. Am 14. und 15.01.2025 wird ein tieferes Tief mit einem Tweezers Bottom, einer unteren Umkehrformation, ausgebildet. Die zweite und weiße Kerze ist sehr kräftig und geht als White Marubozu, eine bullishe Kerze, durch. Sie bildet ein deutlich höheres Hoch und einen deutlich höheren Schlusskurs aus als die beiden Kerzen davor. Diese beiden Kerzen können auch als Bullish Engulfing, eine untere Umkehrformation, interpretiert werden.
5. Im Anschluss wird eine fallende und damit bullishe Flagge, eine Konsolidierungsformation, ausgebildet. Die Flagge wird mit einer kräftigen weißen Kerze nach oben verlassen.
6. Am übernächsten Tag wird das Hoch der kleinen Seitwärtsbewegung vom Jahreswechsel deutlich herausgenommen. Der Kurs touchiert auch die Abwärtstrendlinie und bildet einen Schlusskurs darüber aus.
7. Wenige Tage später wird die Trendlinie mit einem Hammer, einer unteren Umkehrformation, erneut getestet, und die Aktie steigt weiter an.

In diesem Szenario gibt es eine weitere Variante der Trendumkehr. Die von Punkt 1 bis 7 vorgestellte ist eine für den eher sicherheitsorientierten Trader. Aber bereits mit der weißen Kerze, die unter Punkt 4 beschrieben ist, wird eine Umkehr ausgebildet. Ein Tweezers Bottom bietet statistisch betrachtet nur eine Fifty-fifty-Chance auf eine Umkehr (nach der Statistik von Thomas N. Bulkowski). Aber diese weiße Kerze eliminiert die Schlusskurse der drei Kerzen davor. Und die Kombination der schwarzen und weißen Kerze kann als Bullish Engulfing interpretiert werden. Hier liegt die Trefferquote bei immerhin 63 % (nach der Statistik von Thomas N. Bulkowski). Ein Bullish Engulfing ist auch ein Thrusting Pattern, eine Umkehrformation. Und je mehr Schlusskurse des vorauslaufenden Abwärtstrends eliminiert werden, desto stärker ist das »Thrusting« der Bullen zu werten. In Kombination mit dem Tweezers Bottom und vor allem dem starken Momentum der weißen Kerze, kann der spekulativere Trader hier bereits auf eine Trendumkehr setzen und früher einsteigen. Spätestens mit dem Ausbruch aus der bullishen Flagge ist dann die Umkehr klar und es kann die Long-Position aufstocken. Dann muss nur noch die Position gemanagt und der Stop regelmäßig nachgezogen werden.

Wie bereits beschrieben, gelingt es im realen Traderleben nicht immer so problemlos, in einem echten Chart eine Trendumkehr zu identifizieren, wie es idealisierte Grafiken vorgaukeln. John J. Murphy hat in seiner »Bibel« *Technische Analyse der Finanzmärkte* folgende Varianten vorgestellt:

- **Kursfilter:** Hier bietet sich die 3 %-Regel an: Der Durchbruch durch die Trendlinie oder zum Beispiel einen gleitenden Durchschnitt erfordert einen Schlusskurs von 3 % jenseits der Trendlinie oder dem Durchschnitt. Je nach Kursniveau des Basiswertes und auch Anlagehorizontes muss die Prozentzahl eventuell angepasst werden.
- **Zeitfilter:** Dieser verlangt zum Beispiel zwei aufeinanderfolgende Schlusskurse jenseits der Trendlinie oder eines gleitenden Durchschnitts, um einen gültigen Trendbruch zu erhalten.
- **Formationsanalyse:** In beiden gezeigten Beispielen sind klassische Chartformationen vorgestellt worden. Dazu wird auf den Anhang III – Formationsanalyse verwiesen.

- **Candlestick-Formationen:** Es gibt durchaus Candlestick-Umkehrformationen (Anhang VI – Candlesticks, Seite 187), die zuverlässig eine Trendumkehr anzeigen.

Mit diesem Wissen können Trader oder Investoren durch präziseres Timing bei der Positionseröffnung und -schließung den Gewinn maximieren. Das gilt in allen Märkten – also Indizes, Einzelaktien, FOREX (= Foreign Exchange/Währungshandel), Kryprowährungen, Anleihen – und in allen Zeitebenen, egal, ob im Monatschart oder im 5-Minutenchart.

Wird der vorherrschende Trend identifiziert, können über die diversen Fibonacci-Tools

- mögliche Kursziele in Trendrichtung bestimmt werden, oder
- bei einer Korrektur die möglichen Korrekturlevels und damit die wahrscheinlichen Umkehrzonen definiert werden, oder
- die bestehende Position kann mit einem Take-Profit an einem Fibonacci-Ratio versehen und damit automatisch geschlossen
- oder auch eröffnet werden.

Bei einer bestätigten Trendumkehr können dann in die abgeschlossene Bewegung Fibonacci-Retracements angelegt werden, um mögliche Kursziele für die Korrektur zu bestimmen. Diese können dann zum Beispiel für eine Positionseröffnung in Trendrichtung oder als Stop-Loss-Level für eine bestehende Position verwendet werden.

Wird im weiteren Verlauf dieses Buches davon geschrieben, dass eine Bewegung abgeschlossen oder ein Trendbruch vollzogen wurde oder dass der Trend gewechselt hat, dann wurden die oben genannten Kriterien erfüllt.

Fibonacci-Ratios in der Preisachse werden zur Kurszielbestimmung verwendet. Diese können in folgenden Situationen auftreten:

1. Als Korrektur-Level innerhalb einer abgeschlossenen Bewegung. Dann werden **Retracements** angelegt.
2. Erfolgt eine Ausdehnung der Preise entgegengesetzt zum laufenden Trend, dann werden **Extensionen** bestimmt.
3. Sollen Kursziele in Richtung eines intakten Trends bestimmt werden, dann werden **Projektionen** und
4. **Expansionen** verwendet.

In der Literatur werden nicht nur unterschiedliche Bezeichnungen für ein und dieselbe Variante der Kurszielberechnung verwendet, es gibt auch unterschiedliche Varianten der Kurszielberechnungen, für die aber ein und dieselbe Bezeichnung verwendet wird. Immerhin: Bei den Retracements ist eindeutig, was darunter zu verstehen ist.

3.4 ZUSAMMENFASSUNG: TREND & TRENDUMKEHR

Das Trendkonzept ist in der technischen Analyse der Finanzmärkte absolut unentbehrlich.

Werden Trends und Trendumkehr frühzeitig erkannt, dann kann das Timing von Positionseröffnung und Positionsschließung verbessert werden, und das macht Trades – ob kurz- oder langfristig – profitabler.

KAPITEL 4

ANWENDUNG IN DER PREISACHSE

Die wichtigste Anwendung der Fibonacci-Ratios erfolgt in der Preisachse. Welche Ratios wann verwendet werden, ist im Kapitel 2.5 Fibonacci-Kurszielbestimmung, Seite 27 nachzulesen. Die Ratios werden in abgeschlossenen Bewegungen angelegt. Dafür werden zwei oder drei Ankerpunkte benötigt.

4.1 FIBONACCI-RETRACEMENTS

Von den verschiedenen Fibonacci-Tools sind die Fibonacci-Retracements die wohl am häufigsten verwendete Fibonacci-Variante.

WAS IST EIN RETRACEMENT?

Ein Retracement ist ein untergeordneter Kurs-Rücksetzer eines Finanzinstruments, zum Beispiel einer Aktie oder eines Index. Es handelt sich um eine kurzfristige Richtungsänderung im Verhältnis zum übergeordneten Trend. Sobald der Rücksetzer, sprich die Korrektur, abgeschlossen ist, sollte die Richtung des übergeordneten Trends wieder aufgenommen werden. Retracements sind nicht zu verwechseln mit einer Trendumkehr. Bei dieser muss der Kurs des Finanzinstruments nach allen Regeln der Kunst tatsächlich umkehren, wie in Kapitel 3.3 Trendumkehr *beschrieben, und nicht nur kurz korrigieren, um dann wieder die vorherige Richtung aufzunehmen.*

In einer abgeschlossenen Bewegung lassen sich damit mögliche Korrektur-Levels identifizieren. Die durch die Fibonacci-Retracements berechneten Korrektur-Levels zeigen die **Zielzonen** an, wo der Kurs mit großer Wahrscheinlichkeit drehen könnte, um die ursprüngliche Richtung $\overline{XA}$ wieder aufzunehmen. Anders formuliert: Der Fibonacci-Trader hat einen Edge (= einen Vorteil) gegenüber den Tradern, die keine Fibo-Tools verwenden.

Für ein Fibonacci-Retracement werden zwei Ankerpunkte benötigt: Ein signifikantes Hoch und ein signifikantes Tief, dazwischen eine abgeschlossene Bewegung. Das gilt unabhängig von der eingestellten Periode.

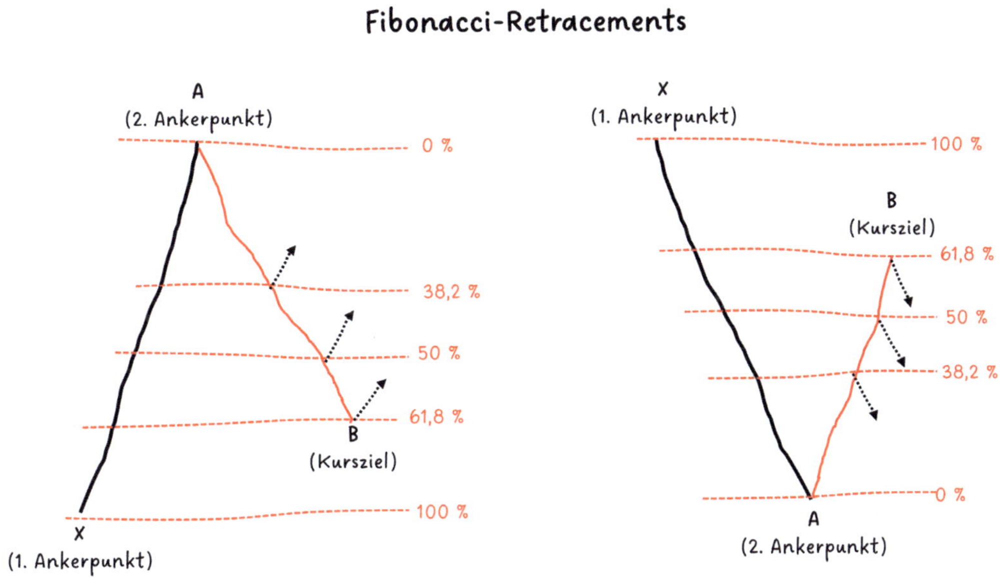

Abbildung 24: Fibonacci-Retracements – links in einer abgeschlossenen Aufwärtsbewegung und rechts in einer abgeschlossenen Abwärtsbewegung.

In Abbildung 24 sind Fibonacci-Retracements grafisch dargestellt. Die schwarze, abgeschlossene Bewegung $\overline{XA}$ wird durch die rote $\overline{AB}$ korrigiert, wobei die Fibonacci-Retracements an die abgeschlossene Bewegung $\overline{XA}$ angelegt werden. Die Retracement-Levels sind als gestrichelte rote Linien mit den entsprechenden Prozentzahlen eingezeichnet.

(In diesem Buch sind die Fibonacci-Retracements – bis auf wenige Ausnahmen – in Rot dargestellt.)

Im Falle einer

- **Aufwärtsbewegung** (links), bieten die Fibonacci-Retracement-Levels relevante Unterstützungen. Die 0 % werden am Hoch und damit dem Ende der abgeschlossenen Aufwärtsbewegung (= Punkt A, 2. Ankerpunkt) angelegt. Die 100 % liegen am Tief der Bewegung, dem Punkt X (= 1. Ankerpunkt), an dem die Aufwärtsbewegung beginnt. Wird eine abgeschlossene Aufwärtsbewegung korrigiert, dann steigen die Fibonacci-Retracement-Levels von oben nach unten an

- **Abwärtsbewegung** (rechts), fungieren die Fibonacci-Retracements als Widerstand-Levels. Hier werden die 0 % am Tief und damit am Ende der abgeschlossenen Abwärtsbewegung (= Punkt A, 2. Ankerpunkt) angelegt, und die 100 % liegen am Hoch der Bewegung, dem Punkt X (= 1. Ankerpunkt). Dort beginnt die Abwärtsbewegung. Wird eine abgeschlossene Abwärtsbewegung korrigiert, dann steigen die Fibonacci-Retracement-Levels von unten nach oben an.

Das erste relevante Ratio sind die 38,2 %, es folgen die 50 % und dann die 61,8 %. Das entspricht in der Dow-Theorie (Anhang II – Dow-Theorie, Seite 166) einer ⅓-Korrektur, der ½-Korrektur und dann der ⅔-Korrektur.

Oft endet die Korrekturbewegung an einem der Fibonacci-Levels, dann wird die ursprüngliche Trendrichtung wieder aufgenommen.

KORREKTES ANLEGEN EINES FIBONACCI-RETRACEMENTS

Damit Sie zum einen kontrollieren können, ob Ihre Chartsoftware das richtig macht, und zum anderen im Zweifelsfall wissen, wie Fibonacci-Retracements »richtig« angelegt werden, hier die Regeln. Es muss unterschieden werden zwischen:

1. **Korrektur-Levels für eine Unterstützung** (Support-Retracement): In diesem Fall wird eine *Aufwärtsbewegung* korrigiert. Es werden mögliche Unterstützungs-Levels und damit mögliche Trendwendepunkte der abwärtsgerichteten Korrektur gesucht.
2. **Korrektur-Levels für einen Widerstand** (Resistance-Retracement): In diesem Fall wird eine *Abwärtsbewegung* korrigiert. Es werden mögliche Widerstands-Level und damit mögliche Trendwendepunkte der aufwärtsgerichteten Korrektur gesucht.

1. Für Unterstützung/Support

Eine aufwärtsgerichtete Bewegung wird korrigiert. Die Korrektur ist also abwärtsgerichtet und es werden Unterstützungs-Levels und damit mögliche Trendwendepunkte gesucht:

- Das 0 %-Fibonacci-Level liegt am Swing-Hoch.
- Die 100 % entsprechen dem Swing-Tief.
- Die Korrektur-Levels steigen von oben nach unten an.

2. Für Widerstand/Resistance

Eine abwärtsgerichtete Bewegung wird korrigiert. Die Korrektur ist also aufwärtsgerichtet, und mögliche Widerstands-Level werden gesucht.

- Die 0 % liegen am Swing-Tief.
- Die 100 % liegen am Swing-Hoch.
- Die Korrektur-Levels steigen von unten nach oben an.

Vorstellung verschiedener Charttools

Doch wie werden die Fibonacci-Retracements angelegt? Zuerst möchte ich Ihnen das am Beispiel des NinjaTrader zeigen. NinjaTrader ist ein Futures-Broker mit einem mächtigen Charttool – dem **NinjaTrader 8**. Damit kann zum Beispiel direkt aus dem Chart heraus gehandelt werden, es können eigene Indikatoren und Strategien entwickelt und backgetestet werden.

- Mit einem Rechtsklick in den Chart öffnet sich ein Pop-up. Hier wählen Sie die »Zeichenwerkzeuge« aus.
- In den Zeichenwerkzeugen haben Sie die Auswahl zwischen diversen Fibonacci-Tools. Wählen Sie die »Fibonacci-Retracements« aus. Der Mauszeiger ändert sich in einen Stift.
- Beim NinjaTrader liegen die 100 % immer beim ersten Mausklick, die 0 % beim zweiten Mausklick. Sie müssen die linke Maustaste auch nicht gedrückt halten, es genügt, wenn Sie jeweils am Hoch und am Tief klicken. Die Retracements werden dann automatisch eingefügt.
- Bei einer abgeschlossenen Aufwärtsbewegung müssen Sie also zuerst am Tief und dann am Hoch klicken. Bei einer abgeschlossenen Abwärtsbewegung vice versa: erster Mausklick am Hoch, der zweite Mausklick am Tief.
- Empfehlenswert ist, in diesem Pop-up der Zeichenwerkzeuge ganz oben den »Snap Modus«/»Kerze und Preis« zu aktivieren. Mit dem Snap-Modus wird das Retracement exakt auf das Hoch beziehungsweise das Tief der Kerze gelegt. Es entspricht also einer Magnetfunktion.
- Noch schneller geht es, wenn Sie F8 drücken. Dann sind die Fibonacci-Retracements mit einem Tastendruck aktiviert.
- Wenn Sie auf die Hauptlinie klicken, können Sie die Eigenschaften des Retracements individualisieren.
- Sie können das Start- und das Enddatum ändern, ebenso den Start- und Endwert. Natürlich auch die Farben, die Fibonacci-Levels und vieles mehr.
- Es lassen sich auch mehrere Vorlagen definieren, die sich etwa in den Fibonacci-Levels oder den Farben unterscheiden.

Wie das dann aussehen kann, sehen Sie in Abbildung 25 am Beispiel vom FDAX vom 30.01.2025 im 5-Minutenchart.

Abbildung 25: FDAX im 5-Minutenchart, EUREX. Quelle: NinjaTrader

In die abgeschlossene, vormittägliche Aufwärtsbewegung sind Fibonacci-Retracements eingezeichnet. Das erste Abwärtsbein hat die 23,6 % erreicht. Anschließend ging es wieder deutlich nach oben, aber die 0 % wurden nicht erreicht, es wurde also ein tieferes Hoch ausgebildet. Die Korrektur ist wahrscheinlich noch nicht zu Ende. Und in der Tat: Das zweite Abwärtsbein hat dann die 38,2 % erreicht. Mit der US-Eröffnung wurde das bisherige Tageshoch überboten und die Korrektur beendet. Der FDAX hat wieder seine ursprüngliche Aufwärtsbewegung aufgenommen.

Eine aktuell sehr angesagte Chart-Plattform ist **TradingView**. Über diverse Broker kann mit TradingView auch direkt aus dem Chart heraus gehandelt werden.

- Bei TradingView werden die Werkzeuge standardmäßig auf der linken Seite angezeigt.
- Hier wählen Sie »Gann und Fibonacci Tools« und dann die »Fib Retracement« aus. Schneller geht es mit Alt + F5.
- Bei TradingView liegen die 100 % immer beim ersten Mausklick, die 0 % beim zweiten Mausklick. Sie müssen die linke Maustaste nicht gedrückt halten, es genügt, jeweils am Hoch und am Tief zu klicken. Die Retracement-Levels werden dann automatisch eingefügt.
- Bei einer abgeschlossenen Aufwärtsbewegung müssen Sie also zuerst am Tief und dann am Hoch klicken. Bei einer abgeschlossenen Abwärtsbewegung vice versa: erster Mausklick am Hoch, der zweite Mausklick am Tief.
- In der Werkzeugleiste ist auch ein Magnet abgebildet. Haben Sie diesen aktiviert, ist er blau hinterlegt. Mit dem aktivierten Magneten wird automatisch das Hoch beziehungsweise das Tief der angeklickten Kerze zum Anlegen des Retracements verwendet.

- Wenn Sie mit der rechten Maustaste auf die Hauptlinie des Retracements klicken, können Sie über die »Settings« die Retracements in Sachen Farbe, Ratios und vieles mehr individualisieren und als Template abspeichern.

In Abbildung 26 sehen Sie einen 15-Minutenchart von der NASDAQ 100. Am 14.01.2025 ist ein Retracement in die Abwärtsbewegung eingezeichnet. Diese endete mit einem Hammer. Die Aufwärtskorrektur erreichte ziemlich genau das 61,8 %-Retracement, bevor der NASDAQ-100-Index wieder gefallen ist. Am Folgetag, dem 15.01.2025, startete der Handelstag mit einer Aufwärtsbewegung. Mit einem Morning Star am 61,8 %-Retracement wurde die Umkehr eingeleitet.

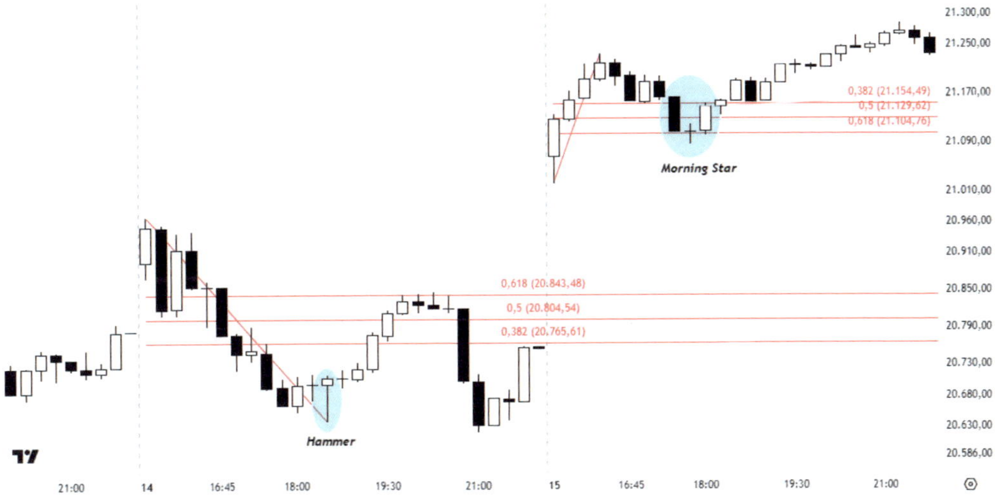

Abbildung 26: NASDAQ 100 im 15-Minutenchart, NASDAQ. Quelle: TradingView

Die Chartsoftware **TAI-PAN 21 End of Day** (EoD) erfordert eine etwas andere Bedienung. Hier gehen Sie folgendermaßen vor:

- In den »Zeichenwerkzeugen« wird das Symbol für »Fibonacci Retrace« mit der linken Maustaste angeklickt.
- Ist das Zeichentool aktiviert, ist es in der Werkzeugleiste blau hinterlegt.
- Im Chart wird dann mit gedrückter linker Maustaste von einem Tief zu einem Hoch oder einem Hoch zu einem Tief eine Linie gezogen.
- Wird die Maustaste am Ende der Bewegung losgelassen, werden die Retracements in den Chart eingezeichnet.
- Bei dieser Chartsoftware ist es unerheblich, ob Sie das Retracement am Hoch oder am Tief zuerst anlegen. Sobald Sie beim 2. Ankerpunkt die Maustaste loslassen, zeichnet TAI-PAN für Sie das Retracement richtig herum ein.

- Wird die Hauptlinie oder eine der Retracementlinien mit der Maustaste berührt, können mit einem Klick der rechten Maus die »Fibonacci Retrace Eigenschaften« angepasst werden.
- Vom genauen Start- und Enddatum sowie Start- und Endwert bis zur Farbe, den Zahlen und vielem mehr, kann der Anwender die »Fibonacci Retrace« individualisieren und auch einen »Standard« speichern.

Wenden wir uns der Praxis zu und analysieren ein paar Charts unter Fibo-Aspekten und allem anderen, was zu einer Chartanalyse dazugehört.

Praxis in einer Abwärtsbewegung

Unser Beispiel ist der Tageschart der Porsche AG VZ im Zeitraum von April 2023 bis Januar 2024, erstellt mit TAI-PAN 21 EoD (Abbildung 27).

Abbildung 27: Porsche AG VZ im Tageschart, XETRA. Quelle: TAI-PAN

Die Porsche AG – das ist die »Spielzeugmanufaktur« aus Stuttgart-Zuffenhausen – ist erst seit dem 29.09.2022 börsennotiert. Das bisherige Allzeithoch (ATH) wurde am 23.05.2023 bei 120,80 € ausgebildet. Seither befindet sich die Aktie in einem intakten Abwärtstrend. Der Chart in Abbildung 27 zeigt die Aktie ab dem ATH.

- Die Abwärtsbewegung von Mai 2023 bis Januar 2024 ist als solche gut identifizierbar, auch ohne eingezeichnete Abwärtstrendlinie. Im Januar 2024 kommt es zu einer Bodenbildung und Trendumkehr. Damit kann zwischen dem ATH von Mai 2023 und dem Tief im Januar 2024 ein Retracement angelegt werden.
- Mit dem zwischen diesen beiden Ankerpunkten angelegten Retracement werden dann die möglichen Korrektur-Levels für die erwartete korrektive Aufwärtsbewegung ermittelt.

- Mit einer Monsterkerze, einem White Marubozu, wird am 12.03.2024 das 38,2 %-Retracement erreicht (rot eingekringelt). Das Tageshoch liegt gerade mal 2 Cent unter dem Retracement-Level.
- Nach wenigen Tagen geht es mit einem höheren Hoch weiter aufwärts, und am 04.04.2024 wird das 50 %-Retracement erreicht (rot eingekringelt). Hier liegt das Tageshoch 10 Cent über dem Retracement-Level.
- Nach wenigen Tagen geht den Bullen die Puste aus und die Porsche-Aktie geht wieder in die Abwärtsbewegung über.

Was sehen wir noch in diesem Chart?

- Mit drei grünen Kringeln sind die drei Ankerpunkte der grünen Projektion gekennzeichnet: Das Januar-Tief 2024 ist der 1. Ankerpunkt, das März-Hoch 2024 der 2. Ankerpunkt und das März-Tief 2024 (der White Marubozu) der 3. Ankerpunkt.
- Always look left: Im vorliegenden Fall wurde über acht Monate eine Abwärtsbewegung ausgebildet. In dieser hat sich zwischen ca. 90 € und 93 € im von September bis November 2023 eine wichtige Unterstützungs- und Widerstandszone ausgebildet (als blaues Rechteck markiert).
- Monate später liegen in dieser Zone das 38,2 %-Retracement und die 100 %-Projektion.
- Die 100 %-Projektion wird am 21.03.2024 erreicht.
- Die Porsche-Aktie krebst noch etwas um die 100 % herum, kann vier Schlusskurse marginal darüber ausbilden. Aber sie schafft es nicht, sich deutlich von dieser Zone abzusetzen und die begonnene Aufwärtsbewegung in einen intakten und stabilen Aufwärtstrend zu etablieren.
- Spätestens mit dem Down-Gap am 16.04.2024 wird klar, dass die Aufwärtskorrektur ein Ende gefunden hat.
- Es erfolgt ein Re-Test der blauen Zone und die Abwärtsbewegung wird fortgesetzt.

Frage: Woran erkennen wir, dass es sich bei der Aufwärtsbewegung ab Januar 2024 »nur« um eine Korrektur handeln könnte?

Antwort: In Korrekturen werden häufig nur die 100 % oder 127,2 %-Fibonacci-Projektion erreicht. Wie im vorliegenden Fall.

Schauen wir uns das »große Bild« an. Wir öffnen den Wochenchart der Porsche-Aktie (Abbildung 28). Da die Aktie erst seit September 2022 börsennotiert ist, ist ein Wochenchart ausreichend, um den kompletten Kursverlauf analysieren zu können:

- Ein Blick in den Wochenchart zeigt, dass die Porsche-Aktie wenige Tage nach dem IPO (Initial Public Offering), dem Börsengang, ein Tief bei 81 € ausgebildet hat.
- Anschließend ist sie bis zum Allzeithoch bei 120,80 €vom Mai 2023 gestiegen.
- Im Dezember 2022 wurde dieses signifikante Tief auf Wochenschlusskursbasis unterschritten. Damit wurde der Aufwärtstrend der ersten Monate definitiv beendet.
- Die Abwärtsbewegung ab dem ATH ist damit keine Korrektur mehr, sondern ein neuer und intakter Abwärtstrend.

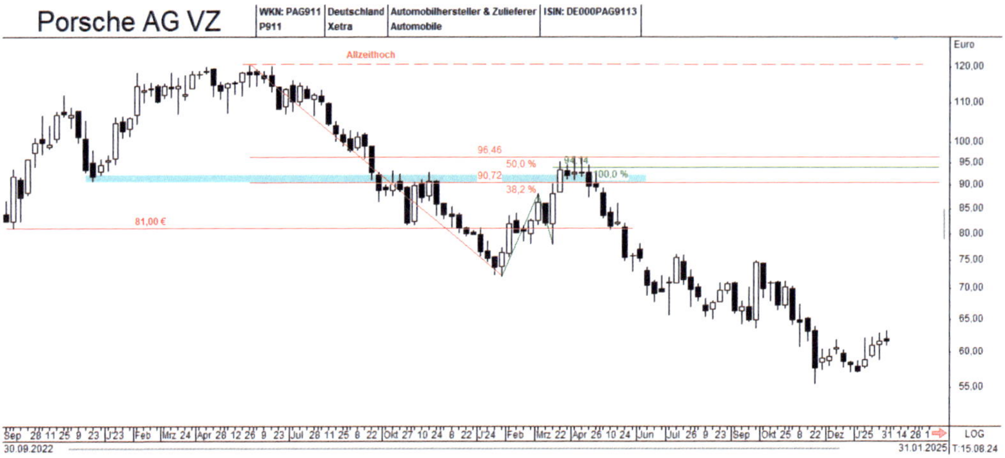

Abbildung 28: Porsche AG VZ im Wochenchart, XETRA. Quelle: TAI-PAN

- Als es dann im Januar und Februar 2024 wieder über dieses Tief von Oktober 2022 ging, lautete die Gretchenfrage: Ist diese Aufwärtsbewegung nur eine Korrektur oder leitet sie eine übergeordnete Trendwende ein?
- Anfang 2024 konnte diese Frage nicht seriös beantwortet werden. Das war erst einige Monate später möglich.
- Always look left: Die zwischen ca. 90 € und 93 € ausgebildete Unterstützungs- und Widerstandszone (das blaue Rechteck) hatte bereits im Dezember 2022 als Korrektur-Tief Relevanz; dann in der Seitwärtsbewegung von September bis November 2023. Nun liegen die roten 38,2 % und die grünen 100 % in dieser Zone.
- Ergo: Das ist eine wichtige Preiszone!
- In der Tat wurde nach einem mehrwöchigen Test dieser Preisbereich nach unten verlassen und die Abwärtsbewegung wieder aufgenommen.
- Die dreimonatige Aufwärtsbewegung zwischen Januar und März 2024 war also nur eine korrektive Bewegung in einem intakten Abwärtstrend.

Praxis in einer Aufwärtsbewegung

Auch bei politisch motivierten Börsen – oder im vorgestellten Fall: Zentralbank-motivierten Börsen – geben Fibonacci-Ratios dem Anleger wichtige Hinweise auf mögliche Umkehrlevels.

Die Geschichte dazu: Die Bank of Japan hat am 31.07.2024 den Leitzins unerwartet von 0,1 % auf 0,25 % erhöht. In der Regel kündigen Zentralbanken mehr oder weniger deutlich vor einer geplanten Änderung der Leitzinsen dieses Ereignis an. Die BoJ hat dies versäumt und die Märkte reagierten ziemlich verschnupft. Immerhin hat die BoJ erst im März 2024 die 17 Jahre (!) lang unveränderten und negativen Leitzinsen ganz vorsichtig angehoben.

CARRY-TRADES

Eine durchaus beliebte Handelsstrategie ist es, sich in einer Währung mit niedrigen Zinsen zu verschulden und das geliehene Geld in einem Währungsraum mit höherem Zinssatz anzulegen. Die Differenz zwischen den beiden Zinssätzen nennt sich »Carry« und entspricht der potenziellen Rendite der Anleger. Die Handelsstrategie heißt »Carry-Trade«. Das Risiko eines Carry-Trades liegt in plötzlichen Wechselkursschwankungen. Wenn die Kredit-Währung gegenüber der Anlage-Währung plötzlich aufwertet, kann dies zu erheblichen Verlusten führen. Die Carry-Trades werden dann in der Regel sehr schnell aufgelöst.

So geschehen in den Folgetagen des 31.07.2024. Der Yen als Funding-Währung für Carry-Trades wertete auf und viele Carry-Trade Positionen wurden notleidend. Die Carry-Trade-Positionen mussten angepasst werden, dadurch wurde eine De-Leveraging-Welle ausgelöst. Die Verschuldung (= Leverage) musste rasch reduziert werden, indem die Kredite zurückbezahlt und/oder Vermögenswerte verkauft wurden. Das löste einen Kursrutsch anderer Assetklassen aus und die Märkte gerieten in den Panikmodus. Der Nikkei stürzte an einem Tag um ca. 12 % ab und erlitt den heftigsten Tagesverlust seit 35 Jahren.

Auch den DAX hat es kalt erwischt. Vom damaligen Allzeithoch am 15.05.2024 bei 18.892 Punkten ging es bis zur Umkehr am 05.08.2024 bei 17.024 Punkten um knapp 10 % nach unten.

In Abbildung 29 ist die Abwärtsbewegung ab dem Allzeithoch (Stand Sommer 2024) vom 15.05.2024 bei 18.892 Punkten abgebildet, und zwar im Tageschart. Der Zinstermin der BoJ ist in Blau markiert. Da der vorauslaufende Trend bis zum Allzeithoch – logischerweise – ein Aufwärtstrend ist, liegen die 0 % am Hoch, und die Fibonacci-Ratios steigen nach unten an.

Abbildung 29: DAX im Tageschart, XETRA. Quelle: TAI-PAN

- Die erste Abwärtsbewegung ab dem ATH erreicht fast die 23,6 %.
- Die sich anschließende Aufwärtsbewegung erreicht die blauen 78,6 %, die *Last Line of Defense*. (Mehr dazu ab Seite 60 im Kapitel *Last Line of Defense* – das 78,6 %-Fibonacci-Retracement.)
- Die Bären verteidigen erfolgreich »ihren« Abwärtstrend, der DAX fällt wieder.
- Mit einem großen Gap geht es am Freitag, 02.08.2024, unter die 23,6 %.
- Am folgenden Handelstag, Montag, der 05.08.2024, wird noch ein Down-Gap ausgebildet, mit der langen Lunte geht es unter die 38,2 %. Das Tief wird bei 17.024 Punkten ausgebildet. Der Schlusskurs liegt über den 38,2 % auf Höhe des Gaps vom 21.02.2024. Die Lunte erreicht eine signifikante Widerstandszone von Ende 2023/Anfang 2024.
- Es wird eine untere Umkehr ausgebildet und der DAX steigt wieder in Richtung Allzeithoch.

Was sehen wir noch in diesem Chart?

- Die Abwärtsbewegung nach der Zinssenkung der BoJ war nicht so überraschend, denn ab dem ATH wurden bereits tiefere Hochs ausgebildet. Die Aufwärtsbewegung war ins Stocken gekommen und es gab bereits eine Abwärtsbewegung.
- Wir sehen einen *Paritätswechsel* von Widerstand (Ende 2023 bis Anfang 2024) zu Unterstützung (Tief 05.08.2024).
- Die Retracement-Levels, die erst mit Ausbildung des ATHs im Mai 2024 in die abgeschlossene Aufwärtsbewegung eingezeichnet werden konnten, haben signifikante Preiszonen während dieser Aufwärtsbewegung nachträglich bestätigt.

Abbildung 30: BASF SE im Stundenchart, XETRA. Quelle: TAI-PAN

Fibonacci-Retracements »funktionieren« nicht nur beim DAX im großen Zeitfenster, sondern auch bei Aktien Intraday. In Abbildung 30 ist die BASF SE im Stundenchart im Zeitraum vom 04.02.2025 bis 13.02.2025 abgebildet. Darin sind zwei Retracements eingezeichnet. Die ersten Retracement-Levels in Rot beziehen sich auf die abgeschlossene Aufwärtsbewegung vom 05.02.2025 bis zur ersten Handelsstunde vom 07.02.2025. Die zweiten Retracement-Levels in Blau beziehen sich auf die anschließende abgeschlossene Abwärtsbewegung bis zum 11.02.2025.

- In der Nachmittagssession am 05.02.2025 startet die BASF SE eine Aufwärtsbewegung, die bis zur ersten Handelsstunde am 07.02.2025 den Aktienkurs um immerhin 10 % ansteigen lässt.
- Die sich anschließende Korrektur erreicht am 11.02.2025 nachmittags bis auf 2 Cent genau das rote 50 %-Retracement.
- Mit der Eröffnung am 12.02.2025 wird in der ersten Handelsstunde auf Schlusskursbasis das blaue 50 %-Retracement erreicht.
- Nach einer kurzen dreistündigen Korrektur ist das blaue 61,8 %-Retracement mit einer Abweichung von ebenfalls 2 Cent erreicht.
- Am Abend wird das blaue 78,6 %-Retracement auf den Cent genau erreicht. Die 78,6 % ist die sogenannte *Last Line of Defense*.
- Am 13.02.2025 startet die BASF-Aktie mit einem Up-Gap von plus 4 % in den Handelstag und gapped damit über das Hoch vom 07.02.2025. Damit haben sich beide Retracements erledigt und können aus dem Chart gelöscht werden.

Die Edelmetalle, insbesondere Gold, ticken sehr genau nach den Fibonacci-Ratios. Das heißt nichts anderes, als dass die Marktteilnehmer im Goldhandel an relevante Fibonacci-Ratios gerne Orders platzieren. Denn nur wo Orders tatsächlich platziert und ausgeführt werden, gibt es einen »Print« im Chart und damit für uns Technische Analysten auch was zum Analysieren.

Für das ganz große Bild betrachten wir als Erstes den Quartalschart ab 1998 (Abbildung 31):

- Im August 1999 wurde ein signifikantes Tief bei 252 Dollar ausgebildet.
- Im September 2011 wurde bei 1.921 Dollar ein Hoch ausgebildet, das bis September 2020 Bestand als Allzeithoch hatte, das sind immerhin neun Jahre.
- In diesen neun Jahren wurde ein *Rounding Bottom* ausgebildet, das ist eine Untertassen-Formation. Im vorliegenden Fall sogar mit sich anschließendem Henkel (2021–2023). Rounding Bottoms sind Formationen, die einen sehr langsamen und allmählichen Wechsel von abwärts über seitwärts zu aufwärts ausbilden. Und das in der Regel über sehr viele Jahre. Oft wird in der Mitte der Bewegung eine Art Ausbruchsversuch gestartet und wieder eingefangen. Das war beim Gold 2016/2017 der Fall. Der Henkel auf der rechten Seite der Formation ist Kür und nicht Pflicht. Untertassen werden oft bei bedeutenden Trendwenden ausgebildet.
- 2015 wurde beim 50 %-Retracement (bezogen auf die Aufwärtsbewegung von 1999–2011) die Korrektur beendet.
- Über Jahre ging es allmählich aufwärts und zwischen 2020 und 2023 verlief Gold seitwärts mit einer Range von ca. 400 Dollar.
- Mehrfach wurde das Hoch von 2011 getestet, aber der Ausbruch wurde erst Ende 2023 vollzogen.

- Damit konnte eine Fibonacci-Projektion eingezeichnet werden mit den drei Ankerpunkten Tief 1999, Hoch 2011 und Tief 2015. In nur wenigen Monaten wurde die 100 %-Projektion erreicht.
- Nach einer kleinen Seitwärtsbewegung wurde der Widerstand überwunden und das neue Allzeithoch auf über 3.000 Dollar gehievt.

Abbildung 31: Gold im Quartalschart ab 1998. Quelle: TAI-PAN

Der erste Chart mit einem Indikator!

In diesem Quartalschart wird das MACD-Histogramm verwendet. Grundsätzlich gilt:

Indikatoren sollten immer nur sehr sparsam eingesetzt werden. Der Anwender sollte *begriffen* haben, wie der Indikator berechnet wird und was er aussagt. Denn nur wer die Mathematik verstanden hat, die hinter der Berechnung eines Indikators steckt, kann ihn auch korrekt anwenden und interpretieren. Der »Lieblingsindikator« der Autorin ist das MACD-Histogramm. (Details zum MACD-Indikator und -Histogramm finden Sie im Anhang IV – Indikatoren und Oszillatoren, Seite 176.)

Was zeigt uns das MACD-Histogramm?

- Die Aufwärtsbewegung ab 1999 wird begleitet von einem steigenden MACD-Histogramm (MACDH).
- Bis zum Tief der Korrektur fällt das MACDH in den roten Bereich und damit unter die Nulllinie.
- Auch die Bewegung bis zum Ende des Rounding Bottoms wird von einem steigenden MACDH begleitet.
- In der Seitwärtsbewegung fällt das MACDH; mit dem Verlassen aus der Seitwärtsbewegung bildet das MACDH stetig höhere Balken aus.

- Solange der Kurs steigt und die steigenden Kurse von höheren Balken begleitet werden, ist alles in Butter. Es wird keine Divergenz ausgebildet, die Aufwärtsbewegung wird bestätigt und ist intakt.

Werfen wir noch einen Blick auf den Gold-Monatschart, und zwar von 2011 bis 2021, dem Zeitpunkt der Korrektur/der Ausbildung des Rounding Bottoms (Abbildung 32).

Abbildung 32: Gold im Monatschart. Quelle: TAI-PAN

In diesen Monatschart ist in die Abwärtsbewegung von 2011–2015 ein Retracement eingezeichnet.

- Ein Morning Star wurde als untere Umkehrformation Ende 2015/Anfang 2016 ausgebildet.
- Bereits im Juli 2016 wurde das 38,2 %-Retracement erreicht.
- Diese 38,2 % fungierten als massiver Widerstand, sie konnten erst im Juni 2019 überwunden werden.
- Am 50 %-Retracement wurde eine kleine bearishe Flagge ausgebildet.
- Die 61,8 % waren hart umkämpft, es bildeten sich Candles mit sehr langen oberen und unteren Lunten aus.
- Auch an den 78,6 % hat es mächtig geklemmt. Die Bären wollten ihre *Last Line of Defense* nicht kampflos den Bullen überlassen.
- Mit einer knapp 200 $ langen Monatskerze (immerhin 10 % Kursplus!) hat Gold dann im Juli 2020 das zehn Jahre alte Allzeithoch hinter sich gelassen.
- Die Aufwärtsbewegung ab September 2018 wurde durch das stetig steigende MACDH bestätigt.
- Mit dem neuen Allzeithoch im Juli 2020 hat sich das Retracement erledigt und kann gelöscht werden.

Klar, im Nachhinein lassen sich die Umkehrpunkte mit den Retracements wunderbar erklären. Aber: Sobald eine Bewegung abgeschlossen ist, können Retracements angelegt werden. Wenn dann an einem Retracement zum Beispiel eine Candlestick-Umkehrformation ausgebildet und mit einem höheren Schlusskurs eine Abwärtsbewegung beendet wird, können Orders vorbereitet und eingegeben werden.

MULTIPLE FIBONACCI-RETRACEMENTS

Die Suche nach den »richtigen« Ankerpunkten gelingt nicht immer gleich auf den ersten Blick. Welcher Swing (= Trendbewegung) ist denn nun eigentlich der korrekte?

Gibt es zu einem markanten Swing-Hoch oder Swing-Tief mehrere mögliche Ankerpunkte, verwendet man die Methode der *multiplen Retracements*. Überlappen sich dann die Preislevel der unterschiedlichen Retracements, sind das sogenannte *Cluster*. Diese »Anhäufungen«, erzeugt durch unterschiedliche Ankerpunkte, erweisen sich häufig als starke Widerstands- oder Unterstützungszonen für die nachfolgende Preisbewegung.

In einer Aufwärtsbewegung

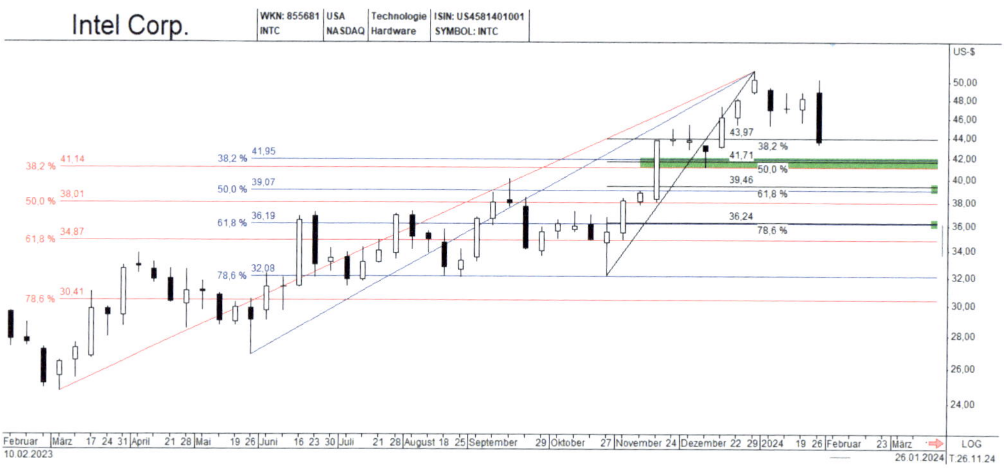

Abbildung 33: Intel Corp. im Wochenchart, NASDAQ. Quelle: TAI-PAN

In den Wochenchart der Intel Corp. konnten 2023 multiple Retracements eingezeichnet werden (Abbildung 33). In diesem Jahr ist die Aktie unter erheblichen Schwankungen gestiegen und hat am 27.12.2023 bei 51,28 $ das Jahreshoch ausgebildet. Das ist der 2. Ankerpunkt. In der Aufwärtsbewegung ab März 2023 wurden mehrere Swing-Tiefs ausgebildet. Um die multiplen Retracements einzuzeichnen, wird jedes der drei Swing-Tiefs mit dem ATH verbunden.

- Tief 1 wurde am 28.02.2023 bei 24,73 $ ausgebildet, die zugehörigen Retracement-Levels sind in Rot eingezeichnet.
- Tief 2 wurde am 25.05.2023 bei 26,86 $ ausgebildet, die zugehörigen Retracement-Levels sind in Blau eingezeichnet.
- Tief 3 wurde am 26.10.2023 bei 32,15 $ ausgebildet, die zugehörigen Retracement-Levels sind in Schwarz eingezeichnet.

Interessant sind die Bereiche, wo sich Korrektur-Level der unterschiedlich angelegten Retracements überlagern. Schauen wir uns dazu Abbildung 34 an, da ist die Intel-Aktie im Wochenchart ab Februar 2023 zu sehen.

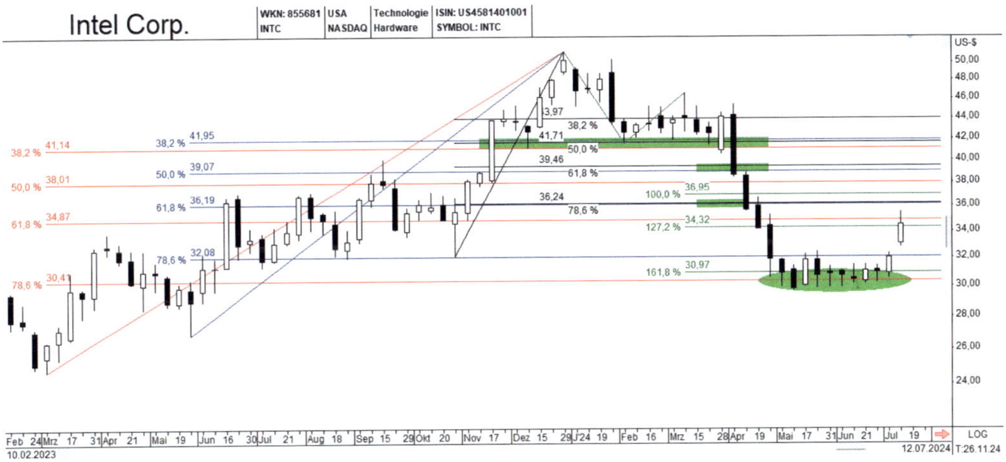

Abbildung 34: Intel Corp. im Wochenchart, NASDAQ. Quelle: TAI-PAN

2023 war für Intel kein gutes Jahr. Der Umsatz ging gegenüber 2022 um 14 % zurück, das Ergebnis je Aktie fiel um fast 80 %. Die Dividende wurde nahezu halbiert. Da hieß es für viele Anleger: Raus aus der Aktie. Das Ergebnis ist in Abbildung 34 zu sehen: Die Aktie ist nach dem ATH von Dezember 2023 deutlich gefallen. In diesen Chart ist auch eine grüne Projektion mit den drei Ankerpunkten Hoch Dezember 2023, Tief Februar 2024 und Hoch März 2024 eingezeichnet.

Die relevanten Cluster sind grün markiert:

- Erster Stop der Abwärtsbewegung war das Cluster rote 38,2 % = 41,14 $, blaue 38,2 % = 41,95 $ und schwarze 50 % = 41,71 $.
- Zweiter Stop dann das Cluster blaue 50 % = 39,07 $, schwarze 61,8 % = 39,46 $ und grüne 100 % = 36,95 $.
- Dritter Stop das Cluster blaue 61,8 % = 36,19 $, schwarze 78,6 % = 36,24 $ und grüne 100 % = 36,95 $.
- Vierter Stop inklusive Umkehr die roten 78,6 % = 30,41 $ und die grünen 161,8 % = 30,97 $.

In der Abwärtsbewegung wurden an den Clustern der multiplen Retracements und der Fibonacci-Projektion deutliche Kursreaktionen ausgelöst. Sie dienten mehrfach als signifikante Unterstützung. Der Kurs hat erst an den wichtigen 78,6 % des roten Retracements und den ebenso wichtigen 161,8 % der Fibonacci-Projektion (mehr dazu in Kapitel 4.2 Fibonacci-Projektion) angehalten und umgekehrt.

In einer Abwärtsbewegung

Multiple Retracements funktionieren natürlich nicht nur in höheren Zeitebenen, sondern auch in niedrigeren. Wie beim zweiten Beispiel, dem S&P 500 Future (ES), im 15-Minutenchart vom 17.03 bis 19.03.2025 (Abbildung 35).

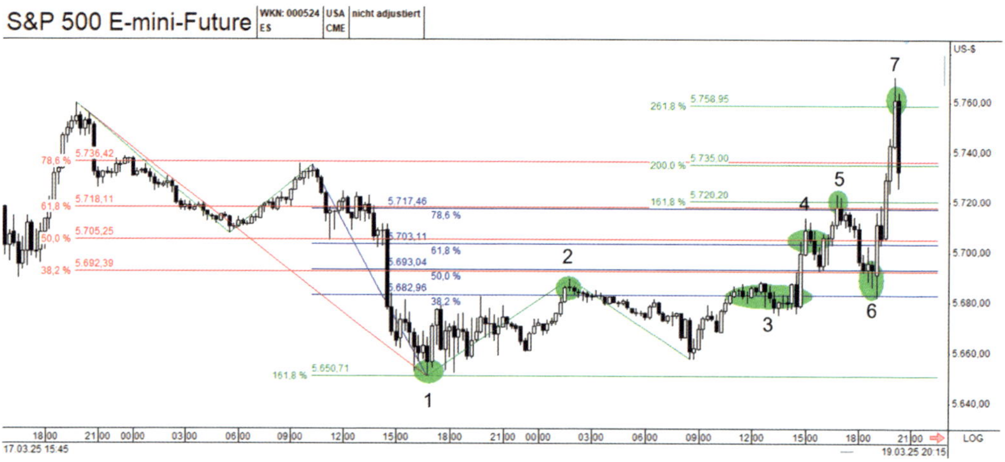

Abbildung 35: S&P 500 Future im 15-Minutenchart, CME. Quelle: TAI-PAN

Am Montagabend des 17.03.2025 hat der ES ein signifikantes Hoch bei 5.759,75 Punkten ausgebildet. Anschließend fielen die Kurse bis zum Dienstagnachmittag, das Tief wurde bei 5.650,75 Punkten ausgebildet. Dazwischen gab es am Dienstagvormittag bei 5.735,50 Punkten ein Zwischenhoch. Vom ersten Hoch zum Tief wurden die roten, vom Zwischenhoch zum Tief wurden die blauen Retracement-Levels eingezeichnet.

Und: Mit den drei Ankerpunkten Hoch Montagabend, Swing-Tief Dienstagfrüh und Zwischenhoch Dienstagvormittag wurde eine grüne Projektion hinzugefügt.

- Ab dem Tief am Dienstagnachmittag (erste grüne Ellipse) ist der ES zaghaft gestiegen. Die nächsten Stunden waren geprägt von der Unsicherheit über die Entscheidung der FED am Mittwoch, 19.03.2025. Die Erwartung war: Es gibt keine Leitzinsänderung.
- Die blauen 38,2 % (zweite grüne Ellipse) wurden deutlich übertroffen. In den nächsten Stunden wurde dann kein tieferes Tief (bezogen auf die erste grüne Ellipse) ausgebildet.

- Um die Mittagszeit vom Mittwoch hat der ES ausgiebig die blauen 38,2 % getestet (dritte grüne Ellipse).
- Zur Eröffnung der US-Kasse um 14:30 Uhr MEZ wurden dann die roten 50 % und die blauen 61,8 % erreicht (vierte grüne Ellipse).
- Es kam zum Re-Test der roten 38,2 % und der blauen 50 %.
- Im Vorfeld der FED-Veröffentlichung wurden die roten 61,8 % und die blauen 78,6 % erreicht; und auch die grünen 161,8 % (fünfte grüne Ellipse).
- Es ging wieder abwärts zu den roten 38,2 % und den blauen 50 %. Mit drei Lunten wurde das Cluster durchstochen (sechste grüne Ellipse), bevor um 19:00 Uhr die FED die Leitzinsen – wie erwartet – unverändert ließ. Mit einer langen weißen Kerze ging es ab nach oben.
- Um 20:00 Uhr wurden dann noch die grünen 261,8 % erreicht (siebte grüne Ellipse). Das ist für starke Märkte eine wichtige Zielmarke.

Auch bei diesem Beispiel in einem Intraday-Chart zeigt sich deutlich, dass die Cluster der unterschiedlichen Fibonacci-Methoden wichtige Kursziele definieren. Sie bilden Unterstützungs- und Widerstandszonen aus, die jeder Trader beachten sollte.

Multiple Retracements:

- In einer **Aufwärtsbewegung** werden die verschiedenen Swing-Tiefs mit *einem* relevanten Swing-Hoch verbunden (Abbildung 33 und Abbildung 34).
- In einer **Abwärtsbewegung** werden die verschiedenen Swing-Hochs mit *einem* relevanten Swing-Tief verbunden (Abbildung 35).
- Die Preiszonen, an welchen sich Cluster gebildet haben, bilden dann oft Widerstands- und Unterstützungszonen aus. Kommt der Kurs an diesen Preiszonen an, dann gilt es genau zu beobachten, ob der Kurs einfach durchrauscht oder tatsächlich Widerstand/Unterstützung bietet.

ANKERPUNKTE BESTIMMEN

Für Fibonacci-Retracements werden zwei Ankerpunkte benötigt: das Hoch und das Tief einer abgeschlossenen Bewegung. Wie sich diese definiert, können Sie in Kapitel 3: Trend & Trendumkehr, Seite 29 nachlesen.

RELEVANTE RATIOS

Rekapitulieren wir nochmals: Was ist ein Retracement?

Innerhalb einer abgeschlossenen Bewegung werden Korrektur-Levels bestimmt (Abbildung 24). Bei Retracements sind die Ratios unter 100 % relevant. Die Wichtigsten sind die:

- 38,2 %
- 50 %
- 61,8 %

Bereits Charles Dow, der Begründer der technischen Analyse, hat festgestellt, dass »eine Korrektur die Kurse normalerweise zwischen ⅓ und ⅔ der vorhergehenden Trendbewegung zurückführt, meistens ungefähr die Hälfte der letzten Bewegung« (siehe Dow-Theorie, Anhang II, Seite 166).

Oft erreicht werden auch folgende Retracements:

- 23,6 % bei schwachen Korrekturen und damit einem starken, vorauslaufenden Trend, sowie
- 78,6 % bei kräftigen Korrekturen, der sogenannten *Last Line of Defense* (mehr dazu im nächsten Kapitel).

Ist der vorauslaufende Trend stark, kann eine Korrektur bereits bei den 23,6 % beendet werden, bevor es wieder in Trendrichtung weitergeht. Die Marktteilnehmer der Trendseite lassen sich nicht die Butter vom Brot nehmen.

Werden allerdings die 78,6 % erreicht und sogar auf Schlusskursbasis der eingestellten Periode unterschritten (Abwärtskorrektur) oder überschritten (Aufwärtskorrektur), dann ist allerhöchste Vorsicht geboten: Es steigt die Wahrscheinlichkeit, dass sich die vermeintliche Korrektur in eine neue Trendbewegung auswächst.

LAST LINE OF DEFENSE – DAS 78,6 %-FIBONACCI-RETRACEMENT

Was für ein Geheimnis gibt es jetzt um das 78,6 %-Retracement, die *Last Line of Defense?*

Es ist die letzte Verteidigungslinie der

- Bullen in einer Aufwärtsbewegung, beziehungsweise
- Bären in einer Abwärtsbewegung.

Wird das 78,6 %-Retracement auf Schlusskursbasis in der betrachteten Zeitebene gebrochen, dann werden in der Regel auch die 100 % erreicht, also der Beginn der zu korrigierenden Bewegung. Auch hier gilt: Die 78,6 % sind als Zielzone zu sehen und nicht als Punktlandung.

Der Bulle in einem Aufwärtstrend

Wird eine abgeschlossene Aufwärtsbewegung durch eine abwärtsgerichtete Bewegung korrigiert, dann ist das 78,6 %-Fibonacci-Retracement die letzte Verteidigungslinie der Bullen. Denn fallen die 78,6 % auf Schlusskursbasis in der betrachteten Zeitebene, dann werden die Bären die Macht übernehmen und den entsprechenden Markt, zumindest an die 100 %, den Ausgangspunkt der Aufwärtsbewegung, nach unten drücken.

Abbildung 36: Intel Corp. im Wochenchart, NASDAQ. Quelle: TAI-PAN

Schauen wir uns dazu Abbildung 36 an. Es ist der Intel-Wochenchart aus Abbildung 33 und Abbildung 34. Von März bis Dezember 2023 ging es mit der Intel-Aktie aufwärts. Diese abgeschlossene Aufwärtsbewegung wurde dann in den nächsten Wochen korrigiert. Ende April 2024 wurden zum einen die roten 78,6 % erreicht, zum anderen die grünen 161,8 %. Ein mustergültiges Cluster und die Intel-Aktie hat diese Preiszone zwischen 30,97 $ und 30,41 $ als Unterstützungszone respektiert. Oder anders ausgedrückt: Die Bullen haben die 78,6 % verteidigt und die Aufwärtsbewegung wurde fortgesetzt.

Eine Überlegung aus dem praktischen Traderleben: Wie hätte das gehandelt werden können? Immerhin haben die Bullen über zwei Monate benötigt, die Bären zu »verjagen«. Nun, hier übernehmen wie die Stop-Setzung von den harmonischen Pattern (Kapitel 5: Muster mit Fibonacci-Ratios, ab Seite 125). Bei den harmonischen Pattern wird der Stop gerne mal an das 88,6 %-Retracement gelegt. In diesem Chart ist das die gestrichelte Line bei 27,76 $. Der Kurs müsste also sehr deutlich unter die 78,6 % fallen, um den Stop der Long-Position abzuholen. Wir geben eine sogenannte *Bracket-Order* auf:

1. Ein Stop-Buy knapp über dem Hoch der letzten Wochenkerze, der Stop-Loss kommt unter das Tief der langen schwarzen Kerze.

2. Ein Stop-Sell knapp unter das Tief der langen schwarzen Kerze, mit einem Stop-Loss knapp über das Hoch der letzten weißen Kerze.

WAS IST EINE BRACKET-ORDER?

»Bracket« ist das englische Wort für »Klammer«. Mit einer Bracket-Order können Sie also Ihre Position in beide Richtungen gleichzeitig absichern.

- Sind Sie Long im Markt, so platzieren Sie oberhalb des aktuellen Kurses eine limitierte Verkaufsorder, um Ihren Gewinn zu realisieren, und Sie platzieren unterhalb des aktuellen Kurses den Stop-Loss, um den möglichen Verlust zu begrenzen.
- Haben Sie eine Short-Position im Markt, dann platzieren Sie unterhalb des aktuellen Kurses eine limitierte Verkaufsorder, um Ihren Gewinn zu realisieren, und Sie platzieren oberhalb des aktuellen Kurses den Stop-Loss, um den möglichen Verlust zu begrenzen.
- Ihre Position ist also »eingeklammert« zwischen zwei Orders: dem Take-Profit und dem Stop-Loss.

Während des Verfassens dieser Zeilen hat US-Präsident Donald Trump den weltweiten Handelskonflikt mit seinen *reziproken* Zöllen Tag für Tag eskalieren lassen. Dann, am 09.04.2025, hat er – als die US-Börsen noch offen hatten – einen völlig überraschenden Rückzieher gemacht. Alle Zölle – bis auf jene für China – hat er für 90 Tage ausgesetzt.

Hat er sich mit den reziproken Zöllen verrannt oder gehörte der Rückzieher auch zu seinem genialen Plan? Die Wahrheit werden wir wahrscheinlich nie erfahren, aber: Betrachten Sie den Chart vom FDAX, und zwar ganz konkret den Juni 25 Kontrakt (FDXM5) (Abbildung 37). Zu diesem Zeitpunkt ist das der Frontmonat (das ist der Kontrakt, der als nächster verfällt).

Die Eskalation um die Trumpschen reziproken Zölle hat den FDAX innerhalb weniger Tage vom damaligen Allzeithoch vom 06.03.2025 bei 23.759 Punkten auf ein Tief von 19.004 Punkten vom 07.04.2025 fallen lassen. Das sind minus 4.755 Punkte oder minus 20 %. In die abgeschlossene Aufwärtsbewegung vom 05.08.2024 bis zum Allzeithoch vom 06.03.2025 wurde ein Fibonacci-Retracement angelegt. Das 78,6 %-Retracement notiert bei 19.019 Punkten.

Und wo wurde das Tief vom 07.04.2025 ausgebildet? Gerade mal 15 Punkte unter dem 78,6 %-Retracement!

- Gehandeltes Tief = 19.004 Punkte
- 78,6 %-Fibonacci-Retracement = 19.019 Punkte

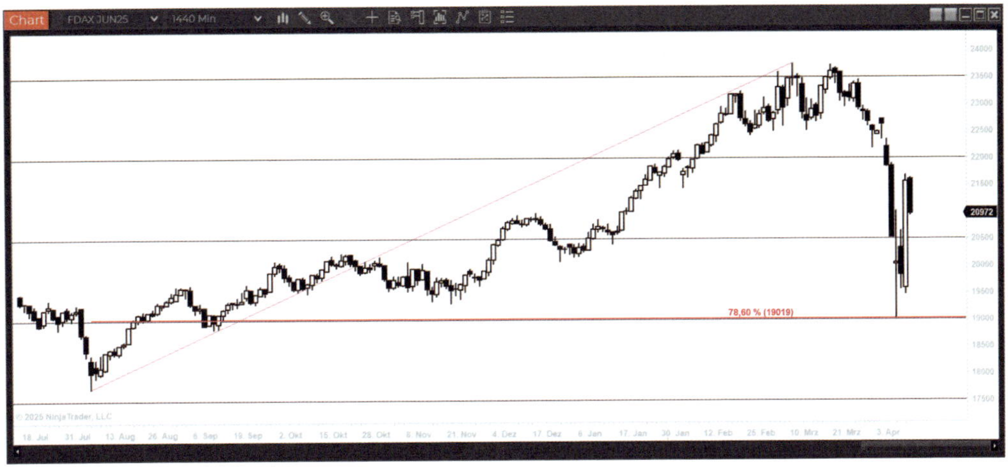

Abbildung 37: FDAX Juni 2025 Kontrakt im Tageschart, EUREX. Quelle: NinjaTrader

Die Bullen haben ihre *Last Line of Defense* erfolgreich verteidigt – zumindest bei der ersten Angriffswelle der Bären …

Der Bär in einem Abwärtstrend

Im Prinzip funktioniert es hier vice versa: Wird eine abgeschlossene Abwärtsbewegung durch eine aufwärtsgerichtete Bewegung korrigiert, dann ist das 78,6 %-Fibonacci-Retracement die letzte Verteidigungslinie der Bären. Denn fallen die 78,6 % auf Schlusskursbasis in der betrachteten Zeitebene, dann werden die Bullen die Macht übernehmen und den entsprechenden Markt zumindest an die 100 %, den Ausgangspunkt der Abwärtsbewegung, hieven. Sie sehen das am Beispiel vom DAX in einem 5-Minutenchart vom 19.03.2025 bis 20.03.2025 in Abbildung 38.

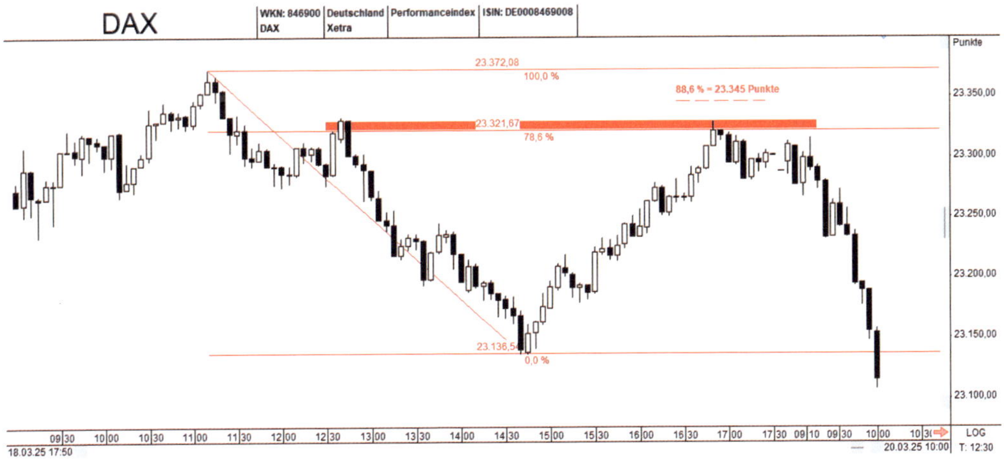

Abbildung 38: DAX im 5-Minutenchart, XETRA. Quelle: TAI-PAN

Nach einer langen und abgeschlossenen Abwärtsbewegung hat der DAX am 19.03.2025 gegen 14:40 Uhr einen Boden ausgebildet und ist wieder gestiegen und gestiegen und gestiegen. Um 16:50 Uhr wurde dann das 78,6 %-Retracement erreicht und auch das Mittagshoch mit einer oberen Lunte angestochen. Auch bei diesem Beispiel zeigt sich, wie wichtig es ist, nach Unterstützungen und Widerständen zu suchen und diese zu markieren.

Einmal mehr heißt der Zauberspruch: Always look left!

Nachdem der Widerstand vom Mittag an den 78,6 % gehalten hat, kann über eine Short-Position nachgedacht und diese auch eröffnet werden. Und erneut kann das 88,6 %-Retracement als Stop-Level verwendet werden.

VERFALLSDATUM VON FIBONACCI-RETRACEMENTS

Wann verfallen die eingezeichneten Fibonacci-Retracements? Oder anders gefragt: Wie lange behalten die Retracements ihre Gültigkeit? Die Antwort lautet: nicht ewig. Denn ist die Korrektur beendet, sprich einer der beiden Ankerpunkte des Retracements wird – auch Intraday! – überschritten, dann verlieren die eingezeichneten Retracements ihre Gültigkeit und können gelöscht werden.

In Abbildung 39 sehen Sie das am Beispiel der Ferrari N.V. Aktie. Diese hat übrigens das schicke Börsenkürzel *RACE*.

Abbildung 39: Ferrari N.V. im Tageschart, Mailand. Quelle: TAI-PAN

- Die jahrelange Aufwärtsbewegung der Ferrari-Aktie ist im April 2024 bei den runden 400 € ins Stocken gekommen.
- Es ging ein paar Monate seitwärts, bevor dann im August 2024 der Widerstand mit einem großen Up-Gap herausgenommen wurde.

- Der Höhenflug wurde Anfang September beendet, die Aktie korrigierte.
- Damit konnten in die abgeschlossene Aufwärtsbewegung vom 25.07.2024 bis zum 03.09.2024 Retracements eingezeichnet werden.

Das wichtige 61,8 %-Retracement lag bei 402,47 € und damit nur haarscharf über den wichtigen 400 €. Damit hat sich nachträglich zum einen die Signifikanz der runden 400 € bestätigt und zum anderen die korrekte Auswahl der beiden Ankerpunkte für das Retracement. Das Korrekturtief wurde am 04.10.2024 bei 404,60 € erreicht. Das sind gerade mal 0,5 % über dem 61,8 %-Retracement. Die Aktie ist im weiteren Verlauf gestiegen und hat am 24.01.2024 mit dem Tageshoch = 451,80 € die 0 % = 450,30 € überschritten. Zu genau diesem Zeitpunkt ist dieses Retracement dann in die ewigen Jagdgründe eingegangen.

Geblieben ist allerdings die signifikante Unterstützungszone um die 400 € bei dem ehemaligen 61,8 %-Retracement. Wir sehen auch in diesem Chart, wie wichtig Allzeithochs sind. Am 04.02.2025 hat die Ferrari-Aktie einen White Marubozu ausgebildet. An diesem Tag ging es immerhin um über 8 % oder 33,40 € aufwärts. Der White Marubozu konnte am Allzeithoch nur kratzen, es ging erst ein paar Tage später mit viel Momentum darüber hinaus. Die Unterkante des Down-Gap vom 26.02.2025 auf den 27.02.2025 hat genau auf dieser Marke wieder aufgesetzt – den runden 450 €.

Es kann gar nicht of genug wiederholt werden: Always look left! Allzeithochs und runde Marken fungieren gerne als Widerstands- oder Unterstützungszonen und sollten im Auge behalten werden. Wenn genau auf solche Zonen eine rein mathematisch berechnete Zielzone wie ein Fibonacci-Retracement-Level aufsetzt, ist dieser Preisbereich umso wichtiger.

WIE KANN EIN FIBONACCI-RETRACEMENT GEHANDELT WERDEN?

Eigentlich ganz einfach: Erreicht der Kurs ein Retracement-Level und bildet eine Umkehrformation aus, dann kann eine Position in die der Korrektur vorauslaufende Richtung eröffnet werden. Eine Umkehrformation kann eine Candlestick-Umkehrformation sein, es kann aber auch eine wichtige Unterstützungs-/Widerstandszone aus der Vergangenheit sein oder ein klassisches Chartpattern.

GALERIE – FIBONACCI-RETRACEMENTS

In dieser Galerie werden einige Impressionen zu den Fibonacci-Retracements präsentiert. Ohne Worte – nur zum Anschauen.

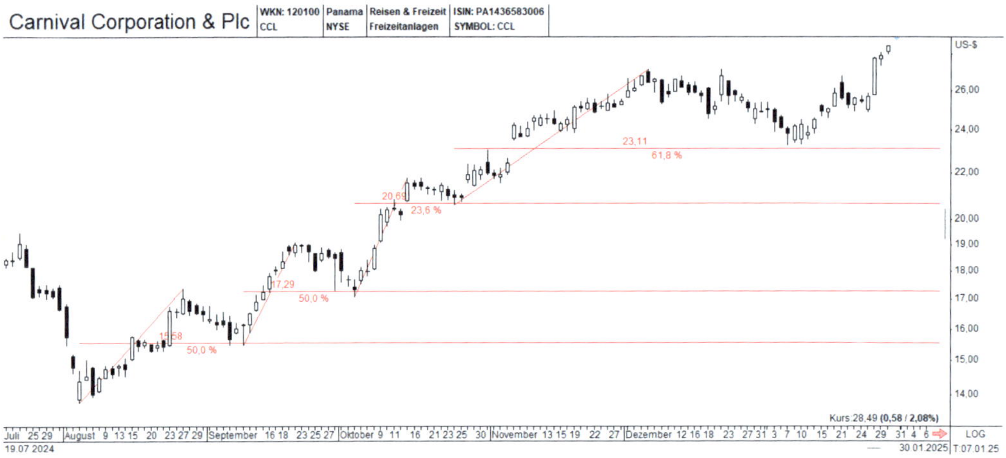

Abbildung 40: Carnival Corporation & Plc. im Tageschart, NYSE. Quelle: TAI-PAN

Abbildung 41: Gold im Tageschart, Quelle: TAI-PAN

Abbildung 42: Dow Jones Industrial im Tageschart, NYSE. Quelle: TAI-PAN

Abbildung 43: Allianz SE im Tageschart, XETRA, Quelle: TAI-PAN

Abbildung 44: Continental AG im Tageschart, XETRA. Quelle: TAI-PAN

Abbildung 45: Symrise AG im Tageschart, XETRA. Quelle: TAI-PAN

ZUSAMMENFASSUNG FIBONACCI-RETRACEMENTS

Die Fibonacci-Retracements werden von vielen Tradern verwendet. Sie werden in eine abgeschlossene Bewegung angelegt. Dabei ist es unerheblich, ob es sich um einen Monatschart oder einen 5-Minutenchart handelt. Es braucht zwei Ankerpunkte: ein signifikantes Swing-High und ein signifikantes Swing-Low. In diese Strecke werden über das Retracement-Zeichentool die relevanten Korrektur-Levels eingezeichnet: die 38,2 %, 50 % und 61,8 %. Diese Marken sind als *Zielzonen* zu verstehen und nicht als Punktlandungen. An diesen Zielzonen gilt es dann nach

Umkehrmustern zu suchen, etwa Candlestick-Umkehrformation wie einen Morning Star oder Evening Star. Wird so eine Zielzone erreicht und eine Umkehrformation ausgebildet, steigt die Wahrscheinlichkeit, dass die Korrektur beendet ist und die vorausgehende Trendrichtung wieder aufgenommen wird. Sobald der Kurs den 2. Ankerpunkt bei 0 % überschritten hat, wird das Retracement hinfällig und kann gelöscht werden.

Ein Augenmerk sollte auch auf die untergeordneten Korrektur-Levels, die 23,6 % und 78,6 %, gerichtet werden. Denn bei einem starken vorauslaufenden Trend werden oftmals nur die 23,6 % erreicht. Andererseits werden gerne mal die 78,6 % getestet, die *Last Line of Defense*.

4.2 FIBONACCI-PROJEKTION

In Kapitel 4.1 über Retracements war mehrfach die Rede von der *Fibonacci-Projektion*. Diese Variante der Kurszielbestimmung wird verwendet, um ein höheres Hoch oder ein tieferes Tief zu bestimmen. Dafür werden drei Ankerpunkte benötigt. In Abbildung 46 ist das in einer Grafik dargestellt.

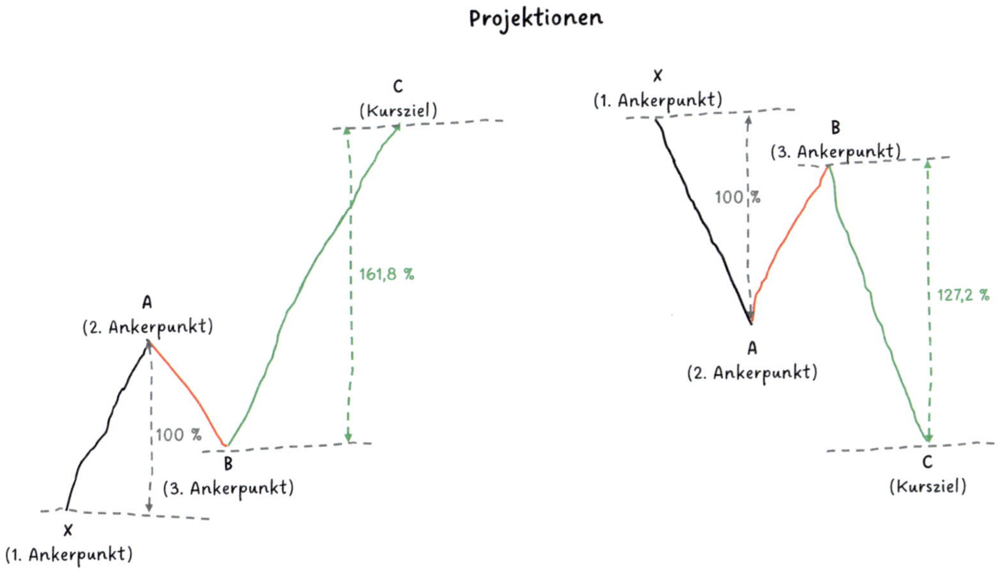

Abbildung 46: Projektionen: links die Kurszielbestimmung einer schwarzen Aufwärts- und rechts einer schwarzen Abwärtsbewegung.

- **Höheres Hoch:** Bei einer **Aufwärtsbewegung** (Abbildung 46, links) ist die Basis für die Berechnung eines höheren Hochs eine abgeschlossene Aufwärtsbewegung zwischen dem 1. und

2. Ankerpunkt, dem Swing-Tief X und dem Swing-Hoch A. Diese Strecke entspricht den 100 % der Bewegung. Er folgt eine abwärtsgerichtete Korrektur bis zum 3. Ankerpunkt, dem höheren Korrektur-Tief B. Der Markt dreht am 3. Ankerpunkt und läuft wieder in Trendrichtung aufwärts. Ausgehend von diesen 100 % wird das höhere Kursziel berechnet. Multipliziert mit 1,618 ergibt es das 161,8 %-Kursziel. Diese Strecke wird dann am 3. Ankerpunkt nach oben in Trendrichtung abgetragen und ergibt das Kursziel C.

- **Tieferes Tief:** Bei einer **Abwärtsbewegung** (Abbildung 46, rechts) ist die Basis für die Berechnung eines tieferen Tiefs eine abgeschlossene Abwärtsbewegung zwischen dem 1. Ankerpunkt, dem Swing-Hoch X und dem 2. Ankerpunkt, dem Swing-Tief A. Die Strecke zwischen dem 1. und 2. Ankerpunkt entspricht der 100 %-Bewegung. Nun folgt die aufwärtsgerichtete Korrektur, die am 3. Ankerpunkt, dem tieferen Swing-Hoch B, mit der Umkehr endet. Für das 127,2 %-Kursziel wird die Basisstrecke mit 1,272 multipliziert und am Korrekturtief B nach unten abgetragen und ergibt das Kursziel C.
- Idealerweise wird die Korrektur zum 3. Ankerpunkt B an einem Fibonacci-Retracement beendet.

Je nachdem, welche Literatur gewälzt oder welches Charttool verwendet wird, hat diese Variante die unterschiedlichsten Bezeichnungen, darunter *Projections* oder *Objectives*. Bei TradingView heißt diese Variante *Trendbasierte Fib-Extension*.

ANMERKUNG

Nicht mit jeder Chartsoftware können Sie Kursziele mit drei Ankerpunkten einzeichnen. Oft ist es nur möglich, mit zwei Ankerpunkten zu arbeiten. In diesem Fall wird ein Fibonacci-Retracement zwischen dem Swing-Hoch und dem Swing-Tief angelegt, das eingezeichnete Retracement wird kopiert und am 3. Ankerpunkt, also dem Korrektur-Level B, eingefügt. Bei dieser Methode ist darauf zu achten, dass die Preisachse *arithmetisch* eingestellt ist. Oder andersherum formuliert: Der Chart darf nicht *halb-logarithmisch* eingestellt sein. Wird ein Fibonacci-Retracement mit logarithmischer Preisskala kopiert und an anderer Stelle eingefügt, so passen die Proportionen der Preisachse nicht an die neue Stelle und es werden falsche Werte angezeigt.
Denn:

Bei einer **arithmetischen Preisskala** werden gleiche Abstände im Chart (in Zentimetern) für die gleiche Preisdifferenz (zum Beispiel in Euro) verwendet. Das heißt, dass auf der Preisskala der Abstand zwischen 1 und 2 Euro gleich groß ist wie der Abstand zwischen 9 und 10 Euro. Die erste Bewegung (von 1 zu 2 Euro) entspricht einer Verdoppelung des Preises, die zweite Bewegung (von 9 zu 10 Euro) entspricht einer Zunahme um 11 %.

Bei einer **logarithmischen Preisskala** ist der Abstand zwischen 1 und 2 Euro gleich groß wie der Abstand zwischen 5 und 10 Euro. Die Bewegung von 1 zu 2 Euro entspricht einer Verdoppelung, ebenso die Bewegung von 5 auf 10 Euro. Die prozentual gleiche Bewegung wird in gleichem Abstand abgebildet.

Das ist schematisch dargestellt in Abbildung 47.

Die Charts in diesem Buch sind mit halb-logarithmischer Skalierung wiedergegeben, sprich: Die Zeitachse ist arithmetisch und die Preisachse ist logarithmisch. Ausnahmen sind entsprechend gekennzeichnet.

Als Grafik dargestellt ist die arithmetische Preisachse links und die logarithmische Preisachse rechts in Abbildung 47.

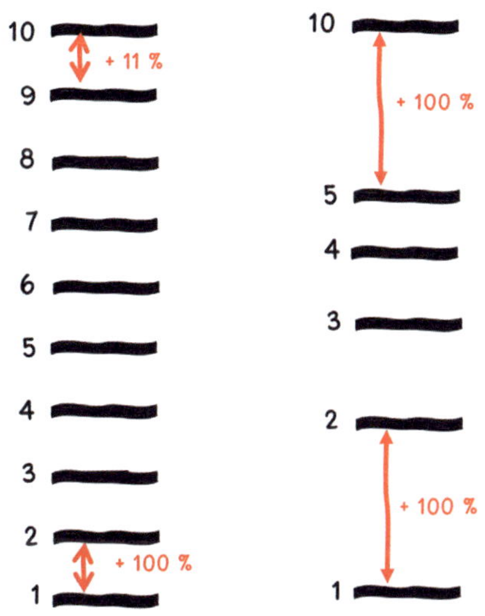

Abbildung 47: arithmetische (links) und logarithmische (rechts) Skalierung.

In einer Aufwärtsbewegung

Als erstes »echtes« Beispiel für eine Long-Projektion sehen Sie die Aufwärtsbewegung bei der BASF SE im Tageschart ab dem 10.01.2025 (Abbildung 48).

- Basis für die Berechnung der höheren Hochs ist die Aufwärtsbewegung vom 1. Ankerpunkt, dem Swing-Tief bei 41,32 € zum 2. Ankerpunkt, dem Swing-Hoch bei 48,07 €. Die Differenz beträgt 6,75 € und entspricht der 100 % Bewegung.
- Es schließt sich eine abwärtsgerichtete Korrektur zum 3. Ankerpunkt an. Dieses Swing-Tief wird bei 44,33 € ausgebildet.

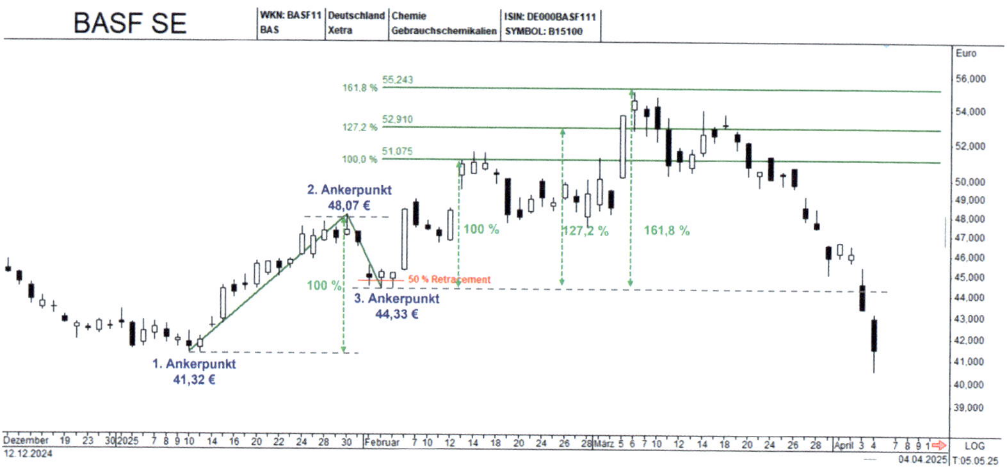

Abbildung 48: BASF SE im Tageschart, XETRA. Quelle: TAI-PAN

- Das 50 %-Retracement liegt bei 44,69 € und wird damit um 0,36 € vom tatsächlichem Umkehrpunkt »verfehlt«. Das sind 0,8 %.
- An diesem Korrektur-Tief wird die Projektion nach oben abgetragen. Das erste Kursziel, die 100 %-Projektion, liegt bei 51,07 €.

Die Rechnung dazu lautet:

44,33 €	3. Ankerpunkt
+ 6,75 €	Differenz vom 2. zum 1. Ankerpunkt
= 51,08 €	Ergebnis = 100 %-Projektion

Berechnen wir gleich noch das 127,2 %- und 161,8 %-Kursziel:

44,33 €	3. Ankerpunkt
+ 8,58 €	(Differenz vom 2. zum 1. Ankerpunkt) 6,75 € x 1,272
= 52,91 €	Ergebnis = 127,2 %-Projektion

44,33 €	3. Ankerpunkt
+ 10,92 €	(Differenz vom 2. zum 1. Ankerpunkt) 6,75 € x 1,618
= 55,25 €	Ergebnis 161,8 %-Projektion

(Es gibt kleinere Rundungsdifferenzen, weil XETRA Preise mit drei Nachkommastellen feststellt.)

- Das zweite Kursziel, die 127,2 %, liegt rechnerisch bei 52,91 €. Mit einem White Marubozu wurden die 127,2 % am 05.03.2025 einfach überrannt.
- Das dritte Kursziel, die 161,8 %, liegt rechnerisch bei 55,25 €. Das Tageshoch vom 06.03.2025 wurde bei 55,06 € ausgebildet und damit 0,18 € unter den 161,8 %, das sind 0,3 %.
- An den 161,8 % wurde eine obere Umkehr ausgebildet und es ging abwärts.
- Am 03.04.2025 wurde der 3. Ankerpunkt unterschritten, das Ende der 50 %-Korrektur. Damit geht die Projektion in die ewigen Jagdgründe ein und kann gelöscht werden.

Die Zielzonen wurden nahezu punktgenau erreicht!

Das zweite Beispiel einer Aufwärtsprojektion zeigt das Währungspaar EURUSD im 4-Stundenchart (Abbildung 50).

TIPP

Im 4-Stundenchart (H4) können auch berufstätige Trader komfortabel handeln, es muss ja »nur« alle vier Stunden der Chart kontrolliert werden. Auch bleibt ausreichend Zeit, die Orders zu platzieren. Der Nachteil besteht allerdings darin, dass der Stop relativ groß ist. Damit das Risiko überschaubar bleibt, muss die Positionsgröße eventuell nach unten angepasst werden. Insbesondere Währungen lassen sich sehr gut im H4-Chart traden.

Schauen wir zunächst auf das ganz große Bild von EURUSD, den Monatschart (Abbildung 49). Es lohnt sich immer, erst einen Blick in den übergeordneten Chart zu werfen, um den aktuellen Kurs einschätzen zu können: Liegt dieser näher am Allzeithoch oder am Allzeittief? Geht es eher seitwärts? Oder befindet sich das Objekt der Begierde in einem Trend?

Ab dem Allzeithoch im Juni 2008 bei 1,6039 $ befand sich der Euro gegen den US-Dollar in einem intakten Abwärtstrend. Das bisherige Tief wurde im September 2022 bei 0,9536 $ ausgebildet. Seither hat sich der Euro gut erholt. Es werden höhere Hochs und höhere Tiefs ausgebildet – selbst im Monatschart hat der Trend in aufwärts gewechselt.

Bei einer nach allen Regeln der Kunst durchgeführten Chartanalyse liegt das Hauptaugenmerk der Analyse auf dem letzten spannenden Bereich. Bei diesem Monatschart ist das die Zeit ab dem September-Tief 2022:

- In die abgeschlossene Abwärtsbewegung ab dem ATH bis zum Tief September 2022 sind blaue Retracements eingezeichnet.
- Die erste abgeschlossene Aufwärtsbewegung ab dem Tief ist mit einem roten Retracement versehen.

Abbildung 49: EURUSD im Monatschart, FOREX. Quelle: TAI-PAN

- Von da ab ist das Währungspaar zügig auf ca. 1,10 $ gestiegen. Bei 1,1071 $ liegt das blaue 23,6 %-Retracement, welches sich auf die Abwärtsbewegung vom Allzeithoch zum Tief September 2022 bezieht.
- Diese erste Aufwärtsbewegung erreichte im Juli 2023 ihr Hoch bei 1,1276 $.
- Im Januar 2025 wurde ein höheres Tief (bezogen auf das 2022er-Tief) bei 1,0177 $ ausgebildet – auf dem roten 61,8 %-Retracement.
- Im April 2025 liegt der Monatsschlusskurs bei 1,1329 $ und damit über dem Hoch vom Juli 2023 – die Trendumkehr ist also erfolgt.
- Weil im vorliegenden Fall ein Monatschart analysiert wird, müssen auch die Monatsschlusskurse berücksichtigt werden!

Abbildung 50: EURUSD im 4-Stundenchart, FOREX. Quelle: TAI-PAN

Widmen wir uns nun dem sehr spannenden Bereich ab dem Januar-Tief 2025 (Abbildung 50) im 4-Stundenchart.

- Ausgehend vom Januar-Tief zum Januar-Hoch ist ein rotes Retracement eingezeichnet.
- Mit dem Tief am 03.02.2025 hat das Währungspaar das 88,6 %-Retracement erreicht. Das ist zwar eine außergewöhnlich tiefe Korrektur, solange aber das Januar-Tief bei 1,0177 $ nicht erreicht wird, ist und bleibt das eine Korrektur. (Bei einer Korrektur muss die Umkehr an einem höheren Tief erfolgen.)
- Sobald am Februar-Tief eine untere Umkehr erkennbar ist, kann eine Projektion eingezeichnet werden. 1. Ankerpunkt: das Januar-Tief; 2. Ankerpunkt: das Januar-Hoch; und 3. Ankerpunkt: das Februar-Tief.
- Im Februar ging es wieder deutlich aufwärts, der Widerstand wurde vom Januar-Hoch bei 1,0533 $ gebildet.
- Erst Anfang März wurde der Widerstand geknackt – und mutierte dann zur Unterstützung. In der technischen Analyse nennt sich das »Paritätswechsel von Unterstützung und Widerstand«. Ein Re-Test dieser Unterstützung ist jedoch bis Ende April 2025 nicht erfolgt.
- Mit dem höheren Hoch wird ein frisches Kaufsignal ausgebildet.
- Bereits wenige Stunden später werden die 100 %, 127,2 % und die 161,8 %-Projektion erreicht.
- Nach ein paar zähen Tagen fällt auch die eher untergeordnete 200 %-Projektion.
- Es wird ein Doppeltop an den 200 % ausgebildet und das Währungspaar korrigiert knapp unter die 161,8 %.
- Dann geht es mit kräftigen weißen 4-Stundenkerzen und mit einer Punktlandung rauf zu den 261,8 %. Es folgt wieder eine kleine Korrektur runter zu den 200 %.
- Dann wird mit kräftigen weißen 4-Stundenkerzen der sehr wichtige Monatsschlusskurs von Juli 2024 herausgenommen.
- Der April-2025-Schlusskurs wird über dieser wichtigen Marke ausgebildet.
- Damit wurde im Monatschart auf Schlusskursbasis die Trendumkehr bestätigt.
- Das nächste Kursziel sind die 423,6 % bei 1,1719 $, was einer ziemlich starken Trendbewegung entspricht.

In einer Abwärtsbewegung

Für das erste Beispiel einer Short-Projektion dient die Aktie der Hugo Boss AG im Tageschart (Abbildung 51). Diese befand sich von September bis November 2024 in einer intakten Aufwärtsbewegung.

- Am 05.11.2024 kam es dann mit einem Black Marubozu zu einer geradezu dramatischen Umkehr. An diesem Tag verlor die Aktie immerhin 4,3 % und radierte die Aufwärtsbewegung von 13 Handelstagen aus. Es gab zwar den Versuch, die Umkehr aufzuhalten, aber nach einigen Tagen wurde ein Down-Gap ausgebildet und die Trendumkehr wurde mit einem tieferen Tief bestätigt.

- Die Basis für die Kurszielberechnung ist die Differenz zwischen dem 1. Ankerpunkt, dem Hoch des Black Marubozu bei 44,20 € und dem 2. Ankerpunkt bei 38,65 €. Die kleine Gegenbewegung erreicht nur das 38,2 %-Retracement. Die 38,2 % liegen bei 40,77 €.
- Der 3. Ankerpunkt wurde bei 41,06 € ausgebildet. Eine Differenz von 0,29 € oder 0,7 %. Die 38,2 % wurden mehrere Tage getestet, aber die Bären blieben hartnäckig.
- Die Aktie ist anschließend kräftig gefallen und hat in wenigen Tagen das 161,8 % Short-Kursziel erreicht.
- Always look left: Die 161,8 % Short-Projektion liegt nur wenige Euros über dem Hammer-Tief vom September. Die Kombination aus beidem ist eine spannende Cluster-Bildung.
- Und da wir bereits den Kursverlauf ab der unteren Umkehr 29.11./02.12.2024 sehen, erkennen wir auch, wie wichtig es war, dieses Hammer-Tief zu markieren und zu beachten.

Abbildung 51: Hugo Boss AG im Tageschart, XETRA. Quelle: TAI-PAN

Die Rechnung dazu lautet:

41,06 €	3. Ankerpunkt
- 5,55 €	Differenz vom 2. zum 1. Ankerpunkt
= 35,51 €	Ergebnis = 100 %-Projektion

Berechnen wir gleich noch das 127,2 % und 161,8 % Kursziel:

41,06 €	3. Ankerpunkt
- 7,06 €	(Differenz vom 2. zum 1. Ankerpunkt) - 5,55 € x 1,272
= 34,00 €	Ergebnis = 127,2 %-Projektion

41,06 €	3. Ankerpunkt
- 8,98 €	(Differenz vom 2. zum 1. Ankerpunkt) - 5,55 € x 1,618
= 32,08 €	Ergebnis 161,8 %-Projektion

Sowohl die 100 % als auch die 127,2 %-Projektion wurden mit einem weiteren Black Marubozu am 28.11.2024 überrannt. An diesem Tag fiel die Hugo-Boss-Aktie um weitere 8,51 %.

- Der Handelstag darauf begann zwar mit einem Down-Gap, aber der Abverkauf beruhigte sich.
- Am Folgetag wurde eine kleine weiße Kerze mit einem Tief bei 31,87 € ausgebildet.
- Mit einem Up-Gap ging es weiter aufwärts, die untere Umkehr war ausgebildet worden. Die Differenz von der errechneten 161,8 %-Projektion mit 32,08 € und dem gehandelten Tief bei 31,87 € beträgt 0,21 €, das sind 0,6 %.

Auch in diesem Fall wurden die errechneten Zielzonen nahezu punktgenau erreicht!

Das zweite Beispiel einer Short-Projektion zeigt den FDAX in einem 15-Minutenchart. Denn auch Intraday funktionieren die Fibonacci-Projektionen ausgezeichnet (Abbildung 52).

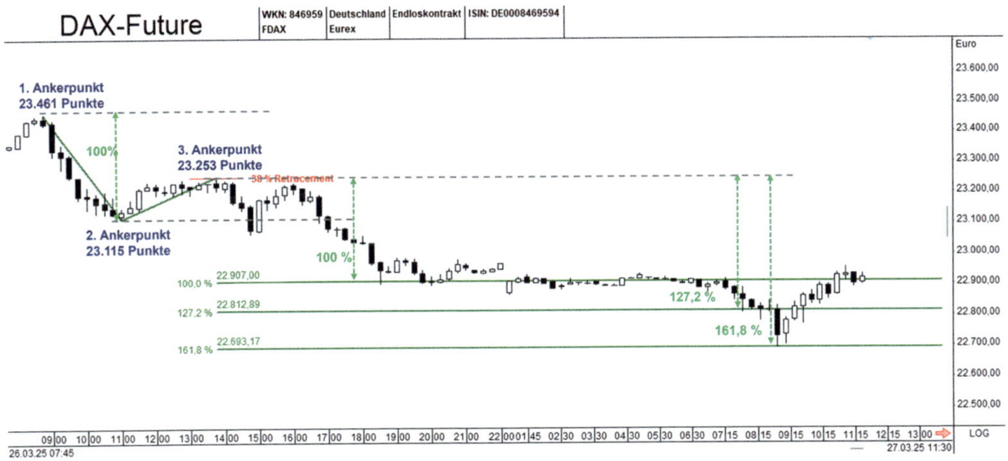

Abbildung 52: FDAX Endloskontrakt im 15-Minutenchart, EUREX. Quelle: TAI-PAN

- Der FDAX hat am 26.03.2025 gegen 9:00 Uhr sein Tageshoch bei 23.461 Punkten ausgebildet, dem 1. Ankerpunkt der Short-Projektion. Dass dies das Tageshoch war, wissen wir natürlich erst am Ende des Handelstages um 22:00 Uhr …
- Es geht deutlich abwärts, gegen 11:00 Uhr wird ein Swing-Tief bei 23.115 Punkten ausgebildet.
- Die mittägliche Korrektur erreicht nur das 38,2 %-Retracement. Rechnerisch liegt dieses bei 23.247 Punkten, der 3. Ankerpunkt wurde bei 23.253 Punkten ausgebildet, 6 Punkte oder 0,02 % höher.
- Gegen 18:30 Uhr wird dann die 100 %-Projektion erreicht. Rechnerisch liegt diese bei 22.907 Punkten, das Tief der 15-Minuten-Kerze liegt bei 22.901 Punkten, also 6 Punkte oder 0,02 % tiefer.
- Am Handelstag darauf wird die Abwärtsbewegung fortgesetzt. Gegen 8:00 Uhr wird die 127,2 %-Projektion erreicht. Rechnerisch liegt diese bei 22.813 Punkten, das Tief der Kerze liegt bei 22.808 Punkten, 5 Punkte oder 0,02 % tiefer.

- Kurz darauf, gegen 9:00 Uhr, wird die 161,8 %-Projektion erreicht. Rechnerisch liegt diese bei 22.693 Punkten, das Tief der Kerze liegt bei 22.694 Punkten, damit 1 Punkt oder 0,004 % höher.

Auch in diesem Fall wurden die errechneten Zielzonen nahezu punktgenau erreicht.

Mit intuitiver Chartanalyse und zwei sich ergänzenden Fibonacci-Methoden können Sie wichtige Unterstützung- und Widerstandszonen sowie mögliche Umkehrpunkte und damit auch Kursziele in einem Candlestick-Chart identifizieren.

WIE KANN EINE FIBONACCI-PROJEKTION GEHANDELT WERDEN?

Long-Projektion

Schauen wir uns das am Beispiel der Carnival Corporation & Plc Aktie im Tageschart in Abbildung 53 an.

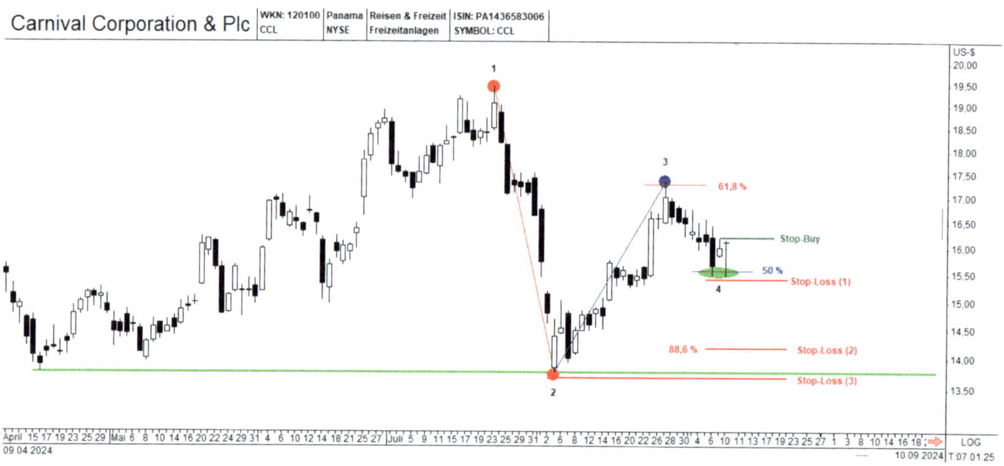

Abbildung 53: Carnival Corporation & Plc. im Tageschart, NYSE. Quelle: TAI-PAN

- Im Frühjahr/Sommer 2024 befand sich die Aktie in einem intakten Aufwärtstrend. Ab dem 23.07.2024 ging es dann ziemlich rasant nach unten. Die Kerze ist rot eingekringelt und mit einer 1 markiert.
- Die untere Umkehr erfolgte ab dem 05.08.2024. Diese Kerze ist ebenfalls rot eingekringelt und mit einer 2 markiert. Spannenderweise wurde dieses Tief praktisch auf Höhe des Tiefs vom 16.04.2024 ausgebildet, eine wichtige Unterstützung. Daraus könnte sich also ein doppelter Boden entwickeln.
- In diese Abwärtsbewegung der Strecke $\overline{12}$ ist ein rotes Retracement eingezeichnet, die roten Kringel markieren die Ankerpunkte.

- Diese Abwärtsbewegung wurde um ziemlich genau 61,8 % korrigiert. Am 27.08.2024 wurde das tiefere Hoch ausgebildet (markiert durch einen blauen Kreis und eine 3). Anschließend ging es wieder abwärts.
- Die Aufwärtsbewegung der Strecke $\overline{23}$ wird nun ihrerseits korrigiert. In diese Aufwärtsbewegung ist ein blaues Retracement eingezeichnet. Der 1. Ankerpunkt ist das Tief 05.08.2024 mit dem roten Kringel und der 2; der 2. Ankerpunkt des Retracements ist das Hoch vom 27.08.2024, markiert mit dem blauen Kringel und der 3.
- Am 10.09.2024 wird ein Dragonfly Doji, eine untere Umkehrformation, ausgebildet. Das ist eine extrem bullishe Kerze, denn die extrem lange Akkumulationslunte zeugt von äußerst großer Kauflaune. Das Tief des Dragonfly Doji's liegt einen US-Dollar-Cent unter der schwarzen Kerze vom 06.09.2024. In den unteren Lunten der beiden Kerzen liegt das 50 %-Retracement, markiert mit der grünen Ellipse. Das ist eine bullishe Cluster-Bildung. Da könnte nun eine untere Umkehr ausgebildet worden sein!
- Wir legen uns auf die Lauer und platzieren knapp über dem Hoch des Dragonfly Doji eine Stop-Buy-Order.
- Für den Stop-Loss gibt es viele Möglichkeiten, diesen zu platzieren. Die schlechteste aller Varianten ist, *keinen* zu platzieren. Ich stelle Ihnen drei Möglichkeiten vor. Diese Liste erhebt keinen Anspruch auf Vollständigkeit. Der erste ist der »billigste«, der dritte ist der »teuerste«, der zweite liegt irgendwo dazwischen.
  1: Der ganz enge und »billige«: knapp unter das Tief des Dragonfly Doji's und der Unterstützung, die ausgebildet wurde,
  2: der großzügigere Stop-Loss, der sich am Pattern-Trading orientiert und am 88,6 %-Retracement der Strecke $\overline{23}$ platziert wird, oder
  3: der sehr großzügige Stop-Loss, der knapp unter das Tief von Punkt 2 gelegt wird.

In Abbildung 54 sehen wir die weitere Entwicklung der Aktie.

- Der Stop-Buy lag goldrichtig.
  Aber **Achtung**: Das sehen wir immer erst hinterher! Und auch der knappe Stop-Loss wurde nicht mehr erreicht.
  Also alles richtig gemacht.
- In diesen Chart ist eine grüne Fibonacci-Projektion eingefügt.
- Die 100 % wurden innerhalb weniger Tage erreicht.
- An den 127,2 % gab es eine kleine Pause in der Aufwärtsbewegung.
- An den 161,8 % wurde eine fallende und damit bullishe Flagge ausgebildet. Diese ist gelb markiert.
- Die 200 % wurden mit einer Lunte angestochen, es wurde kurz innegehalten und mit einem Up-Gap ging es dann weiter rauf.
- Die 261,8 % wurden erst einmal ausgiebig getestet, anschließend ging es deutlich drüber.

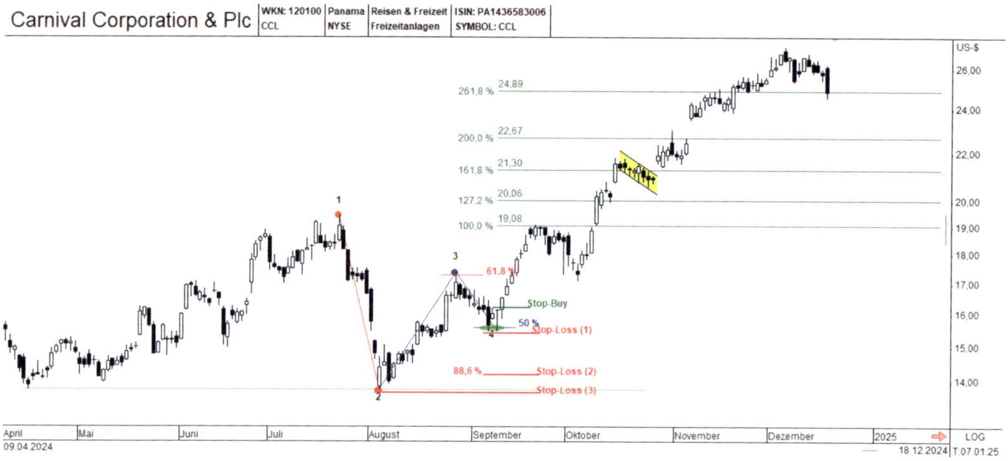

Abbildung 54: Carnival Corporation & Plc im Tageschart, NYSE. Quelle: TAI-PAN

Ab dem Stop-Buy bei ca. 16,20 $ bis zu den 261,8 $ = 24,89 $ wäre das ein Gewinn von 8,69 $ gewesen – oder ein Plus von 54 %. Und das innerhalb von 47 Handelstagen! Nur mithilfe von Fibonacci und der Dow-Theorie, ohne jeglichen Indikator.

Short-Projektion

Wie eine Short-Projektion gehandelt werden kann, wollen wir uns am Beispiel der NVIDIA Corp. anschauen; ein weiteres sehr gut funktionierendes Fibonacci-Beispiel. In der realen Umsetzung gibt es zwar einen Pferdefuß, aber dazu später mehr.

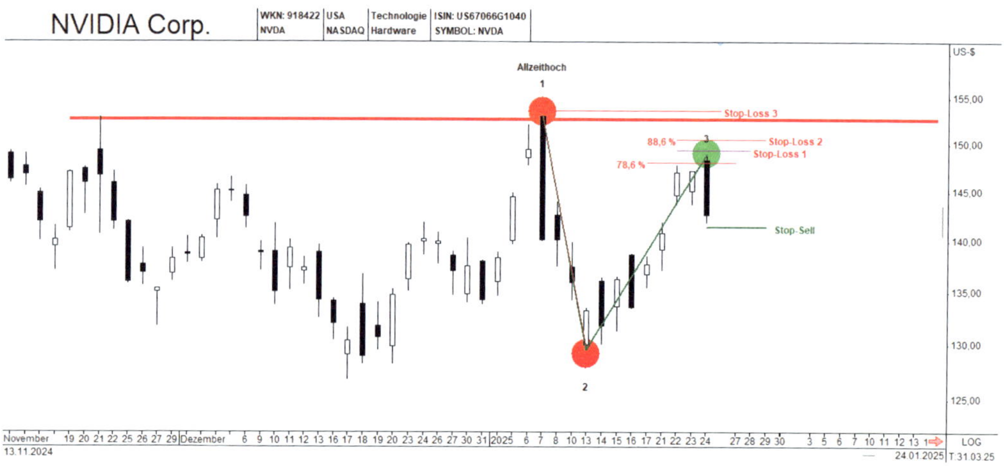

Abbildung 55: NVIDIA Corp. im Tageschart, NASDAQ. Quelle: TAI-PAN

- Am 21.11.2024 hat die NVIDIA-Aktie ein neues Allzeithoch ausgebildet. Solche Kursmarken fungieren gerne mal als massiver Widerstand. Hier heißt es wieder: Always look left!

- Es wurde eine kleine Korrektur ausgebildet und am 07.01.2025 folgte ein paar Cent höher das nächste Allzeithoch. Dieses Allzeithoch wurde mit einem Bearish Belt Hold erhandelt. Wie der Name schon impliziert: eine obere Umkehrformation. Die beiden Hochs – das ehemalige und das neue Allzeithoch – fungieren nun als Widerstandszone.
- Es ging scharf nach unten. In diese abgeschlossene Abwärtsbewegung ist ein Retracement eingezeichnet. Die Ankerpunkte sind das Allzeithoch vom 07.01.2025, rot eingekringelt und mit einer 1 markiert, und das Tief vom 13.01.2025, ebenfalls rot eingekringelt und mit einer 2 markiert.
- Die sich anschließende Aufwärtsbewegung erreichte fast punktgenau das 78,6 %-Retracement (grün eingekringelt und mit einer 3 markiert). Diese schwarze Kerze kann auch als Bearish Belt Hold durchgehen, ist aber nicht perfekt.
- Wir gehen davon aus, dass nach dem tieferen Hoch (Punkt 3) am 78,6 %-Retracement und dem Bearish Belt Hold die Abwärtsbewegung fortgesetzt wird, und legen uns mit einem Stop-Sell knapp unter dem Tief des Bearish Belt Hold auf die Lauer.

Wie geht es weiter? Das sehen wir in Abbildung 56.

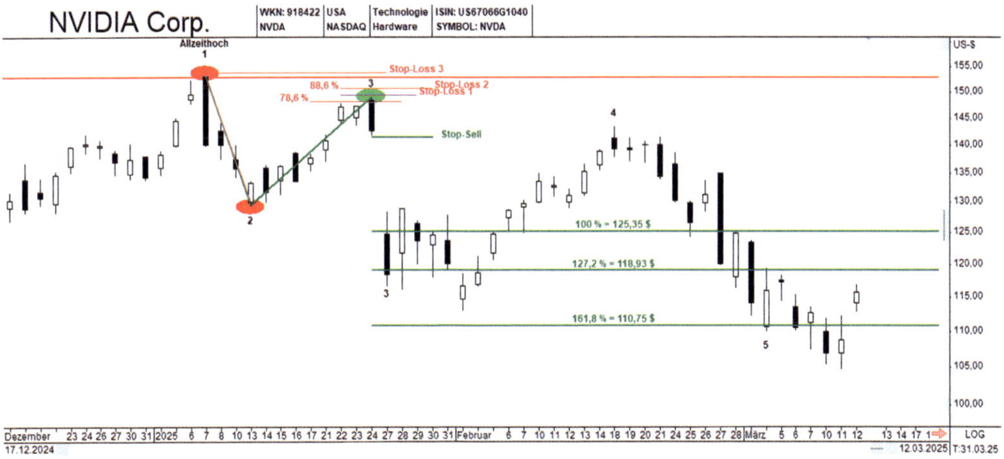

Abbildung 56: NVIDIA Corp. im Tageschart, NASDAQ. Quelle: TAI-PAN

Ein chinesischer KI-Wettbewerber, DeepSeek, versetzte mit einer Pressemitteilung die gesamte KI-Branche in Aufruhr. Billiger und schneller sollte die chinesische KI sein, und damit wurde der Platzhirsch NVIDIA gehörig unter Druck gesetzt. Am Tag nach der Pressemitteilung stürzte NVIDIA um knapp 20 % ab, das war am 27.01.2025. In den Handel startete die NVIDIA-Aktie mit einem großen Down-Gap.

Rein grundsätzlich gilt: Die Überlegung, die NVIDIA-Aktie zu shorten, war richtig. Aber was passiert mit der Verkaufsorder bei so einem großen Down-Gap?

Nun: Das kommt darauf an, was für eine Order eingegeben wurde und mit welchem Produkt Sie handeln.

Hätte, wäre, wenn … Angenommen, wir wären tatsächlich knapp unter dem Bearish Belt Hold bei Punkt 2 eingestoppt worden, dann wäre am ersten Handelstag bereits die 127,2 %-Projektion erreicht worden (Punkt 3). Wer die kräftige Gegenbewegung ausgesessen hat, bis hoch zu Punkt 4, der konnte dann Anfang März den Gewinn beim Kursziel 161,8 % (Punkt 5) mit ca. 30 $ einloggen.

ANKERPUNKTE BESTIMMEN

Um eine Projektion anzulegen, benötigen Sie drei Ankerpunkte, bestehend aus einer Trendbewegung $\overline{XA}$ und deren Korrektur $\overline{AB}$ (siehe Abbildung 46, Seite 69). Idealerweise endet die Korrektur an einem Retracement-Level. Nach Beenden der Korrektur wird die Richtung der Trendbewegung wieder aufgenommen.

Die Wendepunkte gehen oft einher mit einer Trendumkehrformation (Anhang III – Formationsanalyse, Seite 172) und/oder einer Candlestick-Umkehrformation (Anhang VI – Candlesticks, Seite 187) und/oder Unterstützungs- sowie Widerstandszonen.

Wie bei den Retracements auch bedarf es etwas Übung, die drei Ankerpunkte auf einen Blick zu erkennen. Wie so oft gilt auch hier: Übung macht den Meister. Je mehr Charts Sie analysieren, desto schneller erkennen Sie die markanten Wendepunkte.

Long-Projektion

Es wird eine abgeschlossene Aufwärtsbewegung inklusive beendeter oder bereits laufender Abwärtskorrektur benötigt.

- Der 1. Ankerpunkt ist ein Swing-Low.
- Der 3. Ankerpunkt ist das nächste, höhere Swing-Low.
- Das Swing-High dazwischen bildet dann den 2. Ankerpunkt der Long-Projektion aus.

Werfen wir nochmals einen Blick in Abbildung 54, Seite 80: Der 1. Ankerpunkt ist das signifikante Tief im August (2). Es folgt eine Aufwärtsbewegung und eine kleine Korrektur. Das höhere Tief dieser Korrektur ist der 3. Ankerpunkt (4). Der 2. Ankerpunkt ist das Swing-High zwischen diesen beiden Tiefs (3).

Short-Projektion

Es wird eine abgeschlossene Abwärtsbewegung inklusive beendeter oder bereits laufender Aufwärtskorrektur benötigt.

- Der 1. Ankerpunkt ist ein Swing-High.
- Der 3. Ankerpunkt ist das nächste, tiefere Swing-High.
- Das Swing-Low dazwischen bildet dann den 2. Ankerpunkt der Short-Projektion aus.

Für die Short-Projektion schauen wir uns nochmals Abbildung 51, Seite 76 an. Nach der langen Aufwärtsbewegung wird Anfang November ein Hoch ausgebildet, der 1. Ankerpunkt. Es folgt eine erste Abwärtsbewegung und diese wird korrigiert. Das tiefere Hoch dieser kleinen Aufwärtskorrektur Mitte November ist der 3. Ankerpunkt. Das Swing-Low dazwischen ist der 2. Ankerpunkt.

RELEVANTE RATIOS

Die wichtigsten Fibonacci-Ratios für die Projektion sind die dreistelligen Ratios:

- 100 % – das entspricht einer symmetrischen Bewegung
- 127,2 %
- 161,8 %
- 200 % – eher untergeordnet
- in seltenen Fällen die 261,8 % und
- sehr selten die 423,6 %

Kommt die zweite Bewegung in Trendrichtung nicht so richtig in Schwung, dann kann diese Bewegung auch bereits bei 61,8 % oder 78,6 % oder 88,6 % enden.

Beziehen Sie in die Bestimmung des Take-Profits immer die übergeordnete Trendrichtung mit ein:

- Wird *in Richtung des übergeordneten Trends* gehandelt, werden in der Regel auch die 161,8 % oder 200 % oder die 261,8 % erreicht.
- Wird *gegen den übergeordneten Trend* gehandelt, dann werden oft nur die 100 % oder 127,2 % erreicht.

Die 100 %-Projektion entspricht einer symmetrischen Bewegung. Diese ist die Basis für viele Muster, wie zum Beispiel das ABCD-Muster. Lesen Sie dazu mehr in Kapitel 5: Muster mit Fibonacci-Ratios, Seite 125.

GALERIE – FIBONACCI-PROJEKTIONEN

In dieser Galerie werden einige Impressionen zu den Fibonacci-Projektionen präsentiert. Ohne Worte – nur zum Anschauen.

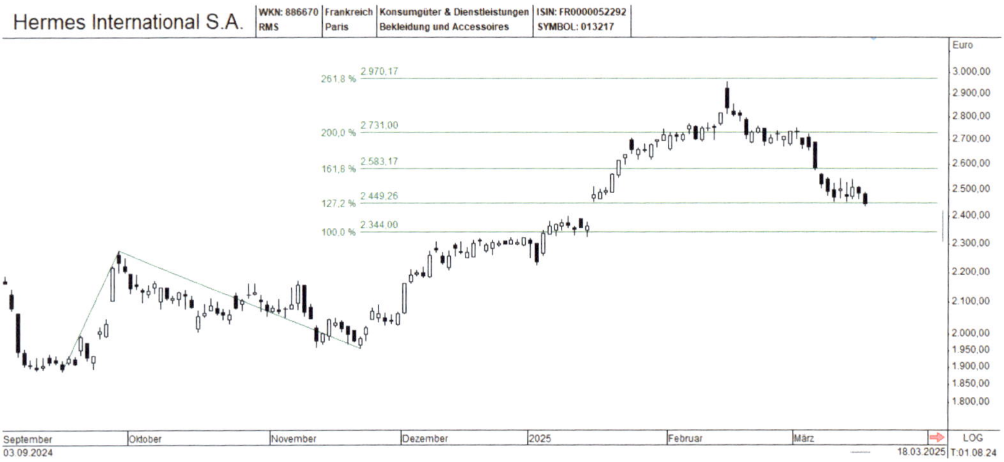

Abbildung 57: Hermès International S.A. im Tageschart, Paris. Quelle: TAI-PAN

Abbildung 58: L'Oréal S.A. im Tageschart, Paris. Quelle: TAI-PAN

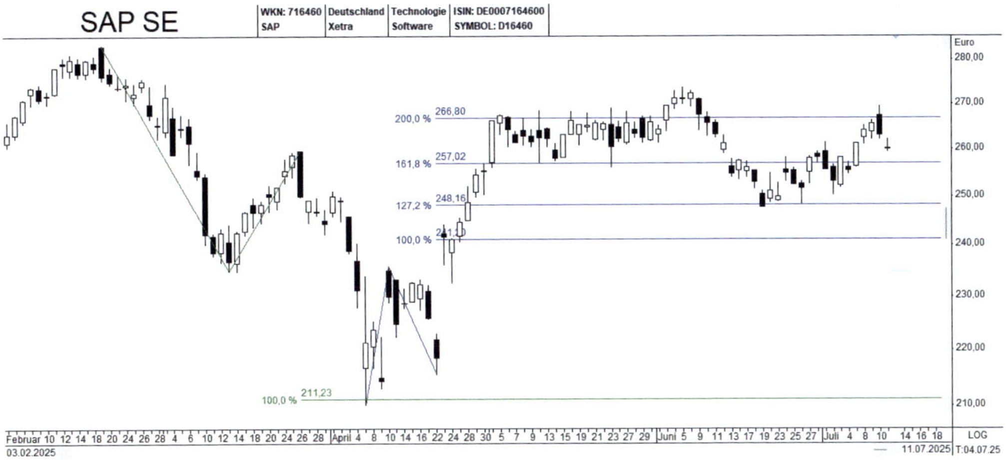

Abbildung 59: SAP SE im Tageschart, XETRA. Quelle: TAI-PAN

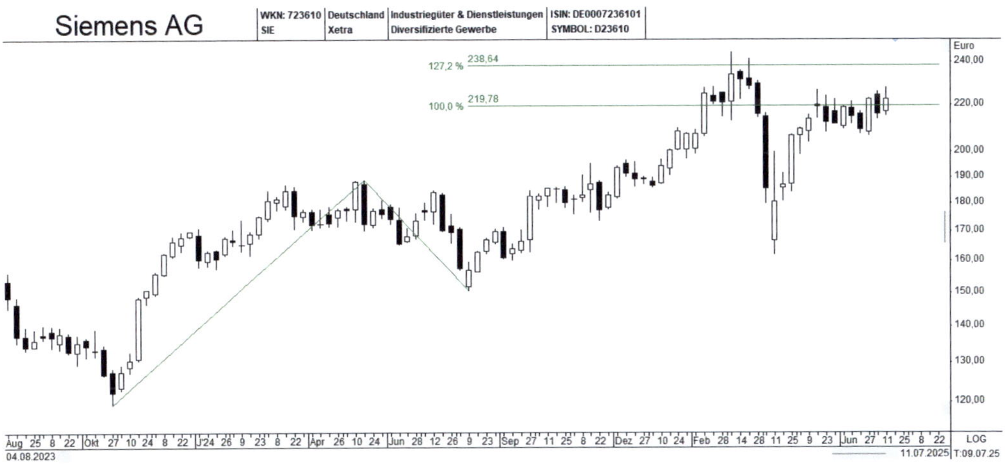

Abbildung 60: Siemens AG im Tageschart, XETRA. Quelle: TAI-PAN

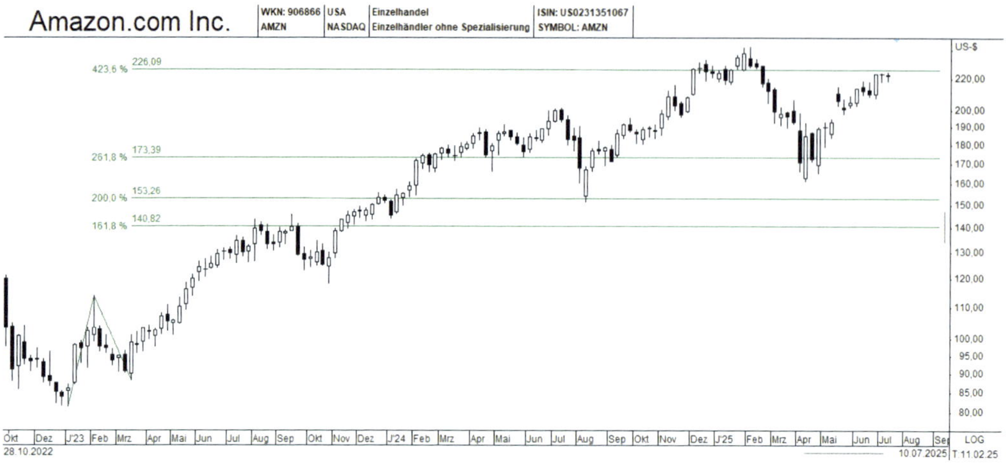

Abbildung 61: Amazon.com Inc. im Wochenchart, NYSE. Quelle: TAI-PAN

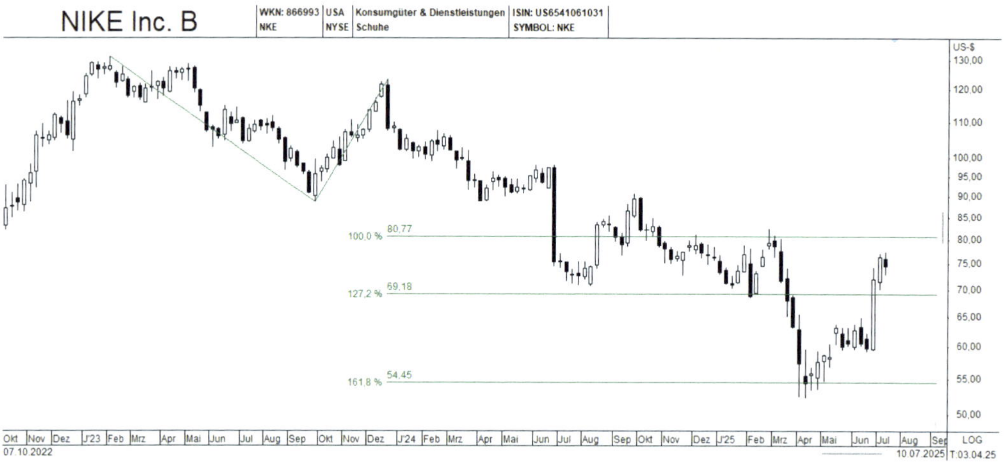

Abbildung 62: NIKE Inc. B im Wochenchart, NYSE. Quelle: TAI-PAN

ZUSAMMENFASSUNG FIBONACCI-PROJEKTIONEN

Mit Fibonacci-Projektionen werden Kursziele *in Trendrichtung* bestimmt. Zum Beispiel bei Elliott-Waves die Kursziele einer Welle 3, die berühmt-berüchtigten 161,8 % (siehe Anhang V – Elliott-Waves-Principle). Dafür werden drei Ankerpunkte benötigt:

- Bei einer Long-Projektion ein signifikantes Swing-Low, das nächsthöhere Swing-Low und das Swing-High dazwischen.
- Für eine Short-Projektion ein signifikantes Swing-High, das nächsttiefere Swing-High und das Swing-Low dazwischen.

Mit dem Fibonacci-Projektions-Zeichentool wird bei einer guten Chartsoftware das Tool aktiviert und die drei Ankerpunkte werden nacheinander angeklickt – und die Fibonacci-Kursziele sind eingezeichnet.

Relevante Ratios sind die 100 %, die 127,6 % und die 161,8 %. In starken Trendmärkten können auch die 261,8 % oder sogar 423,6 % erreicht werden. Diese Marken verstehen sich wieder als Zielzonen und nicht als Punktlandungen. Wird an diesen Zielzonen kein Umkehrmuster zum Beispiel über Candlestick-Umkehrformationen ausgebildet, dann kann die Reise zum nächsten Fibo-Ratio weitergehen. Sobald der 3. Ankerpunkt unterschritten (Long-Projektion) beziehungsweise überschritten (Short-Projektion) wird, ist die Projektion hinfällig und kann gelöscht werden.

Mit der Fibonacci-Projektion können in allen Zeithorizonten Kursziele bestimmt werden, sowohl in einem Monatschart als auch in einem 5-Minutenchart.

4.3 FIBONACCI-EXPANSION

Für die Kurszielberechnung in Trendrichtung gibt es noch eine weitere Variante: die Expansion.

Wie beim Retracement auch werden bei der Expansion nur zwei Ankerpunkte benötigt. Es wird ein höheres Hoch oder ein höheres Tief **ohne Berücksichtigung der Korrektur** berechnet.

Wir erinnern uns: Bei der Projektion wird die Korrektur berücksichtigt!

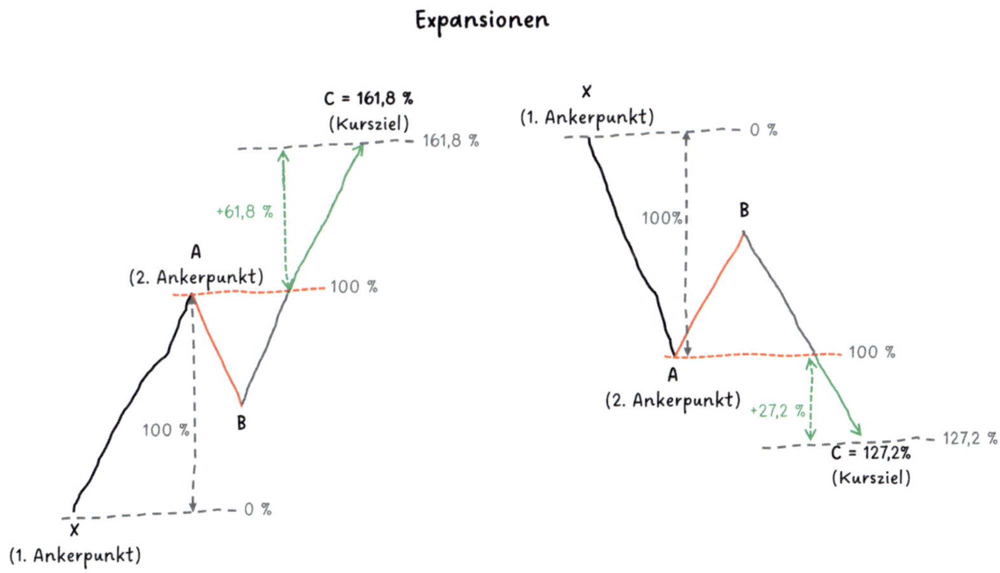

Abbildung 63: Expansionen – links die Kurszielbestimmung einer Aufwärtsbewegung und rechts einer Abwärtsbewegung.

Die Korrektur sollte allerdings beim Trading abgewartet werden. Die Kurszielberechnung wird dann einfach in Trendrichtung fortgeführt.

- **Höheres Hoch:** Bei einer **Aufwärtsbewegung** (Abbildung 63, links) werden die beiden Ankerpunkte vom Swing-Tief X und Swing-Hoch A gebildet, das ist die schwarze 100 %-Aufwärtsbewegung. Diese wird abwärts zum höheren Tief B korrigiert.
  Für die Berechnung des Kursziels ist das Swing-Hoch A (2. Ankerpunkt) die Basis. An diesem Hoch wird das Kursziel in Trendrichtung – also aufwärts – abgetragen. In diesem Fall sind es die grünen 61,8 %.
  Das sind 61,8 % von den grauen 100 % der Strecke $\overline{XA}$.
  Bei der Expansion wird die Korrektur zum Punkt B nicht berücksichtigt.
- **Tieferes Tief:** Bei einer **Abwärtsbewegung** (Abbildung 63, rechts) werden die beiden Ankerpunkte vom Swing-Hoch X und Swing-Tief A gebildet, das ist die schwarze 100 %-Abwärtsbewegung. Diese wird aufwärts zum tieferen Hoch B korrigiert.
  Für die Berechnung des Kursziels ist das Swing-Tief A (2. Ankerpunkt) die Basis. An dieses Tief wird das Kursziel in Trendrichtung – also abwärts – abgetragen. In diesem Fall sind es die grünen 27,2 %.
  Das sind 27,2 % von den grauen 100 % der Strecke $\overline{XA}$.
  Bei der Expansion wird die Korrektur zum Punkt B nicht berücksichtigt.

In der praktischen Anwendung ist das Retracement *andersherum* angelegt – bezogen auf die 0 % und die 100 %, und mit den dreistelligen Ratios ab 100 %:

- Sollen Korrekturlevel innerhalb einer abgeschlossenen **Aufwärtsbewegung** bestimmt werden, wird ein **Fibonacci-Retracement** angelegt. Die 0 % liegen am Hoch und damit Ende der abgeschlossenen Bewegung, die 100 % liegen am Tief und damit dem Beginn der abgeschlossenen Bewegung.
- Wird jetzt mit einer **Fibonacci-Expansion** ein höheres Hoch nach einer abgeschlossenen Aufwärtsbewegung (inklusive kleiner Abwärtskorrektur) bestimmt, dann liegen die 0 % am Tief und damit Beginn der ersten Aufwärtsbewegung, und die 100 % am Hoch und damit am Ende der ersten Aufwärtsbewegung. Ist ja auch logisch: Ein höheres Hoch beim 161,8 %-Expansionslevel muss direkt über den 100 % liegen.

Bei einer abgeschlossenen **Abwärtsbewegung** vice versa:

- Beim **Fibonacci-Retracement** liegen die 0 % am Tief und damit Ende der abgeschlossenen Abwärtsbewegung. Die 100 % liegen am Hoch der abgeschlossenen Bewegung.
- Bei der **Fibonacci-Expansion** wird nach der abgeschlossenen Abwärtsbewegung ein tieferes Tief bestimmt. Da liegen dann die 0 % am Beginn der Abwärtsbewegung und die 100 % am

Ende der Abwärtsbewegung. Das tiefere Tief, also zum Beispiel die 127,2 %-Expansion, liegt unter den 100 %.

In einer Aufwärtsbewegung

Eine Expansion in Aufwärtsrichtung ist in Abbildung 64 am Beispiel einer Feinunze Silber in US-Dollar im Wochenchart gezeigt.

- Basis für die Kurszielberechnung ist die abgeschlossene Aufwärtsbewegung vom 1. Ankerpunkt, dem Swing-Tief bei 11,64 $, zum 2. Ankerpunkt, dem Swing-Hoch bei 29,86 $. Die Differenz beträgt 18,22 $. Diese entsprechen den grauen 100 % aus der Grafik in Abbildung 63.
- Viele Monate später wird am 61,8 %-Retracement-Level ein Mehrfachboden ausgebildet und die Abwärtskorrektur beendet.
  Diese Bewegung wird zwar bei der Variante der Expansion nicht berücksichtigt, aber es ist immer wichtig zu wissen, dass die Korrektur an einem relevanten Retracement-Level beendet wurde.
- Für die Berechnung des ersten Kursziels, den 127,2 %, werden von den 100 % die 27,2 % berechnet und direkt am 2. Ankerpunkt A nach oben abgetragen. Also ohne Berücksichtigung der Korrektur.

Die Rechnung dazu lautet:

29,86 $	2. Ankerpunkt
11,64 $	1. Ankerpunkt
18,22 $	Differenz (graue 100 %)

Davon 27,2 % für das 127,2 % und die 61,8 % für das 161,8 % Kursziel:

29,86 $	2. Ankerpunkt
+ 4,96 $	(Differenz vom 2. zum 1. Ankerpunkt) 18,22 $ / 100 * 27,2
= 34,82 $	Ergebnis = 127,2 %-Expansion

29,86 $	2. Ankerpunkt
+ 11,26 $	(Differenz vom 2. zum 1. Ankerpunkt) 18,22 $ / 100 * 61,8
= 41,12 $	Ergebnis = 161,8 %-Expansion

Abbildung 64: Silber in USD/Feinunze im Wochenchart. Quelle: TAI-PAN

- Das erste Kursziel, die 127,2 %, liegt rechnerisch bei 34,82 $. Mit der Lunte eines Dojis wurden am 22.10.2024 im Hoch 34,88 $ erreicht, gerade mal 6 US-Cent drüber – eine Punktlandung. Es schloss sich eine kleine Korrektur an.
- Es bleibt abzuwarten, wann das zweite Kursziel, die 161,8 %, bei 41,12 $ erreicht wird. Anmerkung der Autorin am 02.09.2025: Am 01.09.2025 wurden die 161,8 % mit dem Tageshoch bei 41,38 $ erreicht – ohne nennenswerte Korrektur.
- **Aber**: Auch hier analysieren wir den Kursverlauf der letzten Wochen. Bei den 127,2 % wurde einige Wochen später ein etwas tieferes Hoch bei 34,60 $ ausgebildet (graue Ellipse). Die Marktteilnehmer sind also derzeit nicht bereit, mehr als die 34,82 $ für eine Feinunze Silber zu bezahlen. Wird nun ein Wochenschlusskurs (wir sind ja im Wochenchart) unter dem Swing-Tief = 28,62 $ zwischen diesen beiden Hochs ausgebildet, dann handelt es sich um ein *bestätigtes* Doppeltop. Dann könnte die Abwärtskorrektur noch ein paar Dollar weiterlaufen. Wie sich ein Kursziel bei einem Doppeltop berechnet, erfahren Sie in Anhang III – Formationsanalyse, Seite 172. Anmerkung der Autorin am 02.09.2025: Es wurde kein Wochenschlusskurs unter dem Swing-Tief bei 28,62 $ ausgebildet. Damit wurde das mögliche Doppeltop nicht bestätigt. Beide Hochs bildeten »nur« einen Widerstand aus.

In einer Abwärtsbewegung

Eine Expansion in einer Abwärtsbewegung schauen wir uns am Beispiel vom Crude Oil Future im Tageschart an (Abbildung 65).

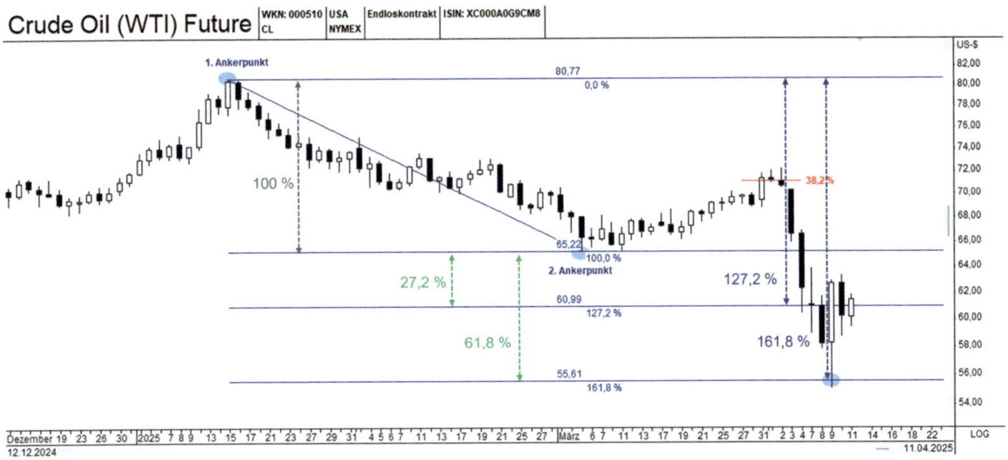

Abbildung 65: Crude Oil (WTI) Future, Endloskontrakt im Tageschart, NYMEX. Quelle: TAI-PAN

- Basis für die Kurszielberechnung ist die abgeschlossene Abwärtsbewegung vom 1. Ankerpunkt, dem Swing-Hoch bei 80,77 $ vom 15.01.2025, zum 2. Ankerpunkt, dem Swing-Tief bei 65,22 $ vom 05.03.2025. Die Differenz beträgt 15,55 $. Diese entsprechen den grauen 100 % aus der Grafik in Abbildung 63.
- Einige Tage später am 38,2 %-Retracement ist die Aufwärtskorrektur beendet. Auch hier gilt: Diese Bewegung wird zwar bei der Variante der Expansion nicht berücksichtigt, aber es ist immer wichtig zu wissen, dass die Korrektur an einem relevanten Retracement-Level beendet wurde.
- Für die Berechnung des ersten Kursziels, den 127,2 %, werden von den 100 % die 27,2 % berechnet und direkt am 2. Ankerpunkt A nach unten abgetragen. Also ohne Berücksichtigung der Korrektur.

Die Rechnung dazu lautet:

80,77 $	1. Ankerpunkt
65,22 $	2. Ankerpunkt
15,55 $	Differenz (graue 100 %)

Davon 27,2 % für das 127,2 % und die 61,8 % für das 161,8 % Kursziel:

65,22 $	2. Ankerpunkt
- 4,23 $	(Differenz vom 2. zum 1. Ankerpunkt) 15,55 $ / 100 * 27,2
= 60,99 $	Ergebnis = 127,2 %-Expansion

65,22 $	2. Ankerpunkt
- 9,61 $	(Differenz vom 2. zum 1. Ankerpunkt) 15,55 $ / 100 * 61,8
= 55,61 $	Ergebnis = 161,8 %-Expansion

- Das erste Kursziel, die 127,2 %, wurde am 04.04.2025 mit der langen unteren Lunte der über 6 $ langen schwarzen Kerze erreicht. Das Tief notierte bei 60,46 $ oder 53 US-Cent unter dem errechneten ersten Kursziel. Am Folgetag bildete sich der Kerzenkörper der High Wave Candle an den 127,2 % aus. Eine High Wave Candle zeigt die Unentschiedenheit der Marktteilnehmer.
- Bereits am 09.04.2025 wurde dann mit der unteren Lunte einer knapp 8 $ langen weißen Kerze das 161,8 %-Kursziel abgeholt. Das Tief dieser Kerze lag bei 55,12 $, also nur 49 US-Cent oder 0,9 % unter dem errechneten Kursziel.

Zu diesem Zeitpunkt wissen wir natürlich nicht, ob mit dem Erreichen der 161,8 %-Projektion die Abwärtsbewegung beendet wurde. Aber: Wer den Short getradet hat und seinen Take-Profit an die 161,8 % platziert hat, der konnte seinen Gewinn erst einmal mitnehmen.

WIE KANN EINE FIBONACCI-EXPANSION GEHANDELT WERDEN?

Long-Expansion

Abbildung 66: DAX im 5-Minutenchart, XETRA. Quelle: TAI-PAN

Für das Beispiel einer Long-Expansion greifen wir wieder einmal auf den DAX zurück (Abbildung 66), und zwar im 5-Minutenchart vom 08.04.2025.

- In den ersten zwei Handelsstunden bewegt sich der DAX mehr oder weniger seitwärts.
- Dabei fällt auf, dass bei ca. 19.900 Punkten ein doppelter Boden ausgebildet wird (1 + 2). Um diesen zu bestätigen, muss das Hoch dazwischen bei 20.178 Punkten (3) mit dem Schlusskurs einer 5-Minuten-Kerze herausgenommen werden.
- Ein weiteres tieferes Hoch wird ausgebildet (4), und der DAX bildet eine dreiteilige Abwärtskorrektur aus. Diese endet am 78,6 %-Retracement (5).
- Damit kann zwischen Ankerpunkt 1 (2) und Ankerpunkt 2 (4) eine Expansion eingezeichnet werden.
- Sobald das Hoch vom 2. Ankerpunkt (= 20.132 Punkte) mit dem Schlusskurs einer Kerze überschritten wird, wird ein Kaufsignal ausgebildet. Das ist bei (6) der Fall.
- Mit »Open next Bar« wird eine Long-Position eröffnet, und zwar bei 20.132 Punkten. Die obere Lunte dieser Kerze nimmt auch das Zwischenhoch (3) des doppelten Bodens heraus.
- Wohin mit dem Stop-Loss? Da die Korrektur bereits das 78,6 %-Retracement erreicht hat, wird der Stop-Loss auf das 88,6 %-Retracement bei 19.916 Punkten gelegt.
- Nun gilt es nur noch zu überlegen, wo der Take-Profit platziert wird. Keine leichte Entscheidung!
- Mit der Kauf-Kerze (6) wurden sogleich die 127,2 % abgeholt. Und bereits sieben 5-Minuten-Kerzen später werden die 161,8 % erreicht.
- Hätte, wäre, wenn … Hätten wir den Take-Profit auf die 161,8 % bei 20.283 Punkten gelegt, so hätten wir jetzt einen Gewinn von 85 Punkten (ohne Spesen) eingestrichen.
- Hätten wir jedoch noch eine Weile gewartet, dann wäre uns die fallende und damit bullishe Flagge aufgefallen, die zwischen 15:10 Uhr und 15:50 Uhr ausgebildet wurde (gelb markiert), und es wären – je nach Risikoneigung – mehr Punkte drin gewesen. Das hätte zum Beispiel mit einem Trailing-Stop bewerkstelligt werden können.
- Aus Fibonacci-Expansions-Sicht wurden die 200 % erreicht, von den 261,8 % war das Tageshoch jedoch meilenweit entfernt. Der Stop-Loss war ungefährdet.

Short-Expansion

Eine sich entwickelnde Short-Expansion sehen Sie im 5-Minutenchart bei der Microsoft Corp. Aktie (Abbildung 67) vom Freitag, 04.04.2025.

- Wir starten um 15:30 Uhr mit der Eröffnung der US-Märkte. Während der ersten Minuten gibt es etwas Geplänkel hin und her, dann geht es rasch aufwärts und um 16:00 Uhr wird das Tageshoch ausgebildet (1). Dass dieses Hoch das Tageshoch war, wissen wir natürlich wieder erst am Ende des Tages um 22:00 Uhr.
- Die Aufwärtsbewegung wird korrigiert und mit einem Morning Star erfolgt die untere Umkehr (2).

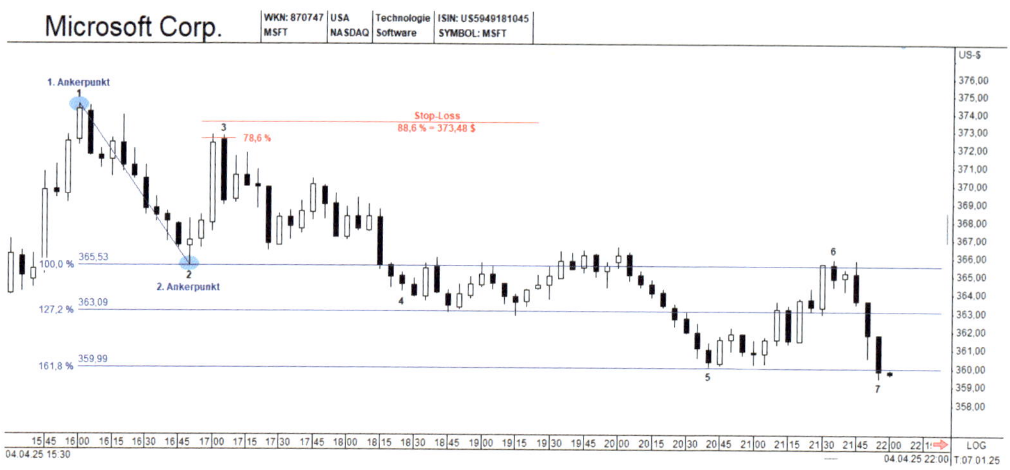

Abbildung 67: Microsoft Corp. im 5-Minutenchart, NASDAQ. Quelle: TAI-PAN

- Die schnelle Aufwärtsbewegung endet ziemlich genau am 78,6 %-Retracement (3), bezogen auf die Strecke zwischen (1) und (2). Damit qualifiziert sich das Hoch als 1. Ankerpunkt und das Tief als 2. Ankerpunkt für die Expansion.
- Wird das Tief = 365,53 $ vom 2. Ankerpunkt auf Schlusskursbasis einer 5-Minuten-Kerze unterboten, wird ein Verkaufssignal ausgebildet.
- Mit »Open next Bar« verkaufen wir die Microsoft-Aktie bei 364,94 $ bei (4).
- Den Stop-Loss platzieren wir am bewährten 88,6 %-Retracement (bezogen auf die Strecke zwischen dem 1. und 2. Ankerpunkt) bei 373,48 $.
- Die 127,2 %-Expansion wird schnell erreicht.
- Es folgt eine zähe Seitwärtsbewegung zwischen den 100 % und den 127,2 %, bevor um 20:40 Uhr bei 360,10 $ die 161,8 % (= 359,99 $) um nur 11 US-Cent verfehlt werden.
- Der geduldige Trader bekommt noch die Punktlandung auf die 161,8 %, die wenige Minuten vor Handelsende um 22:00 Uhr erreicht werden (7).
- Im Idealfall wäre das ein Gewinn von 4,95 $ (ohne Spesen) gewesen.

Wenn wir unseren Horizont erweitern und auch den 03.04.2025 (Donnerstag) und den 07.04.2025 (Montag) in unsere Analyse miteinbeziehen sowie weitere Methoden der technischen Analyse verwenden, so ergibt sich folgendes, etwas größeres Bild:

Im übergeordneten Bild befindet sich die Microsoft-Aktie seit Ausbildung des Allzeithochs am 05.07.2024 bei 468,35 $ in einem intakten, primären Abwärtstrend. In Trendrichtung werden gerne auch Overnight-Gaps gerissen. Ein Gap wird zum Overnight-Gap, wenn zwischen Schlusskurs am Abend und Eröffnung am Morgen eine Kurslücke ausgebildet wird.

Bedeutet im vorliegenden Fall:

- Short-Positionen handeln ist Handel *in* Trendrichtung und es sind als Short-Kursziele die 161,8 % oder höher realistisch.
- Long-Positionen handeln bedeutet hingegen, handeln *gegen* den übergeordneten Trend, denn die Aufwärtsbewegung ist eine Korrektur. Die Long-Kursziele sind eher konservativ mit 100 % oder 127,2 % zu wählen.

Doch nun zu Abbildung 68. In diesen Chart ist das Vortageshoch vom 03.04.2025 einbezogen. Sowohl am 04.04.2025 als auch am 07.04.2025 startet die Aktie mit einem großen Overnight-Gap in den Tag. Das sind Gaps in Trendrichtung!

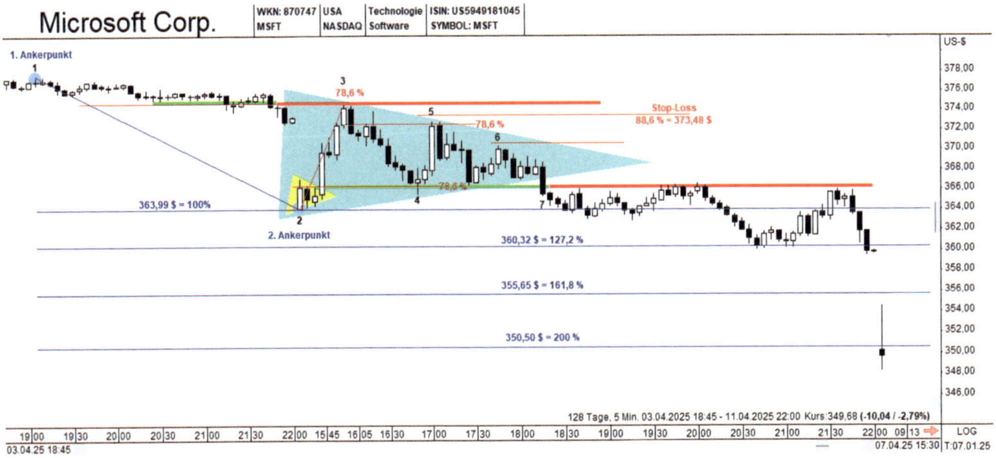

Abbildung 68: Microsoft Corp. im 5-Minutenchart, NASDAQ. Quelle: TAI-PAN

- Der 1. Ankerpunkt der Expansion ist das Hoch vom 03.04.2025. Der 2. Ankerpunkt das Tief zur Eröffnung am 06.04.2025.
- In den ersten Handelsminuten vom 05.04.2025 wird ein symmetrisches Dreieck (gelb markiert) ausgebildet (2). Es wird in Ausbruchsrichtung gehandelt. Der Ausbruch erfolgt nach oben. Wer also gegen den übergeordneten Trend (short) handeln möchte, kann hier long gehen. Die kleine Unterstützungszone vom Vorabend bei ca. 375 $ bietet sich als Kursziel an. Diese Unterstützungszone harmoniert mit dem 78,6 %-Retracement, bezogen auf die »Ankerstrecke« von (1) nach (2). Der Stop-Loss wird knapp unter das Tief der Eröffnung platziert. Einmal mehr: Hätte, wäre, wenn … der Long-Trade wäre aufgegangen.
- Am 78,6 %-Retracement, respektive der kleinen Unterstützungszone vom Vorabend, dreht der Kurs wieder abwärts. Diese Unterstützungszone wird nun zur Widerstandszone.
- Und wieder wird am 78,6 %-Retracement eine Umkehr ausgebildet: dieses Mal bezogen auf die Strecke von (2) nach (3). An (4) wird ein Morning Star ausgebildet.

- Und nochmals erfolgt am 78,6 %-Retracement eine Umkehr, bezogen auf die Strecke von (3) nach (4). Bei (5) ist es ein bearishes Harami, das die Umkehr einleitet.
- Für die ersten Handelsstunden lässt sich nun auch ein großes, hellblau eingefärbtes symmetrisches Dreieck einzeichnen. Auch hier gilt: Gehandelt wird in Ausbruchsrichtung.
- Um 18:15 Uhr wird ein Schlusskurs unter der Unterkante des hellblauen symmetrischen Dreiecks ausgebildet. Diese Kerze (7) durchbricht auch die Unterstützungszone, welche gebildet wird vom Ausbruchsniveau aus dem kleinen, gelben symmetrischen Dreieck (2) und dem Morning Star bei (4). Auch hier wird der Paritätswechsel vollzogen: Die ehemalige Unterstützung (grüne Linie) wird nun zum Widerstand (rote Linie).
- Mit dem Durchbruch unter die Unterkante des symmetrischen Dreiecks wird ein Verkaufssignal generiert (7). Nur wenige Kerzen später wird auch ein Schlusskurs unter dem 2. Ankerpunkt der Expansion (2) ausgebildet. Das ist ein weiteres Verkaufssignal.
- Angenommen, wir gehen nun mit dem Durchbruch durch den 2. Ankerpunkt short, dann handeln wir in Trendrichtung.
- Wohin mit dem Take-Profit? Unser Vorteil beim nachträglichen Aufsetzen eines Trades ist, dass wir den weiteren Kursverlauf kennen. Aber wenige Zeilen zuvor habe ich geschrieben, dass in Trendrichtung als Kursziel die 161,8 % ein realistisches Kursziel sind.
  Angenommen, wir haben unser Kursziel auf die 161,8 % bei 355,65 $ gelegt, dann wären wir am selben Handelstag nicht mehr ausgeführt worden. Am Montag darauf, dem 07.04.2025, ist die Microsoft-Aktie mit einem großen Down-Gap in den Handelstag gestartet. Unser Take-Profit wäre im Normalfall mit dem ersten gehandelten Kurs um 15:30 Uhr ausgeführt worden. Das Open lag bei 350,24 $ und damit auch deutlich unter unseren 161,8 %. In diesem Fall wäre das zu unserem Vorteil gewesen.
  Achtung: Das geht sich nicht immer so aus! Dem Down-Gap zur Eröffnung haben wir es zu verdanken, dass der Gewinn größer ausgefallen ist als erwartet.
- Wären wir also bei 363,99 $ short gegangen und unsere Position wäre bei 350,24 $ geschlossen worden, dann hätten wir einen Profit von 13,75 $ erzielt (ohne Spesen).
- Eine Frage ist noch offen: Wohin mit dem Stop-Loss für diesen Short-Trade? Da wir den kompletten Kursverlauf unseres Bilderbuch-Short-Trades sehen, müssen wir realistisch bleiben. Es gibt viele Möglichkeiten, den Stop zu platzieren, hier drei naheliegende Varianten:
  1) Über das letzte Hoch (6) von 17:45 Uhr bei 370,35 $
  2) über das vorletzte Hoch (5) bei 372,79 $
  3) oder an die 88,6 % = 373,48 $ der Bewegung von (3) nach (4).

ERWEITERN SIE IHREN HORIZONT!

Erweitern Sie Ihren Horizont und wechseln Sie häufiger die Zeitebenen von Ihrem Chart. Bestimmen Sie in der höheren Zeitebene den übergeordneten Trend. Identifizieren Sie mit »Always look left« signifikante Unterstützungs- und Widerstandszonen aus der Vergangenheit. Die werden gerne mal wieder getestet. Verwenden Sie alle Fibonacci-Varianten und Klassiker wie Unterstützungs- und Widerstandszonen oder Candlestick-Formationen. Bei relevanten Clustern können Sie in einer kleinen Zeiteinheit den Einstieg und den Stop-Loss bestimmen. Über die größeren Zeiteinheiten können Sie dann den Take-Profit bestimmen. Mit einem kleinen, aber gut platzierten Stop-Loss und dem üppigen Take-Profit können Sie risikoarme Gewinne realisieren. Auf »Neu-Deutsch« nennt sich das: **Multiple Timeframe Analysis**.

ANKERPUNKTE BESTIMMEN

Um eine Fibonacci-Expansion anzulegen, benötigen Sie die zwei Ankerpunkte der Trendbewegung $\overline{XA}$ (siehe Abbildung 63). Es folgt eine mehr oder weniger ausgeprägte Korrektur $\overline{AB}$. Für die Kurszielbestimmung ist die Korrektur allerdings unerheblich. Das Kursziel wird direkt in Trendrichtung und ohne Berücksichtigung der Korrektur bestimmt. Achten Sie auch bei der Variante der Expansion auf historische Unterstützungs- und Widerstandszonen, Trendumkehrformation (siehe Anhang III – Formationsanalyse, Seite 172) und/oder eine Candlestick-Umkehrformation (siehe Anhang VI – Candlesticks, Seite 187).

RELEVANTE RATIOS

Die wichtigsten Fibonacci-Ratios für die Expansion sind die dreistelligen über 100 %:

- 127,2 %
- 161,8 %

Wie bei der Variante der Projektion kommen in seltenen Fällen die 261,8 % und sehr selten die 423,6 % hinzu – diese sind sehr starken Trendmärkten vorbehalten.

Beziehen Sie in die Bestimmung des Take-Profits immer die übergeordnete Trendrichtung mit ein:

- Wird *in Richtung des übergeordneten Trends* gehandelt, werden in der Regel die 161,8 % oder die 261,8 % erreicht.
- Wird *gegen den übergeordneten Trend* gehandelt, dann werden oft nur die 127,2 % erreicht.

GALERIE – FIBONACCI-EXPANSION

In dieser Galerie werden einige Impressionen zu den Fibonacci-Expansionen präsentiert. Ohne Worte – nur zum Anschauen.

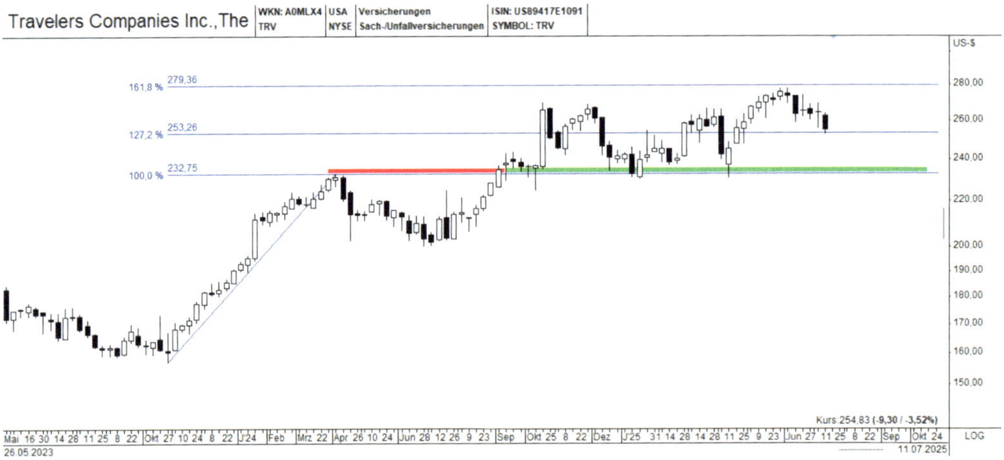

Abbildung 69: The Travelers Companies Inc. im Tageschart, NYSE. Quelle: TAI-PAN

Abbildung 70: UnitedHealth Group Inc. im Tageschart, NYSE. Quelle: TAI-PAN

Abbildung 71: S&P 500 im Tageschart, NASDAQ. Quelle: TAI-PAN

Abbildung 72: Gold, Tageschart. Quelle: TAI-PAN

Abbildung 73: Cocoa-Future in GBP, Tageschart, ICE Europe. Quelle: TAI-PAN

Abbildung 74: Cocoa-Future in USD, Tageschart, ICE US. Quelle: TAI-PAN

ZUSAMMENFASSUNG FIBONACCI-EXPANSION

Mit einer Fibonacci-Expansion werden Kursziele *in Trendrichtung* bestimmt, wie bei der Variante der Fibonacci-Projektion auch. Allerdings ohne Berücksichtigung der Korrektur. Dafür werden zwei Ankerpunkte benötigt:

- Bei einer Long-Expansion ein Swing-Low (der 1. Ankerpunkt) und ein Swing-High (der 2. Ankerpunkt). Die sich anschließende Korrektur findet keine Beachtung. Am 2. Ankerpunkt, den 100 %, wird das Kursziel dann direkt nach oben abgetragen.

- Bei einer Short-Expansion ist der 1. Ankerpunkt ein Swing-High, der 2. Ankerpunkt ein Swing-Low. Die sich anschließende Korrektur wird nicht berücksichtigt. Das Kursziel wird am 2. Ankerpunkt, den 100 %, direkt nach unten abgetragen.

Mit der Chartsoftware werden die beiden Ankerpunkte nacheinander angeklickt. Dann werden die Expansions-Kursziele direkt nach oben (long) beziehungsweise direkt nach unten (short) abgetragen. Die relevanten Ratios sind die 127,6 % und die 161,8 %. In starken Trendmärkten können auch die 261,8 % oder sogar die 423,6 % erreicht werden.

Auch bei der Fibonacci-Expansion verstehen sich die Kursziele als *Zielzonen* und nicht als Punktlandungen. Wird an diesen Zielzonen kein Umkehrmuster ausgebildet, dann kann die Reise zum nächsten Fibo-Ratio weitergehen. Sobald der 2. Ankerpunkt unterschritten (Long-Expansion) beziehungsweise überschritten (Short-Expansion) wird, wird die Expansion hinfällig und kann gelöscht werden.

Mit Fibonacci-Expansionen können in allen Zeithorizonten Kursziele bestimmt werden, sowohl im Monatschart als auch in einem 5-Minutenchart.

4.4 FIBONACCI-EXTENSION

Nachfolgend geht es um die Sache mit dem Retracement, das über die *Last Line of Defense*, die 78,6 % läuft, und sogar

- das Hoch, beziehungsweise den 1. Ankerpunkt bei einer aufwärtsgerichteten Korrektur überschreitet, oder
- das Tief, beziehungsweise den 1. Ankerpunkt bei einer abwärtsgerichteten Korrektur unterschreitet.

Es werden Kursziele *entgegen* der vorauslaufenden Richtung bestimmt; eine Ausdehnung in die entgegengesetzte Richtung also, über den Startpunkt der Korrektur hinaus.

Für alle, die sich mit dem Elliott-Wave-Principle auskennen: Mit dieser Methode wird beim Expanded Flat das Kursziel der überschießenden Welle B bestimmt.

Wie hat man sich das nun vorzustellen?

Hierbei kann uns folgende Grafik helfen:

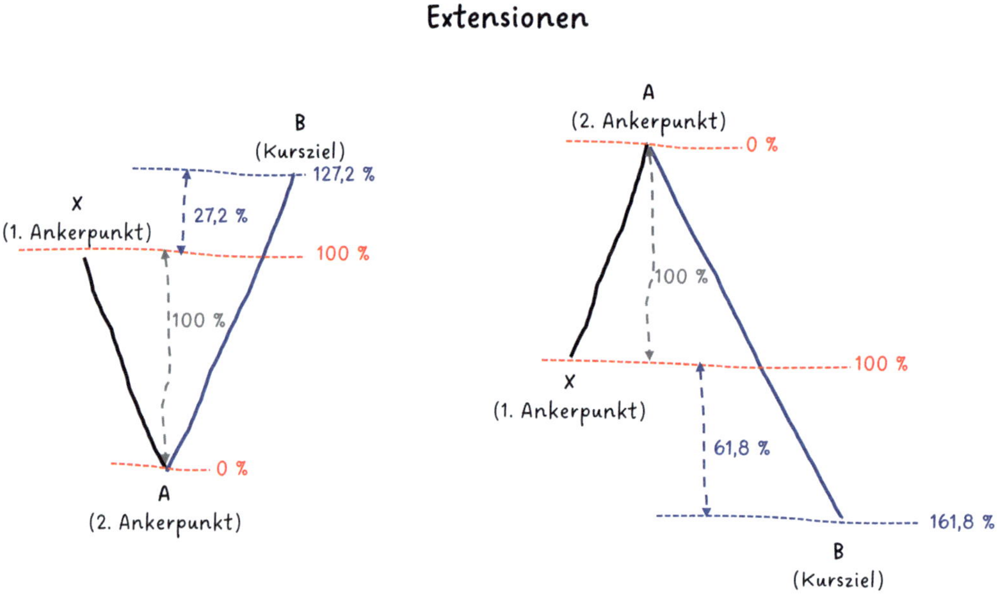

Abbildung 75: Eine 127,2 %-Extension links: eine aufwärtsgerichtete Korrektur (blaue Strecke) extensiert zu den 127,2 %; rechts: eine 161,8 %-Extension – eine abwärtsgerichtete Korrektur (blaue Strecke) – extensiert zu den 161,8 %.

- Links extensiert die blaue Aufwärtskorrektur, welche 127,2 % der vorauslaufenden schwarzen Abwärtsbewegung erreicht, und
- rechts extensiert die blaue Abwärtskorrektur, welche 161,8 % der vorauslaufenden schwarzen Aufwärtsbewegung erreicht.

Oft endet die Extension an einem der Fibonacci-Levels und die ursprüngliche Trendrichtung wird wieder aufgenommen.

Im Falle einer:

- **Abwärtsbewegung (links):** Die abwärtsgerichtete schwarze Strecke $\overline{XA}$ wird aufwärts korrigiert. Allerdings überschießt die blaue Korrektur den Ausgangspunkt X (= 100 % und 1. Ankerpunkt) deutlich. Die Korrektur *extensiert.*
  Basis für die Berechnung ist die schwarze Referenzstrecke $\overline{XA}$ = 100 %. Punkt B wird an den +27 % erreicht. Das entspricht dann einer 100 % * 1,27 = 127,2 %-Extension.
- **Aufwärtsbewegung (rechts):** Die aufwärtsgerichtete schwarze Strecke $\overline{XA}$ wird abwärts korrigiert. Diese (blaue) Korrektur von A nach B läuft allerdings aus dem Ruder, sprich, sie fällt unter den Ausgangspunkt X (= 100 % und 1. Ankerpunkt) der zu korrigierenden Strecke $\overline{XA}$ deutlich. Die Korrektur *extensiert.*
  Ausgehend von der schwarzen Referenzstrecke für die 100 % wird der Punkt B an den +61,8 % erreicht. Das entspricht dann einer 100 % * 1,618 = 161,8 %-Extension.

Sehen wir uns dazu einen »echten« Chart an.

Long-Extension

In Abbildung 76 ist am Beispiel der Vorzugsaktie der Sartorius AG eine 27,2 %-Extension aufwärts abgebildet.

Abbildung 76: Sartorius AG VZ im Tageschart, XETRA. Quelle: TAI-PAN

Vom 17.10.2024 bis zum 21.11.2024 befindet sich die Vorzugsaktie der Sartorius AG in einer abgeschlossenen Abwärtsbewegung. Der Aktienkurs dreht und es kann ein Retracement eingezeichnet werden. Ankerpunkte sind das Hoch vom 17.10.2024 und das Tief vom 21.11.2024 (rot eingekringelt).

1. Die Zahlen der nachfolgenden Aufzählung beziehen sich auf die schwarzen Zahlen im Chart. Die erste kleine Aufwärtskorrektur endet an den 23,6 %. Es folgt eine kleine Abwärtsbewegung. Es wird kein tieferes Tief ausgebildet.
2. Danach geht es bis zu den 38,2 % rauf. Wieder folgt eine kleine Abwärtsbewegung.
3. Das 50 %-Retracement ist uninteressant, die Umkehr erfolgt an den 61,8 %. Wieder eine Korrektur mit einem höheren Tief.
4. Es wird ein großes Up-Gap von 33,80 € (!) ausgebildet, damit geht es über den 1. Ankerpunkt.
5. Mit dem Hoch der Kerze vom 28.01.2025 = 292,00 € wird fast Euro-genau die 127,2 %-Extension = 292,07 € erreicht. An den 127,2 % ist die Aufwärtsbewegung zu Ende. Dass dem so ist, sehen wir aber erst einige Tage später!
6. Bei der nun folgenden Abwärtsbewegung fungieren die an den Retracement-Levels ausgebildeten Hochs als wichtige Unterstützungs- und Widerstandszonen. Die 78,6 %, die 61,8 % und
7. auch die 50 % bilden nun Unterstützungs- und Widerstandszonen aus.
8. Am 03.04.2025 geht es dann unter den 2. Ankerpunkt und es wird ein tieferes Tief ausgebildet.

Short-Extension

Eine 161,8 %-Extension abwärts ist in Abbildung 77 am Beispiel vom DAX gezeigt.

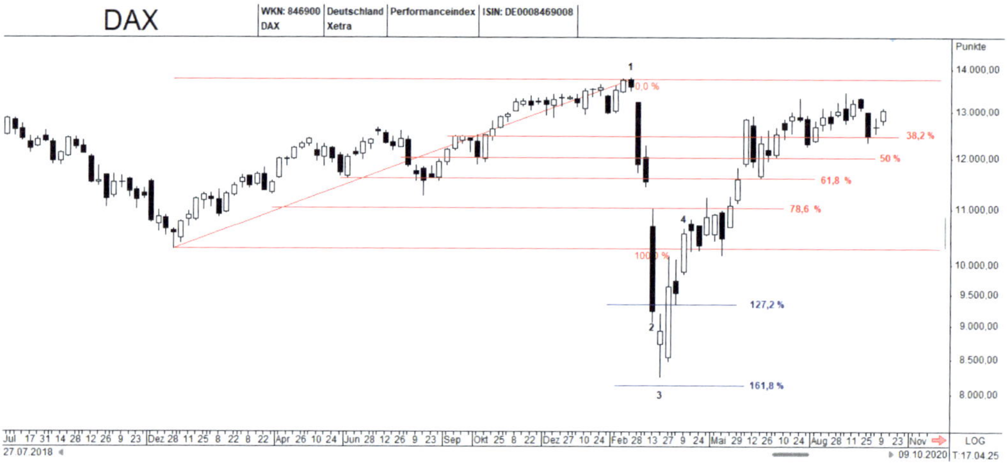

Abbildung 77: DAX im Wochenchart, XETRA. Quelle: TAI-PAN

Gewiss erinnern sich viele von Ihnen noch lebhaft an die Corona-Pandemie, als die Aktienmärkte in kürzester Zeit crashten, nur um sich dann wieder schnell zu erholen.

Am 17.02.2020 hat der DAX sein damaliges Allzeithoch bei 13.795 Punkten ausgebildet, anschließend ging es rasend abwärts, bis am 16.03.2020 bei 8.255 Punkten das Tief ausgebildet wurde. Das war ein Minus von 40 % in nur 20 Handelstagen! So etwas gibt es wahrlich nicht alle Jahre. Und bereits am 28.12.2020 wurde ein neues Allzeithoch bei 13.818 Punkten ausgebildet.

Die rasante Abwärtsbewegung hat mit einer Abweichung von 134 Punkten oder 1,6 % über der 161,8 %-Extension (= 8.121 Punkte) gestoppt.

Die Zahlen der nachfolgenden Aufzählung beziehen sich auf die schwarzen Zahlen im Chart.

Doch der Reihe nach:

1. Am 17.02.2020 wird bei 13.795 Punkten ein Allzeithoch ausgebildet.
2. Die Auswirkungen der Corona-Pandemie schlagen voll auf den DAX durch, dieser fällt in wenigen Tagen unter das Tief der letzten Aufwärtsbewegung. Im Wochenchart ist es leider nicht zu erkennen, aber bei der Abwärtsbewegung haben die Retracement-Level als Unterstützungs- und Widerstandszonen fungiert.
3. Nur wenige Tage später wird eine positive Wochenkerze ausgebildet. Diese hat eine relativ lange Akkumulationslunte und einen weißen Kerzenkörper.
4. Und nochmals drei Wochen später hat der DAX wieder über dem Tief der vorauslaufenden Aufwärtsbewegung geschlossen.

   Es geht weiter zügig aufwärts, auch hier dienen die Retracement-Level der vorauslaufenden Aufwärtsbewegung als Unterstützungs- und Widerstandszonen.

Nicht nur der DAX hat so ein Muster ausgebildet, auch viele der im DAX enthaltenen Aktien. Andernfalls könnte der DAX als Summe aller 40 DAX-Aktien kein entsprechendes Muster zeigen. In der Galerie für die Extensionen sind einige als Beispiel gezeigt.

WIE KANN EINE EXTENSION GEHANDELT WERDEN?

Long-Extension

Schauen wir uns das am Beispiel des FDAX im 3-Minutenchart an (Abbildung 78), hier der Endloskontrakt (= continous contract).

Vorab eine kleine Anmerkung: Seit dem 10.12.2018 werden ausgewählte Benchmark-Futures an der EUREX ab 2:15 Uhr (MESZ) gehandelt. Dazu gehört der FDAX sowie auch der Euro-Bund-Future.

Der Chart zeigt den FDAX im 3-Minutenchart ab der Eröffnung um 2:15 Uhr (MESZ) am 17.04.2025. Das grüne Rechteck markiert die Range zwischen 8:00 und 9:00 Uhr.

Auf dieser Range basiert eine von der Autorin gehandelte Strategie, der FDAX-Range-Breakout. Diese Strategie gibt es in vielen Varianten – Google oder eine KI geben dazu detailliert Auskunft.

Die wichtigsten Merkmale der Strategie in wenigen Worten beschrieben: Es wird die Range des FDAX zwischen 8:00 und 9:00 Uhr markiert. Um 9:00 Uhr wird ein Stop-Buy an der Oberseite der Range beziehungsweise ein Stop-Sell an der Unterseite der Range platziert. Die Kauf- oder Verkaufsorder ist immer mit einem Take-Profit von 20 Punkten und einem Stop-Loss von 20 Punkten versehen. Es wird also eine Bracket-Order aufgegeben.

Abbildung 78: FDAX (Endloskontrakt) im 3-Minutenchart, EUREX. Quelle: TAI-PAN

Was zeigt uns dieser Chart?

Ohne nennenswerte Korrektur ist der FDAX an diesem Tag ab dem Handelsstart um 2:15 Uhr (MESZ) nur gestiegen. Die Wahrscheinlichkeit ist groß, dass es auch ab 9:00 Uhr weiter raufgeht.

Aber: Gerne wird mal ein Ausbruch nach oben vorgetäuscht (= False Breakout), nur um dann nach wenigen Handelsminuten nach unten abzutauchen. Wie auch am 17.04.2025.

Die Zahlen der nachfolgenden Aufzählung beziehen sich auf die schwarzen Zahlen im Chart.

1. Die lange weiße Kerze, die von 9:00 Uhr bis 9:03 Uhr ausgebildet wurde, hat mit 1 Punkt über der 127,2 %-Extension ihr Hoch ausgebildet.
2. In den nächsten drei Minuten ging es ordentlich abwärts. Wäre der Ausbruch nach oben gehandelt worden, dann wäre die Long-Position mit dieser Kerze in den Stop gelaufen.
3. Nach wenigen Minuten wird die Oberkante der Range mit einer sehr langen Distributionslunte getestet.
4. Und das nächste Hoch ist deutlich tiefer, dem FDAX scheint die Puste auszugehen.
5. Mit der Kerze 9:36 bis 9:39 Uhr wird ein Schlusskurs unter der Unterkante der Range ausgebildet. Hier wäre die Stop-Sell-Order ausgelöst worden.
6. Mit einem Take-Profit von 20 Punkten wäre dieser Short in der nächsten Kerze nach nur wenigen Sekunden im Gewinn geschlossen worden.

An diesem Tag wäre also die erste Position – der Long – in den Stop gelaufen. Das macht -20 Punkte. Die zweite Position – der Short – wäre in den Gewinn gelaufen mit +20 Punkten. Im Ergebnis also ± 0 … außer Spesen nix gewesen.

Aber: Der an und für sich simple Range-Breakout kann mit der Variante der Fibonacci-Projektion wesentlich profitabler gestaltet werden, das ist in Abbildung 79 dargestellt.

Abbildung 79: FDAX (Endloskontrakt) im 3-Minutenchart, EUREX. Quelle: TAI-PAN

Spätestens mit Ausbildung der mit »2« markierten Kerze kann eine Short-Projektion eingezeichnet werden. Der Take-Profit für die Short-Position wird dann an der 161,8 %-Fibonacci-Projektion platziert. Bei einem Einstieg bei 21.472 Punkten und einem Take-Profit bei 21.399 Punkten macht das einen Gewinn von 73 Punkten.

Wenn man bedenkt, dass ein FDAX-Punkt 25 Euro wert ist, macht das für den Short-Trade 1.825 Euro Gewinn (ohne Spesen).

Short-Extension

Wie eine Short-Extension gehandelt werden kann, wird am Währungspaar EUR/USD im 4-Stundenchart vorgestellt (Abbildung 80). Seit Mitte Januar 2025 befindet sich das Währungspaar in einem intakten Aufwärtstrend. Vom 14. bis 19.02.2025 wurde eine fallende und damit bullishe Flagge (gelber Kanal) ausgebildet. Flaggen sind trendbestätigend und gelten als *Traders Paradise*, weil es sehr zuverlässige Formationen sind.

Abbildung 80: EURUSD im 4-Stundenchart, Forex. Quelle: TAI-PAN

Auf jeden Fall: Nach der Flagge ging es wieder aufwärts, aber so richtig konnte das Hoch vom Beginn der Flagge nicht überwunden werden (rote Linie). Es klemmte massiv an den 1,0529 $.

Die Zahlen der nachfolgenden Aufzählung beziehen sich auf die schwarzen Zahlen im Chart.

1. Der Doji mit der ausgeprägten Distributionslunte am 26.02.2025 zeigte deutlich, dass zu diesem Zeitpunkt kein Käufer mehr bereit war, mehr als die 1,0529 $ für einen Euro zu bezahlen. EUR/USD ist zum vierten Mal an dieser Marke angestoßen.
   Mit dem Schlusskurs dieser Kerze konnte in die vorauslaufende Aufwärtsbewegung ein Retracement eingezeichnet werden. Die beiden Ankerpunkte sind das Ende der Flagge und das Hoch des Dojis (1).

2. Das 38,2 %, 50 % und 61,8 %-Retracement bot bei der Abwärtsbewegung nicht wirklich Unterstützung, es ging ziemlich schnell abwärts.
3. Die 78,6 % wurden mit dem Hoch getestet – und für zu schwach befunden.
4. Es ging schnell unter den 1. Ankerpunkt, die 100 %. Mit dem Schlusskurs unter dem 1. Ankerpunkt konnte eine Short-Position eröffnet werden. Mit »Open next Bar« wäre das bei 1,0395 $ gewesen.
   Ab jetzt können die 127,2 %- und die 161,8 %-Extension eingezeichnet werden.
5. Es wurde eine kleine aufwärtsgerichtete und damit bearishe Flagge ausgebildet, aber auch diese Flagge hielt, was sie versprach: Abwärts!
6. Und tatsächlich – mit einer langen 4-Stunden-Kerze wurde die 127,2 %-Extension erreicht! Die nachfolgende weiße 4-Stunden-Kerze bildete noch ein etwas tieferes Tief aus, aber dann war Wochenende!
   Und in Anbetracht dieses nahenden Wochenendes sollte hier aus Risikovermeidungs-Gründen die Short-Position geschlossen werden. – Wäre bei 1,0364 $ gewesen.
7. Bei Währungen werden in der Regel nur an Wochenenden Gaps ausgebildet!
8. Bereits am Sonntag spätabends mit dem Start des Währungshandels im Fernen Osten ging es wieder über den 1. Ankerpunkt (= 100 %). Die überschießende Korrektur war damit beendet. Der Euro hat in wenigen Stunden den vormaligen Widerstand bei 1,0529 (= 0 %) überwunden und ist weiter kräftig gestiegen.

WANN WIRD DIE VARIANTE DER EXTENSION VERWENDET?

Mit der Variante der Extension können höhere Hochs oder tiefere Tiefs bestimmt werden. So wie auch mit der Projektion (ab Seite 69) oder der Expansion (ab Seite 87). Wofür ist dann die Extension gut?

Dazu müssen Sie drei wesentliche Unterschiede zwischen Projektion und Expansion kennen:

1. Die Ausgangsbewegung ist jeweils aufwärts. Das Kursziel der Projektion und der Expansion ist ein höheres Hoch. Bei der Extension hingegen ist das Kursziel ein tieferes Tief.
2. Diese neue Bewegung läuft ohne nennenswerte Korrektur ab. In diese neue Bewegung kann also keine Projektion oder Expansion zur Kurszielbestimmung angewendet werden. Die vorauslaufende Bewegung vom 1. zum 2. Ankerpunkt dient als Basis für die Kurszielbestimmung.
3. Die Extension ist im Prinzip eine überschießende Korrektur. Die Bewegung vom 1. zum 2. Ankerpunkt wird korrigiert, aber die Korrektur dehnt sich aus, läuft über den Beginn der vorauslaufenden Bewegung (1. Ankerpunkt) hinaus.

Als Grafik gezeichnet, jeweils mit vorauslaufender Aufwärtsbewegung, sieht das so aus:

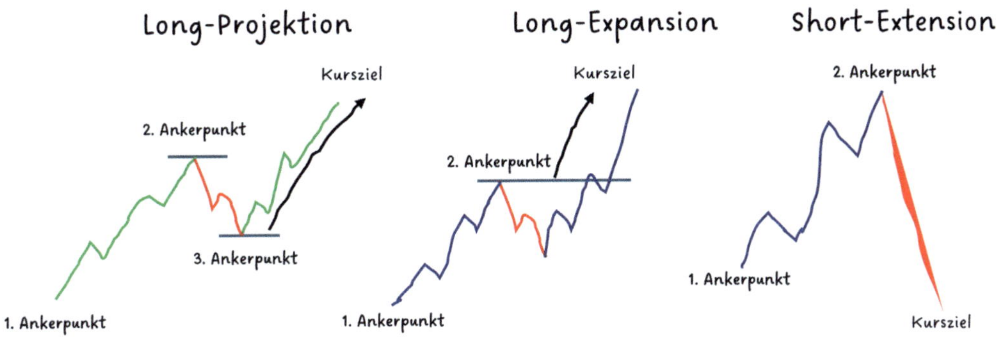

Abbildung 81: Long-Projektion, Long-Expansion und Short-Extension als Grafik

Werfen wir nochmals einen Blick in den DAX-Wochenchart, der den rasanten Corona-Abverkauf 2020 zeigt (Abbildung 82).

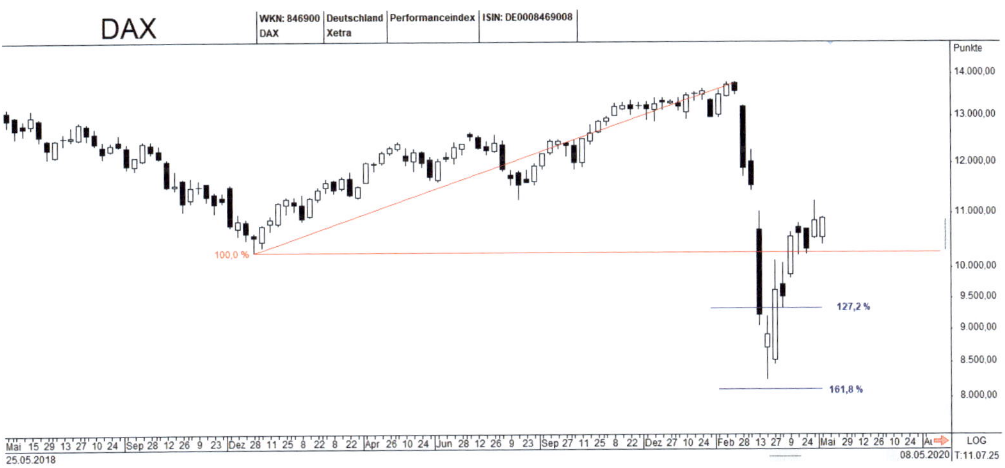

Abbildung 82: DAX im Wochenchart, XETRA. Quelle: TAI-PAN

Wir sehen in diesem Wochenchart:

- Eine Abwärtsbewegung von Mai bis Dezember 2018, dann
- die Aufwärtsbewegung zum (damaligen) Allzeithoch von Dezember 2018 bis März 2020, und dann
- die rasante Abwärtsbewegung ohne Korrektur von März 2020.
- In diese **rasante Abwärtsbewegung ohne Korrektur** lässt sich keine Projektion oder Expansion einzeichnen, weil der notwendige 3. Ankerpunkt nicht ausgebildet wird. **Genau in diesem Fall wird die Variante der Extension verwendet: Eine Bewegung ohne Korrektur!**
- Das Kursziel wird in die entgegengesetzte Richtung (abwärts) der vorauslaufenden Aufwärtsbewegung ermittelt.

Die rechnerischen 161,8 % der Extension liegen bei 8.121 Punkten. Das tatsächlich erreichte Tief lag bei 8.255 Punkten, eine Differenz von 134 Punkten oder 1,6 %. Nicht wirklich eine Punktlandung, und dennoch in den damals unsicheren Zeiten eine echte Hilfe. **Aber**: Die Wochenkerze hat ihr Tief sehr nahe an der 161,8 %-Extension, da sollte sich mal ein Blick in den Tageschart lohnen (Abbildung 83).

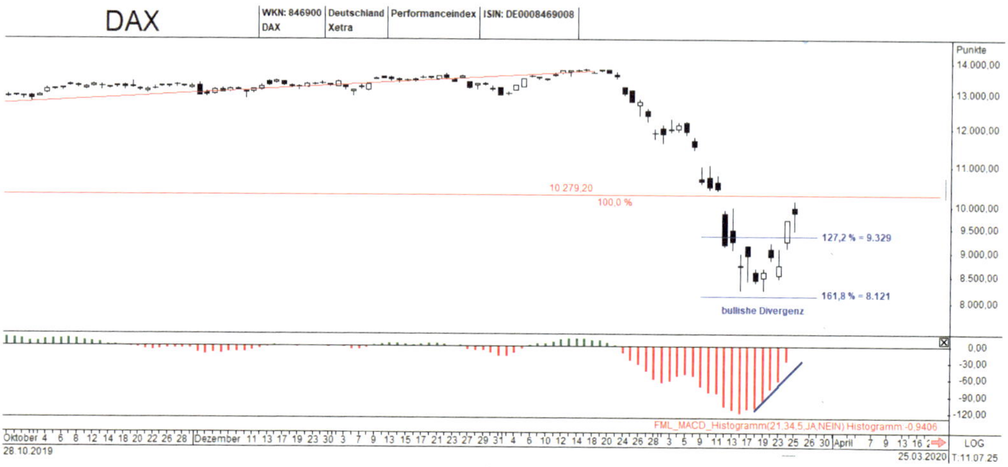

Abbildung 83: DAX im Tageschart, XETRA. Quelle: TAI-PAN

In diesem Tageschart ist das MACD-Histogramm im unteren Indikatorfenster eingefügt. Dies ist der Lieblingsindikator der Autorin mit den Lieblingseinstellungen 21, 34, 5. Das sind Fibonacci-Zahlen.

Der DAX testet drei Tage später das Tief, der Indikator hat aber einen deutlich kürzeren Balken ausgebildet – eine bullishe Divergenz. Divergenzen werden in der Regel in Richtung des Indikators aufgelöst und dieser steigt. Und der DAX ist anschließend kräftig gestiegen.

Abbildung 84 zeigt eine Short-Projektion, eine Short-Expansion und eine Long-Extension, jeweils mit vorauslaufender Abwärtsbewegung.

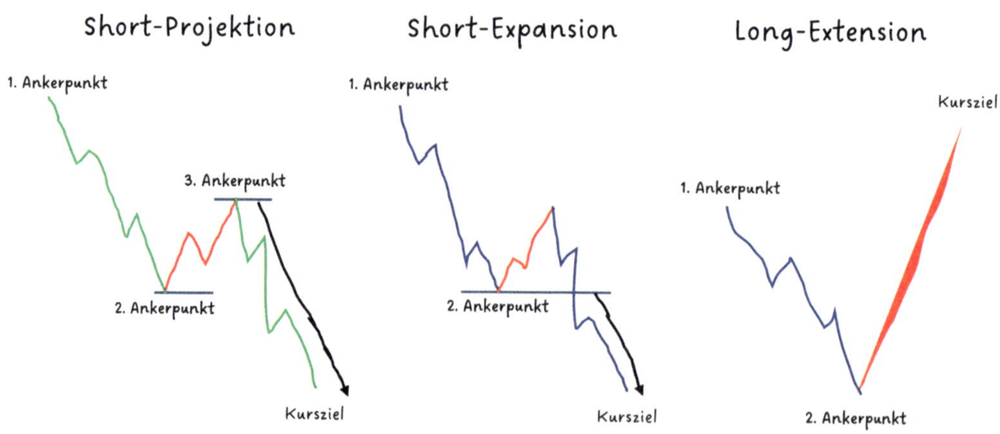

Abbildung 84: Short-Projektion, Short-Expansion und Long-Extension als Grafik

Schauen wir uns hier noch mal ein Beispiel an: den DAX im Stundenchart vom 08.07.2024 bis zum 19.07.2024 (Abbildung 85).

Deutlich sichtbar sind die drei wesentlichen Unterschiede zwischen Projektion und Expansion:

1. Die Ausgangsbewegung ist jeweils abwärts. Das Kursziel der Projektion und der Expansion ist ein tieferes Tief. Bei der Extension hingegen ist das Kursziel ein höheres Hoch.
2. Diese neue Bewegung läuft ohne nennenswerte Korrektur ab. In diese neue Bewegung kann also keine Projektion oder Expansion zur Kurszielbestimmung angewendet werden. Die vorauslaufende Bewegung von 1. zum 2. Ankerpunkt dient als Basis für die Kurszielbestimmung.
3. Die Extension ist im Prinzip eine überschießende Korrektur. Die Bewegung vom 1. zum 2. Ankerpunkt wird korrigiert, aber die Korrektur dehnt sich aus = extensiert, läuft über den Beginn der vorauslaufenden Bewegung, den 1. Ankerpunkt, hinaus.

Abbildung 85: DAX im Stundenchart, XETRA. Quelle: TAI-PAN

- Der DAX ist am 08. und 09.07.2024 kontinuierlich gefallen.
- Ab dem 10.07.2024 geht es dann ohne nennenswerte Korrektur rauf bis zum 12.07.2024.
- Die roten 100 % wurden mit Momentum herausgenommen.
- Die Aufwärtsbewegung drehte an der 127,2 %-Extension.
- Die Aufwärtsbewegung kann als überschießende Korrektur eingestuft werden, dann nach Erreichen der 127,2 % ging es kontinuierlich abwärts, unter den 2. Ankerpunkt der einleitenden Abwärtsbewegung.
- Rechnerisch liegen die 127,2 % bei 18.747 Punkten, das Hoch lag bei 18.779 Punkten. Das ergibt eine Differenz von 32 Punkten oder 0,17 %.

ANKERPUNKTE BESTIMMEN

Für die Fibonacci-Extension werden wiederum zwei Ankerpunkte benötigt: das Hoch und das Tief einer abgeschlossenen Bewegung. Wie sich diese definiert, können Sie in Kapitel 3: Trend & Trendumkehr nachlesen.

RELEVANTE RATIOS

Die für Extensionen wichtigsten Fibonacci-Ratios sind die über 100 %:

- 127,2 %
- 161,8 %
- Alle Extensionen, die darüber hinausgehen, sind mit großer Wahrscheinlichkeit keine Extension einer Korrektur, sondern eine neue Trendbewegung. Also Vorsicht, wenn die 161,8 % deutlich überschossen werden.

GALERIE – FIBONACCI-EXTENSION

In dieser Galerie sind einige Impressionen zu den Fibonacci-Extensionen präsentiert. Ohne Worte – nur zum Anschauen.

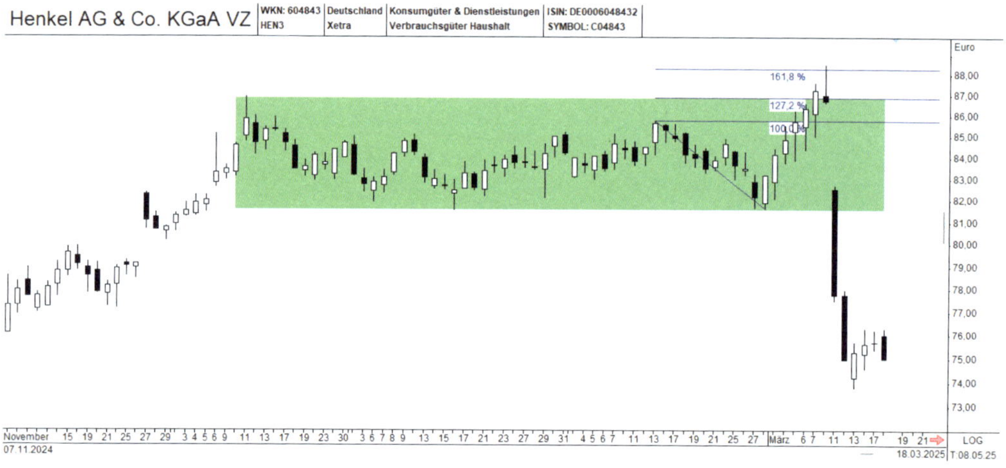

Abbildung 86: Henkel AG & Co. KGaA VZ im Tageschart, XETRA. Quelle: TAI-PAN

Abbildung 87: Fresenius Medical Care AG im Tageschart, XETRA. Quelle: TAI-PAN

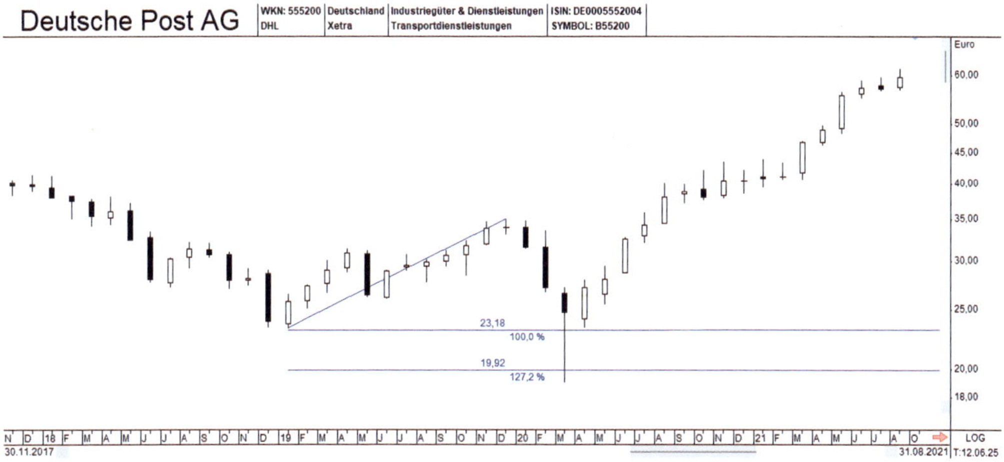

Abbildung 88: Deutsche Post AG im Wochenchart, XETRA. Quelle: TAI-PAN

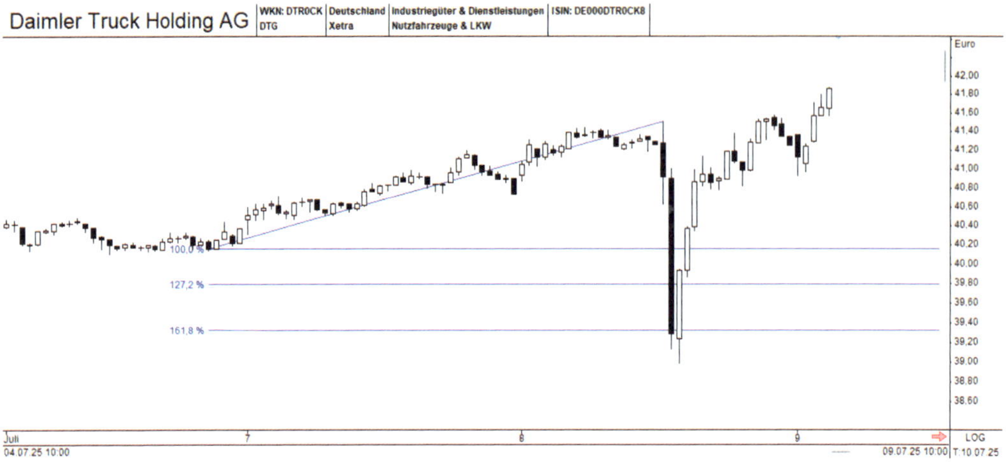

Abbildung 89: Daimler Truck Holding AG im 15-Minutenchart, XETRA. Quelle: TAI-PAN

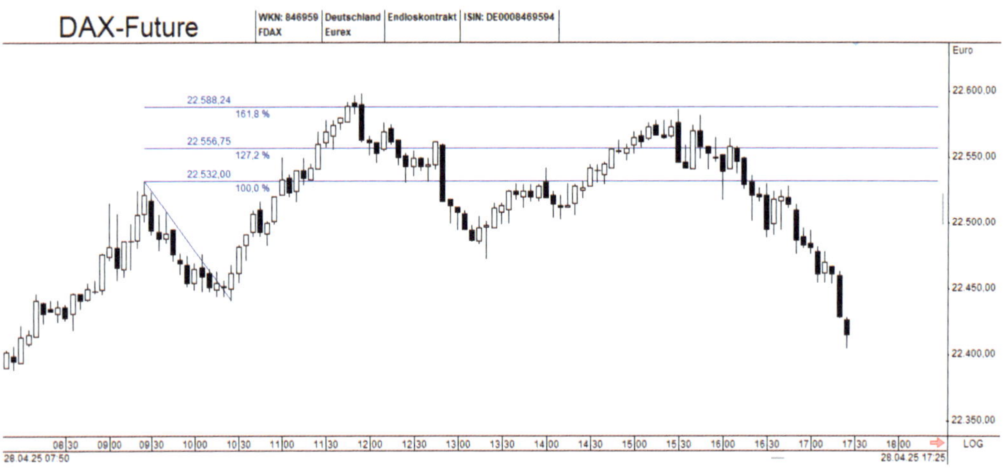

Abbildung 90: FDAX im 5-Minutenchart, EUREX. Quelle: TAI-PAN

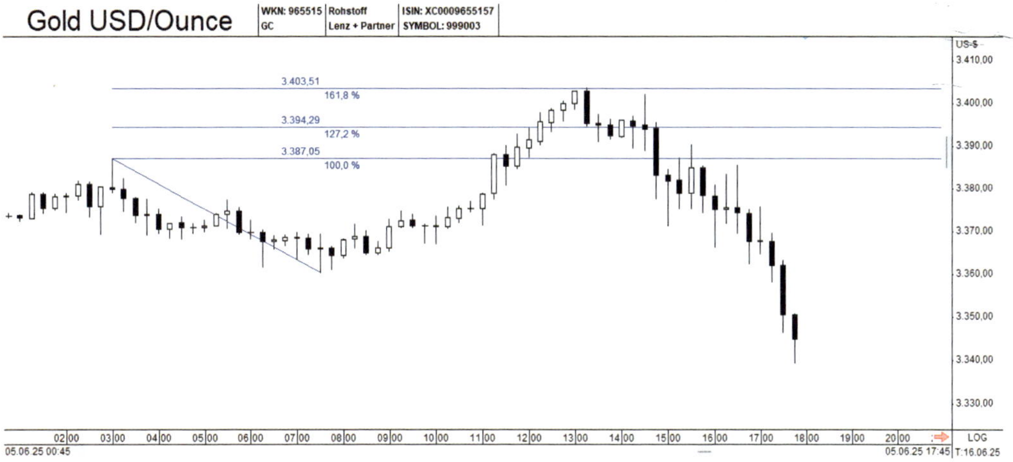

Abbildung 91: Gold USD/Ounce im 15-Minutenchart. Quelle: TAI-PAN

ZUSAMMENFASSUNG EXTENSION

Wenn ein Markt nach einer abgeschlossenen Bewegung nahezu ohne Rücksetzer fällt (Short-Extension) oder steigt (Long-Extension), kann das Kursziel der überschießenden Korrektur mit der Variante der Fibonacci-Extension bestimmt werden. Wenn es eine überschießende Korrektur wird, dann sollten nicht mehr als die 127,2 % oder 161,8 %-Extension erreicht werden. Anschließend sollte der Markt

- bei einer Short-Extension wieder über den 2. Ankerpunkt der einleitenden Bewegung steigen, oder
- bei einer Long-Extension wieder unter den 2. Ankerpunkt der einleitenden Bewegung fallen.

Wird dies erfüllt, handelt es sich um eine *überschießende Korrektur*. Im Elliott-Wave-Principle ist das eine überschießende Welle B eines Expanded Flats (siehe Anhang V – Elliott-Waves-Principle).

Wird der 2. Ankerpunkt nicht über- beziehungsweise unterschritten, dann war das auch keine überschießende Korrektur, sondern eine neue Trendbewegung.

Damit habe ich Ihnen vier Varianten der Kurszielbestimmung mit den Fibonacci-Ratios vorgestellt. In diesem Kapitel folgen nun noch ein paar allgemeine Informationen, bevor es zu den harmonischen Pattern geht.

4.5 TREFFERGENAUIGKEIT DER FIBONACCI-RATIOS

Die Treffergenauigkeit von Fibonacci-Ratios sorgt immer wieder für Diskussionen. Skeptiker, die alles, was mit Fibonacci zu tun hat, in die Esoterik-Ecke verbannen, werfen in den Ring, dass die Fibonacci-Ratios ohnehin nicht exakt erreicht werden. Und sowieso liegen die Ratios so dicht beieinander, dass immer eines passt.

Aber diese Skeptiker verwenden schräge Trendlinien oder horizontale Unterstützungs- und Widerstandslinien im Chart. Und auch diese gibt es wie Sand am Meer. Für diese Linien akzeptieren sie, dass sie nicht auf den letzten Punkt oder Cent oder Pip genau erreicht werden müssen, um ihrer Funktion gerecht zu werden.

WIR ERINNERN UNS AN KAPITEL

3.3 Trendumkehr (Seite 36):

- Kursfilter mit der 3 %-Regel
- Zeitfilter mit zwei aufeinanderfolgenden Schlusskursen

Die Unschärfe, die wir der klassischen horizontalen Linie oder der schrägen Trendlinie zubilligen, müssen wir auch den durch Fibonacci-Ratios erzeugten Unterstützungs- oder Widerstandslinien gestatten.

Blättern Sie einfach durch die vier Galerien in diesem Buch:

- Galerie – Fibonacci-Retracements ab Seite 65
- Galerie – Fibonacci-Projektionen ab Seite 84
- Galerie – Fibonacci-Expansion ab Seite 98
- Galerie – Fibonacci-Extension Seite 112

Sie sehen es anhand der Charts: Punktlandungen gibt es! Eine gewisse Unschärfe ist aber die Regel.

Dennoch darf mit der Unschärfe nicht übertrieben werden. Setzen Sie Preis- und/oder Zeitfilter. Denn nur dann können Sie Ihre Trades statistisch auswerten.

Halten wir fest: Das exakte Erreichen der Fibonacci-Levels ist nicht in Stein gemeißelt. Eine gewisse Unschärfe beim Erreichen der Ratios muss eingeplant werden.

4.6 KLAPPT DAS BEI ALLEN INSTRUMENTEN UND IN ALLEN ZEITHORIZONTEN?

Bei den berühmt-berüchtigten Fragen an Radio Eriwan (daran erinnern sich vermutlich nur die etwas älteren Leser) beginnen die Antworten immer mit dem Wortlaut: Im Prinzip ja, aber …

Klappt das bei allen Instrumenten und in allen Zeithorizonten? Die Antwort auf diese Frage beginnt auch mit einem »Im Prinzip ja, …«, es klappt bei allen Instrumenten und in allen Zeithorizonten.

Und doch gibt es ein »Aber«, eine Einschränkung: Mit der technischen Analyse wird das Herdenverhalten der Marktteilnehmer analysiert. Bei sehr wenigen Marktteilnehmern gibt es eben keine Herde, deren Verhalten analysiert und prognostiziert werden kann. Bei Aktien mit sehr geringem Börsenumsatz und/oder einem Großaktionär ist es schwierig, eine verlässliche Analyse zu erstellen, unabhängig von der gewählten Analysemethode.

4.7 DIE VIER VARIANTEN – ANDERS BETRACHTET

Fügen wir zusammen, was zusammengehört:

RETRACEMENT UND EXTENSION

Retracements – damit werden mögliche Korrekturniveaus innerhalb einer abgeschlossenen Bewegung identifiziert. Im Falle einer Aufwärtsbewegung sind das relevante Unterstützungen, im Falle einer Abwärtsbewegung handelt es sich um relevante Widerstände.

Retracements sind folgendermaßen gekennzeichnet:

- Zwei Ankerpunkte: ein Swing-High und ein Swing-Low.
- Die Retracement-Ratios sind die zweistelligen unter 100 %.
- Die Korrektur endet innerhalb der Aufwärtsbewegung $\overline{XA}$ (Abbildung 92), beziehungsweise innerhalb der Abwärtsbewegung $\overline{XA}$ (Abbildung 93).
- Die wichtigsten Ratios sind die 38,2 %, 50 % und 61,8 %.
- Die 78,6 % sind die *Last Line of Defense,* die letzte Verteidigungslinie der Bullen in einer Aufwärtsbewegung und die der Bären in einer Abwärtsbewegung.
- Eher selten anzutreffen sind die 23,6 %, das entspricht einer schwachen Korrektur.

Extensionen – auch für die Extensionen werden zwei Ankerpunkte benötigt: ein Swing-High und ein Swing-Low. In einer Aufwärtsbewegung wird zuerst ein Swing-Low und dann ein Swing-High ausgebildet, bei einer Abwärtsbewegung verhält es sich umgekehrt. Eine Extension hat den Charakter einer überschießenden Korrektur. Bei Elliott-Waves wird mit dieser Variante das Kursziel einer überschießenden Welle B in einem Expanded Flat berechnet. Die zugehörigen Ratios sind die Zahlen über 100.

Extensionen sind folgendermaßen gekennzeichnet:

- Zwei Ankerpunkte: ein Swing-High und ein Swing-Low.
- Die überschießende Korrektur endet unter dem Start der Aufwärtsbewegung (Abbildung 92), beziehungsweise über dem Start der Abwärtsbewegung (Abbildung 93) beim 1. Ankerpunkt X.
- Die Extensions-Ratios sind die Zahlen über 100.
- Die wichtigsten Ratios sind 127,2 % und 161,8 %.
- Geht die Ausdehnung darüber hinaus, ist es eher eine neue Trendbewegung als eine überschießende Korrektur.

Die direkte Verwandtschaft dieser beiden Varianten sehen Sie in Abbildung 92 für die vorauslaufende Aufwärtsbewegung $\overline{XA}$ und in Abbildung 93 für eine vorauslaufende Abwärtsbewegung $\overline{XA}$.

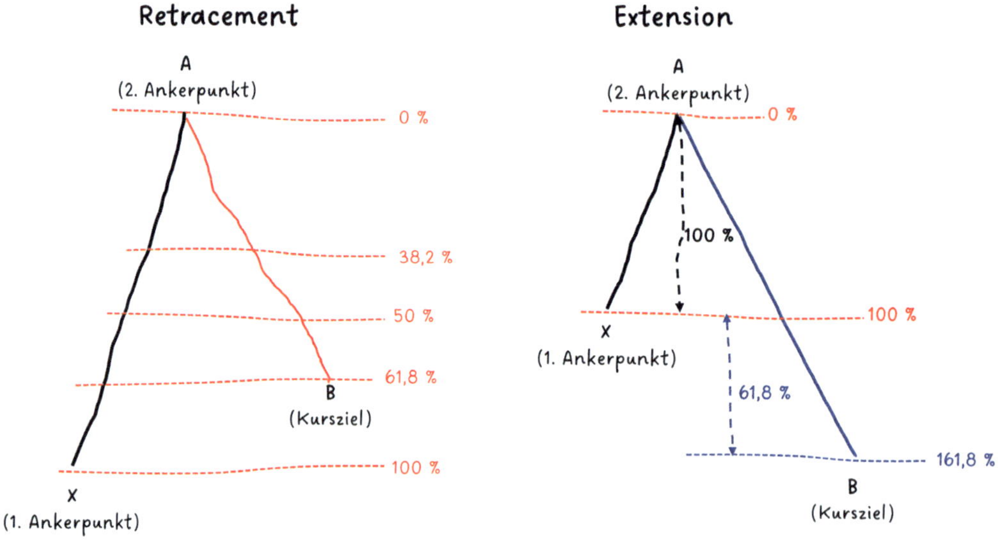

Abbildung 92: Links rote Retracements in einer Aufwärtsbewegung und rechts eine blaue 161,8 %-Extension einer (korrektiven) Abwärtsbewegung. Die vorauslaufende Aufwärtsbewegung ist die Gemeinsamkeit.

In Abbildung 92 sind links rote Retracements und rechts eine blaue 161,8 %-Extension bezogen auf die abgeschlossene Aufwärtsbewegung von $\overline{XA}$ eingezeichnet. Sie sehen: Läuft die Korrektur $\overline{AB}$ aus dem Ruder, sprich erreicht diese die roten 100 % und mehr, dann wird aus der vermeintlichen Korrektur eine Short-Extension.

Bei der abgeschlossenen Abwärtsbewegung $\overline{XA}$ in Abbildung 93 vice versa: Links die roten Retracements und rechts die blaue 127,2 %-Extension. Die Korrektur $\overline{AB}$ läuft deutlich über den 1. Ankerpunkt X = 100 % hinaus. Damit werden die Retracements hinfällig und zur Kurszielbestimmung kann eine Extension angelegt werden.

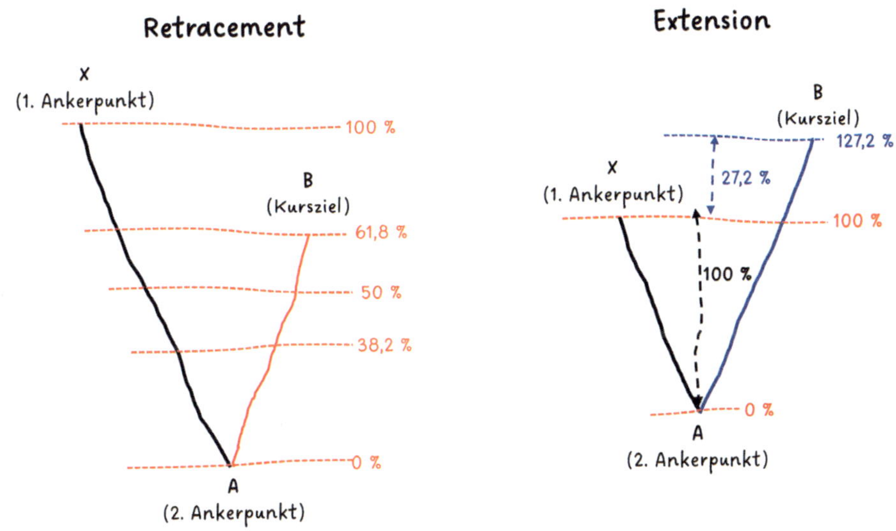

Abbildung 93: Links rote Retracements in einer Abwärtsbewegung und rechts eine blaue 127,2 %-Extension einer (korrektiven) Abwärtsbewegung. Die vorauslaufende Abwärtsbewegung ist die Gemeinsamkeit.

PROJEKTION UND EXPANSION

Bei der Projektion und Expansion geht es um dieselbe Bewegung, für welche in einer Aufwärtsbewegung ein höheres Hoch und in einer Abwärtsbewegung ein tieferes Tief bestimmt wird. Dieses Kursziel C wird nur anders berechnet.

Es handelt sich um zwei Trendbewegungen in derselben Richtung, getrennt durch eine Korrektur. Die erste Trendbewegung ($\overline{XA}$) und die sich anschließende Korrektur ($\overline{AB}$) entsprechen einem Retracement. In Abbildung 94 sind die Long-Variante einer Projektion und Expansion grafisch dargestellt, in Abbildung 95 die Short-Variante.

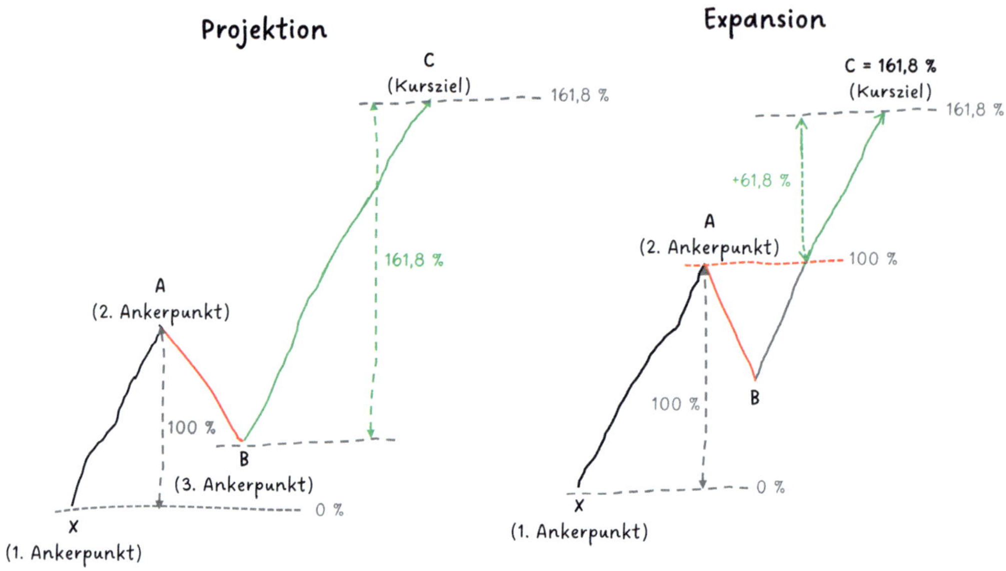

Abbildung 94: Links eine grüne 161,8 % Long-Projektion, rechts eine grüne 161,8 % Long-Expansion.

Der einzige Unterschied bei der Bestimmung des Kurszieles C zwischen der Variante der Projektion und der der Expansion ist die Frage, ob die Korrektur Berücksichtigung findet: bei der Projektion *ja*, bei der Expansion *nein*.

Die Projektion ist die Kurszielbestimmung mit Berücksichtigung der Korrektur.

Projektionen sind folgendermaßen gekennzeichnet:

- Sie benötigen drei Ankerpunkte:
  In einer *Aufwärtsbewegung* (Abbildung 94, links) ein Swing-Low = X, dann ein Swing-High = A, gefolgt von einem dazwischenliegenden höheren Korrektur-Tief = B, das bestenfalls an einem Retracement endet. Dieses Korrektur-Tief B ist der 3. Ankerpunkt und die Basis der grünen Projektion in Trendrichtung, in diesem Fall einer Aufwärtsbewegung.
  Bei einer *Abwärtsbewegung* (Abbildung 95, links) verhält es sich umgekehrt: ein Swing-High = X, dann ein Swing-Low = A und das Korrektur-Hoch = B, das idealerweise an einem Retracement endet. Dieses Korrektur-Hoch B ist der 3. Ankerpunkt und die Basis der grünen Projektion in Trendrichtung, in diesem Fall einer Abwärtsbewegung.
- Die Fibonacci-Ratios für Projektionen liegen über 100.
- Die wichtigsten Ratios sind 100 %, 127,2 % und 161,8 %.
- Eher selten kommen 261,8 % und 423,6 %-Projektionen vor.
- Die Referenzstrecke ist die Strecke $\overline{XA}$ = 100 %, vom 1. zum 2. Ankerpunkt.

- Werden diese 100 % zum Beispiel mit 1,618 multipliziert, und wird diese Strecke dann am Ende der Korrektur = dem 3. Ankerpunkt B nach oben (bei Long) beziehungsweise nach unten (bei Short) abgetragen, ergibt das 161,8 % Kursziel C.
- Werden diese 100 % mit 1,272 multipliziert, und wird diese Strecke dann am Ende der Korrektur = dem 3. Ankerpunkt B nach oben (bei Long) beziehungsweise nach unten (bei Short) abgetragen, dann ergibt sich das 127,2 %-Kursziel C.

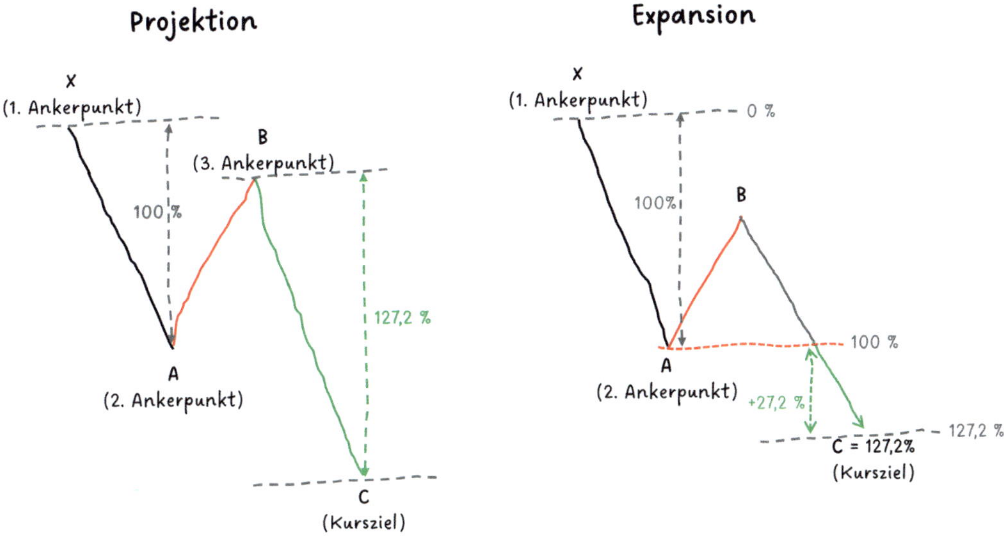

Abbildung 95: Links eine grüne 127,2 %-Short-Projektion, rechts eine graue 127,2 %-Short-Expansion.

Die Expansion ist die Kurszielbestimmung ohne Berücksichtigung der Korrektur.

Expansionen sind folgendermaßen gekennzeichnet:

- Es werden zwei Ankerpunkte benötigt, ein Swing-High = X und ein Swing-Low = A.
- Die Referenzstrecke ist ebenfalls die Strecke $\overline{XA}$ = 100 %, vom 1. zum 2. Ankerpunkt.
- Werden diese 100 % mit 0,272 multipliziert und am 2. Ankerpunkt A nach oben (bei Long) beziehungsweise nach unten (bei Short, Abbildung 95, rechts) abgetragen, ergibt das 127,2 %-Kursziel.
- Werden diese 100 % mit 0,618 multipliziert und am 2. Ankerpunkt A nach oben (bei Long, Abbildung 94, rechts) beziehungsweise nach unten (bei Short) abgetragen, dann ergibt sich das 161,8 % Kursziel C.
- Die Korrektur $\overline{AB}$ wird bei der Bestimmung vom Kursziel C also *nicht* berücksichtigt.

Welche Variante wann verwenden?

Hier noch mal alle Varianten auf einen Blick (Abbildung 99):

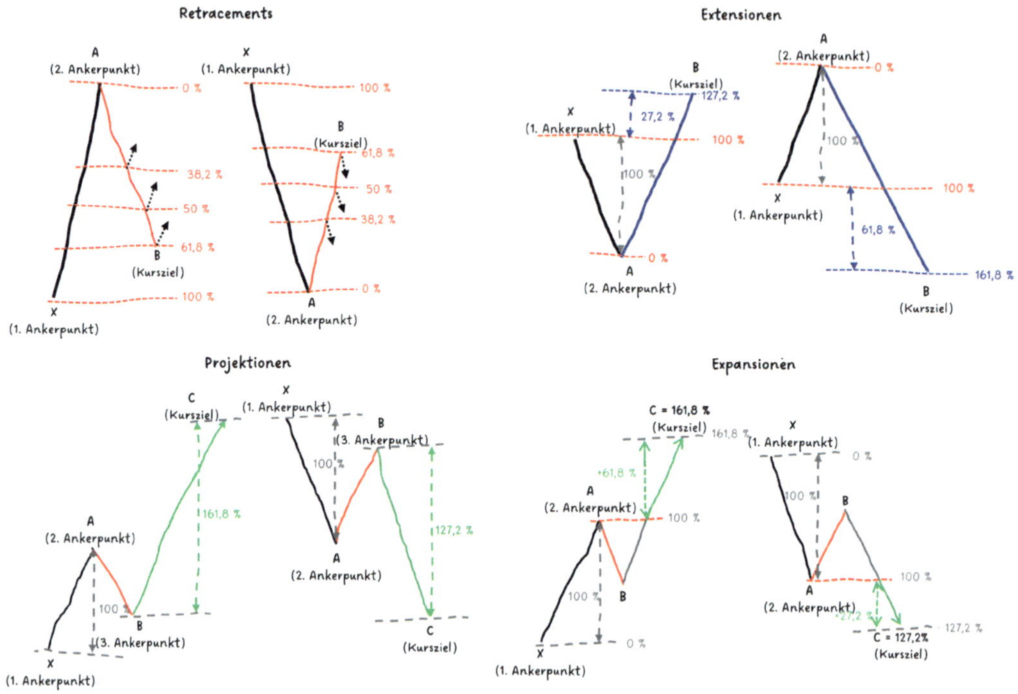

Abbildung 96: Alle vier Varianten der Fibonacci-Kurszielbestimmung in der Long- und Short-Variante. Oben links in Rot die Retracements, oben rechts in Blau die Extensionen, unten links in Grün die Projektionen und unten rechts in die Grau die Expansionen.

Ein **Retracement** wird in eine *abgeschlossene* Bewegung angelegt, sobald eine Korrektur dieser Bewegung erwartet wird.

Gleiches gilt für die **Extension**: Läuft die Korrektur einer abgeschlossenen Bewegung aus dem Ruder, können Extensionen für die Kurszielbestimmung verwendet werden.

Bei der **Projektion** und **Expansion** sieht die Sache etwas anders aus. Grundsätzlich sind beide Varianten zur Kurszielbestimmung gleichberechtigt. Wer jeden Chart unter Elliott-Wave-Aspekten analysiert, wird seine persönliche Vorliebe für die Variante der Projektion entwickeln. Wer zum Beispiel ein Charttool verwendet, welches eine Projektion nicht mit drei Mausklicks einzeichnet, sondern als Standard nur die Expansion anbietet, der wird entweder das Charttool wechseln oder die Variante der Expansion verwenden.

Für beide Varianten muss eine Trendbewegung mit abgeschlossener Korrektur ausgebildet worden sein, und die durch die Trendbewegung vorgegebene Richtung muss wieder aufgenommen worden sein. Dann können Kursziele berechnet werden.

Zum Abschluss in Abbildung 97 noch eine weitere grafische Darstellung der vier Varianten konzentriert auf das Wesentliche.

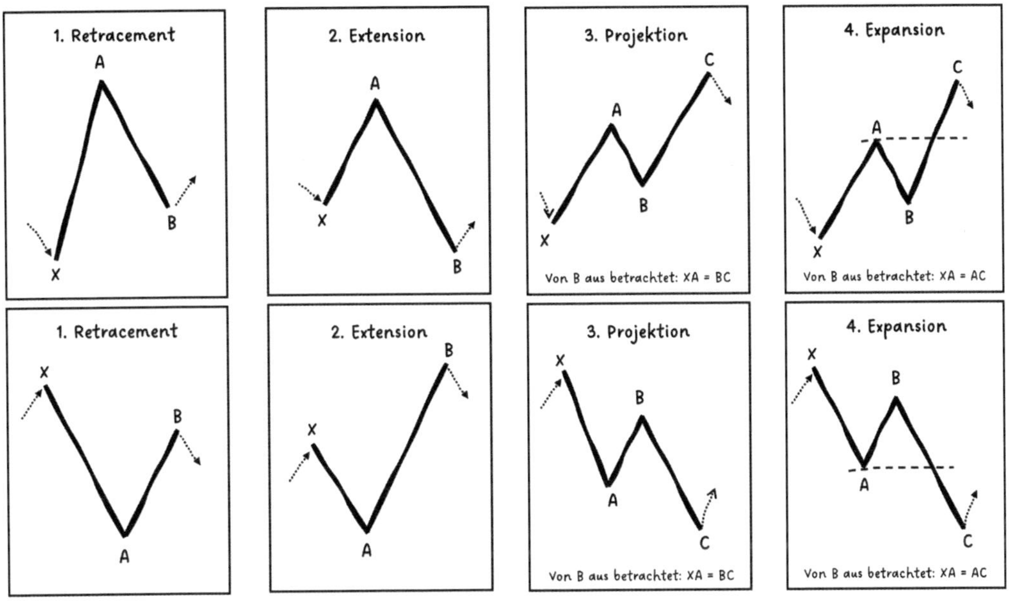

Abbildung 97: Alle vier Varianten der Fibonacci-Kurszielbestimmung in der Long- und der Short-Variante. Reduzierte schematische Darstellung.

Repetition is the mother of skill – »Können kommt von Wiederholung« …

Projektion oder Expansion?

Bei diesen beiden Varianten gibt es kein Falsch oder Richtig.

Studieren Sie die historischen Charts Ihrer bevorzugten Underlyings in Ihrem bevorzugten Zeitfenster und zu Ihrer bevorzugten Handelszeit und werten Sie aus, ob die Variante der Projektion oder der Expansion besser »funktioniert« hat. Die Wahrscheinlichkeit, dass die in der Vergangenheit von den anderen Marktteilnehmern angewendete Methode auch in der Zukunft verwendet wird, ist hoch.

Wie alle vier Varianten nahtlos ineinander übergehen, sehen Sie bei der Aktie der Fresenius Medical Care AG (Abbildung 98): 50 %-Retracement – 127,2 %-Extension – 23,6 %-Retracement – 200 %-Projektion – 100 %-Projektion, 161,8 %-Extension und eine 261,8 %-Expansion … alle Varianten hintereinander und alle Ratios sehr genau getroffen.

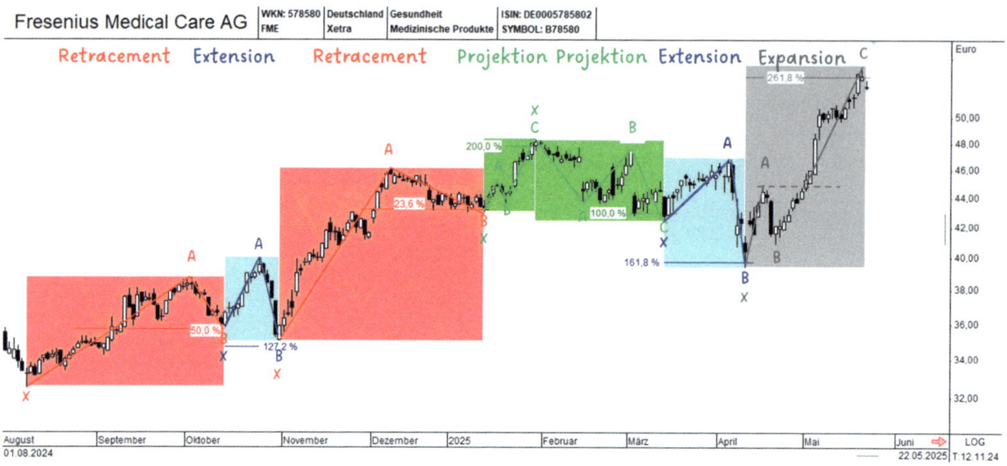

Abbildung 98: Fresenius Medical Care AG im Tageschart, XETRA. Quelle: TAI-PAN

4.8 ZUSAMMENFASSUNG: ANWENDUNG IN DER PREISACHSE

In diesem Kapitel habe ich Ihnen vier Varianten der Kurszielbestimmung mit Fibonacci-Ratios vorgestellt: Retracements, Projektionen, Expansionen und Extensionen.

Jede Variante hat ihre Daseinsberechtigung und ihre Anhänger. Oftmals ist die bevorzugte Verwendung einer Variante auch abhängig vom verwendeten Charttool. Nicht jedes Charttool kann die vorgestellten Varianten mit wenigen Mausklicks anzeigen.

Die Verwendung von Fibonacci-Ratios in der Zeitachse sind für jeden Trader eine wertvolle Ergänzung. Sowohl im kurzfristigen Zeitfenster als auch bei langfristigen Investments.

KAPITEL 5:

MUSTER MIT FIBONACCI-RATIOS

Finanzmärkte sind ein nicht-lineares System, chaotisch und komplex – und von Menschen gemacht. In der technischen Analyse der Finanzmärkte werden die wichtigsten Marktdaten wie Preis, Zeit und Volumen grafisch aufbereitet. Im Preis sind alle Informationen enthalten. Er spiegelt das Gleichgewicht zwischen Angebot und Nachfrage, den Käufern und Verkäufern wider. Pattern-Trader konzentrieren sich ausschließlich auf die Preisbewegung und analysieren wiederkehrende Muster.

Wir erinnern uns an die beiden Hauptziele der technischen Analyse (Seite 172): Trends erkennen und die Trendumkehr rechtzeitig erkennen. Der Pattern-Trader kann mit seinem Wissen über die Marktstrukturen die Trends ausmachen und die Wendepunkte frühzeitig definieren. Die Muster wiederholen sich in allen Märkten und in allen Zeitebenen, weil Menschen in ähnlichen Situationen vergleichbar reagieren.

Klassische Formationen oder Muster sind zum Beispiel Dreiecke oder eine Kopf-Schulter-Formation. In diesem Buch stelle ich Ihnen jedoch *harmonische Pattern* vor. Das sind Muster, deren einzelne Segmente in spezifischen Fibonacci-Ratios zueinander ausgebildet werden.

Beim Pattern-Trading werden Formationen während ihrer Entstehung identifiziert und nach deren Vollendung wird gehandelt. Es gibt Formationen in den Varianten

- Trendfortsetzung oder auch Continuation Patterns und
- Umkehrformationen oder auch Reversal Patterns.

Jedes Muster besitzt sein eindeutiges Setup, spezifische Einstiegs- und Ausstiegssignale sowie definierte Stop-Loss-Marken.

Das grundlegende Muster, auf dem die in diesem Kapitel vorgestellten Formationen basieren, ist das sogenannte ABC- oder 1-2-3-Muster (ab Seite 126). In diesem Kapitel werde ich Ihnen vier harmonische Pattern zeigen, die eben in Kombination mit der Anwendung von Fibonacci-Ratios eine hohe Trefferquote bieten.

- Die Bezeichnung *bullishes Pattern* impliziert, dass nach Beendigung des Musters eine Long-Position eröffnet wird.
- Die Bezeichnung *bearishes Pattern* impliziert, dass nach Beendigung des Musters eine Short-Position eröffnet wird.

5.1 ABC-PATTERN ODER 1-2-3-MUSTER

Das ABC-Pattern oder 1-2-3-Muster (Abbildung 99) besteht aus drei Punkten und zwei Segmenten und ist die direkte Umsetzung der Fibonacci-Kurszielbestimmungen in eine Handelsanweisung. Es wird ein Retracement (ab Seite 42) mit einer Projektion (ab Seite 69) oder einer Expansion (ab Seite 87) kombiniert. Die Fibonacci-Ratios sind so eingezeichnet, wie die Pattern in der angelsächsischen Literatur beschriftet werden:

- In die abgeschlossene Bewegung $\overline{AB}$ wird ein Retracement angelegt. Die Zahlen 0,382, 0,50, 0,618 und 0,786 an der gepunkteten Linie $\overline{AC}$ entsprechen den Fibonacci-Ratios, um welche die Bewegung $\overline{AB}$ durch $\overline{BC}$ korrigiert werden kann.
- In der Regel endet die Korrektur am 38,2 %-, 50 %- oder 61,8 %-Retracement. Bei einer starken Trendbewegung kann die Korrektur auch nur 23,6 % betragen. Bei einer kräftigen Korrektur können 78,6 % oder sogar 100 % (= Doppelter Boden oder Doppeltop) der Bewegung $\overline{AB}$ erreicht werden. Der Punkt C darf allerdings nicht unter (bullish) beziehungsweise über (bearish) dem Punkt A notieren. Dann gilt das Muster als gescheitert.
- Bei der bullishen Variante (linke Grafik in Abbildung 99) wird am Punkt C eine Long-Position eröffnet, bei der bearishen Variante (rechte Grafik in Abbildung 99) eine Short-Position.
- Die Zahlen 1,00, 1,272 und 1,618 an der gestrichelten Linie von C nach D entsprechen den Fibonacci-Ratios für die Kurszielberechnung von Punkt D mit der Variante der Projektion. Zu sehen ist das an der Beschriftung der gestrichelten Linie $\overline{CD}$: *1,0 – 1,618 (AB)*.

Wie ABC-Pattern erkannt und gehandelt werden, wird anhand der bullishen und der bearishen Variante des ABC-Pattern erläutert.

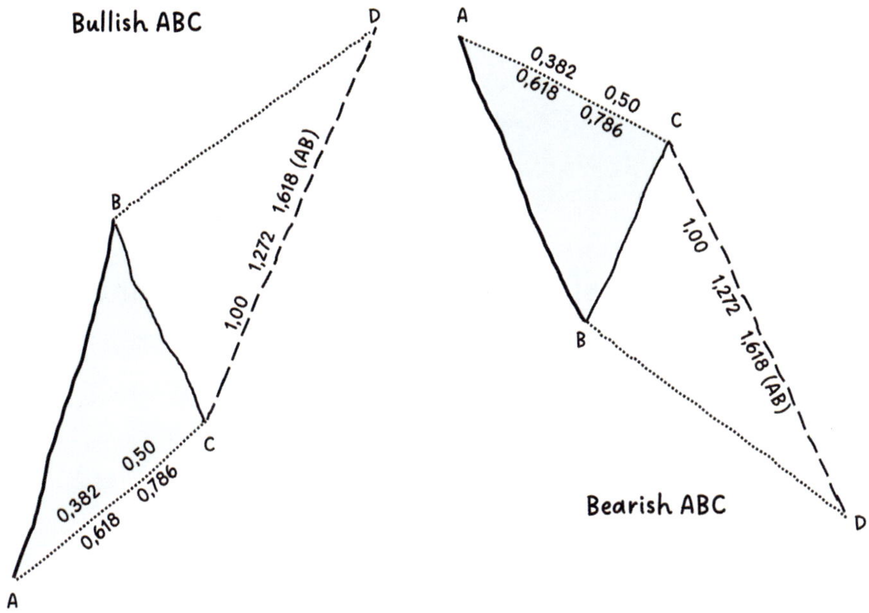

Abbildung 99: Bullish ABC-Pattern links, bearish ABC-Pattern rechts. Das Kursziel bei Punkt D wird in diesem Beispiel mit der Variante der Projektion berechnet.

BULLISH ABC-PATTERN

Wie Sie ein bullish ABC-Pattern handeln können, ist in Abbildung 100 dargestellt:

- Die aufwärtsgerichtete Trendbewegung vom Swing-Tief A zum Swing-Hoch B wird durch $\overline{BC}$ bis zum Korrektur-Tief C korrigiert.
- Die abwärtsgerichtete Korrektur $\overline{BC}$ endet an einem Fibonacci-Ratio. Oft bildet sich am Korrektur-Tief C eine Candlestick-Umkehrformation aus. Die durch $\overline{AB}$ vorgegebene Trendrichtung wird wieder aufgenommen durch $\overline{CD}$.
- Es gibt (unter anderem) drei Möglichkeiten, eine Long-Position zu eröffnen:
  Einstieg 1: Direkt nach der Umkehr am Korrektur-Tief C, wenn zum Beispiel eine Candlestick-Umkehrformation ausgebildet wurde.
  Einstieg 2: Sobald $\overline{BC}$ ihrerseits um mindestens 61,8 % korrigiert wurde (auf Schlusskursbasis).
  Einstieg 3: Sobald ein höheres Hoch ausgebildet wurde, der Kurs also über das Swing-Hoch B gestiegen ist (auf Schlusskursbasis).
- Der großzügige Stop-Loss 1 mit dem größeren Risiko und auch potenziell höherem Verlust wird knapp unter das Swing-Tief A platziert.

- Der enge und auch billigere Stop-Loss 2 wird wenige Punkte unterhalb vom Korrektur-Tief C platziert.
- Das Kursziel D kann mit der Variante der Projektion oder Expansion bestimmt werden.
- Der Take-Profit wird nahe am Kursziel D platziert.

Die verschiedenen Einstiegsniveaus können auch zum Aufstocken einer bestehenden Position verwendet werden.

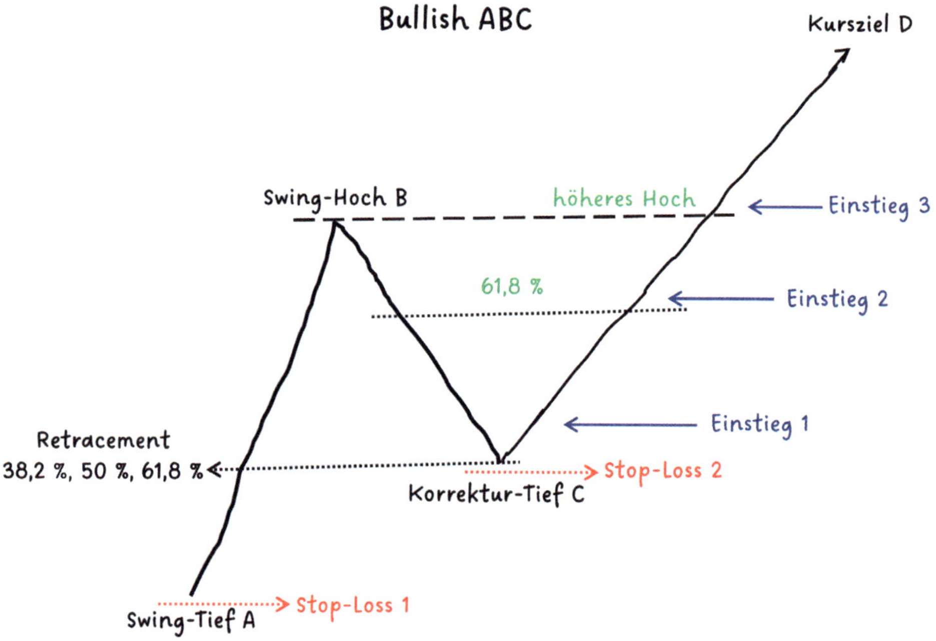

Abbildung 100: Mögliche Einstiegs- und Stopp-Loss-Varianten beim bullish ABC-Pattern

- Über das Muster können auch die Stops bestimmt werden. Stops sind wichtig zur Verlustbegrenzung. Oberste Priorität hat der Schutz des Trading-Kapitals! Denn im Verlustfall ist die Mathematik gegen Sie: Machen Sie 10 % Verlust, müssen Sie mit gleichem Einsatz 11 % Gewinn machen, um wieder die schwarze Null zu erreichen. Das hört sich harmlos an, kann aber durchaus schwierig werden. Ein Verlust von 50 % bedeutet, dass Sie mit gleichem Einsatz 100 % Gewinn machen müssen, um Ihre Verluste auszugleichen!

RISK- UND MONEY-MANAGEMENT ...

... ist nicht Thema dieses Fibonacci-Buches und sprengt auch dessen Rahmen! Ist aber für das langfristige Überleben und stetige Wachstum des Depots absolut notwendig. Bitte informieren Sie sich mithilfe der entsprechenden Fachliteratur oder über Seminare oder Webinare. Und nicht nur *informieren*, auch *anwenden*!

Es ist die ganz persönliche Entscheidung des Traders, welchen Einstieg, welchen Stop-Loss und welche Variante der Kurszielbestimmung er wählt. Dies sollte zum Beispiel in Abhängigkeit von der Risikoneigung, Kontogröße und den gehandelten Produkten erfolgen.

BEARISH ABC-PATTERN

Wie ein bearish ABC-Pattern gehandelt wird, ist in Abbildung 101 dargestellt:

- Die abwärtsgerichtete Trendbewegung $\overline{AB}$ wird durch $\overline{BC}$ korrigiert.
- Die aufwärtsgerichtete Korrektur $\overline{BC}$ endet an einem Fibonacci-Ratio. Es werden Umkehrsignale ausgebildet. Die durch $\overline{AB}$ vorgegebene Trendrichtung wird wieder aufgenommen durch $\overline{CD}$.
- Es gibt (unter anderem) drei Möglichkeiten, Short-Positionen zu eröffnen:
  Einstieg 1: Direkt nach der Umkehr an Korrektur-Hoch C.
  Einstieg 2: Sobald $\overline{BC}$ um mindestens 61,8 % korrigiert wurde.
  Einstieg 3: Sobald ein tieferes Tief gebildet wurde, der Kurs also unter das Swing-Tief B gefallen ist.

Die verschiedenen Einstiegsniveaus können auch zum Aufstocken der Position verwendet werden.

- Der großzügige Stop-Loss 1 wird knapp über das Swing-Hoch A gelegt.
- Der enge Stop-Loss 2 wird knapp über das Korrektur-Hoch C gelegt.
- Das Kursziel D kann mit der Variante der Projektion oder Expansion bestimmt werden.
- Der Take-Profit wird nahe am Kursziel D platziert.

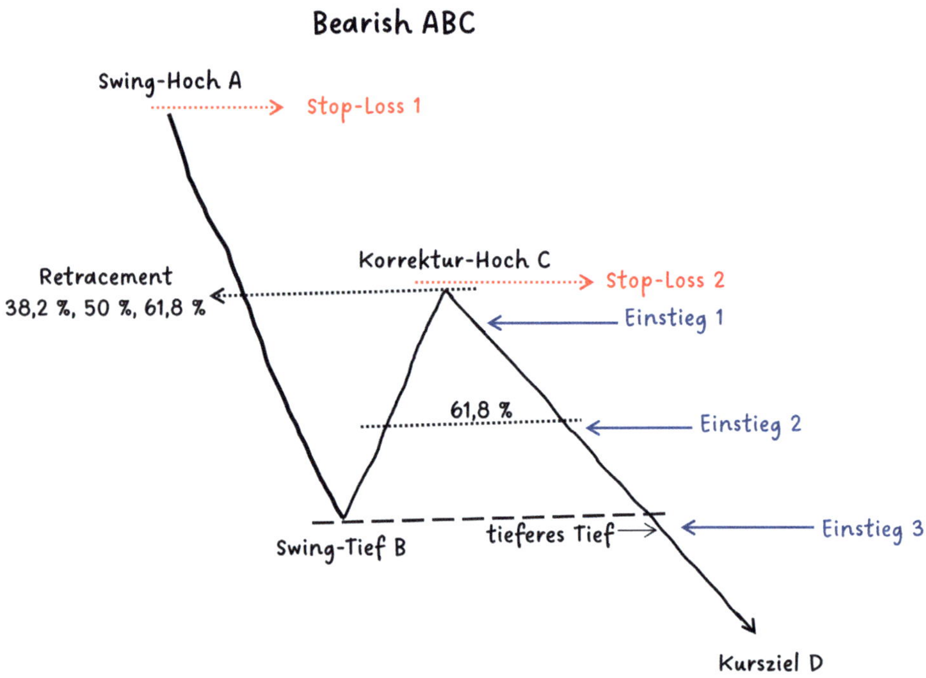

Abbildung 101: Mögliche Einstiegs- und Stopp-Loss-Varianten beim bearish ABC-Pattern

Praktische Anwendung

Das ABC-Pattern besteht aus drei Punkten und zwei Segmenten. Die Aufwärts- oder Abwärtsbewegung wird an einem Retracement korrigiert, anschließend wird die ursprüngliche Richtung wieder aufgenommen. Das mögliche Kursziel wird über die Variante der Fibonacci-Projektion oder Fibonacci-Expansion berechnet. Mögliche Einstiege, Stops zur Verlustbegrenzung und Gewinnmitnahmen sind entsprechend der persönlichen Risikoneigung, Kontogröße und des gehandelten Produkts klar definiert.

Es handelt sich um ein einfaches, dennoch gut funktionierendes Muster. Es kann als eine Art Blaupause für die Planung von Einstiegen verwendet werden. Oft wird es kombiniert mit Oszillatoren oder Indikatoren, Candlestick-Formationen, klassischen Chartpattern, Elliott-Waves oder auch Market Profile oder Volume Profile.

5.2 ABCD-PATTERN

Das ABCD-Pattern (Abbildung 102) entsteht, wenn das ABC-Pattern (Abbildung 99) an Punkt D, dem Kursziel, beendet wird. Die Gewinne sind mitgenommen und der Markt dreht. Es besteht aus vier Punkten und drei Segmenten.

- Bei der bullishen Variante wird am Punkt D eine Long-Position eröffnet.
- Bei der bearishen Variante wird an Punkt D eine Short-Position eröffnet.
- Der Punkt D kann mit den drei Varianten Projektion, Expansion oder Extension berechnet werden.

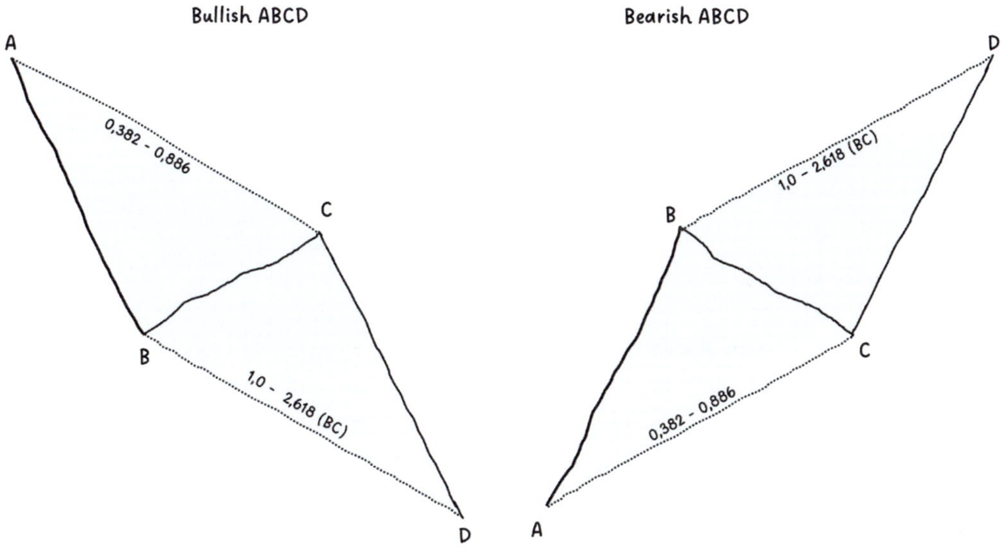

Abbildung 102: bullish ABCD-Pattern links, bearish ABCD-Pattern rechts

In den in Abbildung 103 und Abbildung 104 gezeigten Beispielen wird Punkt D nach der Variante der Extension (ab Seite 121) berechnet. Zu sehen ist das an der Beschriftung der gepunkteten Strecke $\overline{BD}$: *1,0 – 2,618 (BC)*. Die Strecke $\overline{BC}$ extensiert bis zum Punkt D um 100 % oder 127,2 % oder 161,8 % oder 200 % oder 261,8 %. Klar – in sehr starken Märkten können auch die 423,6 % oder mehr erreicht werden. Das ist aber eher selten der Fall.

BULLISH ABCD-PATTERN

Betrachten wir als Erstes Abbildung 103, die grafische Darstellung eines bullish ABCD-Pattern.

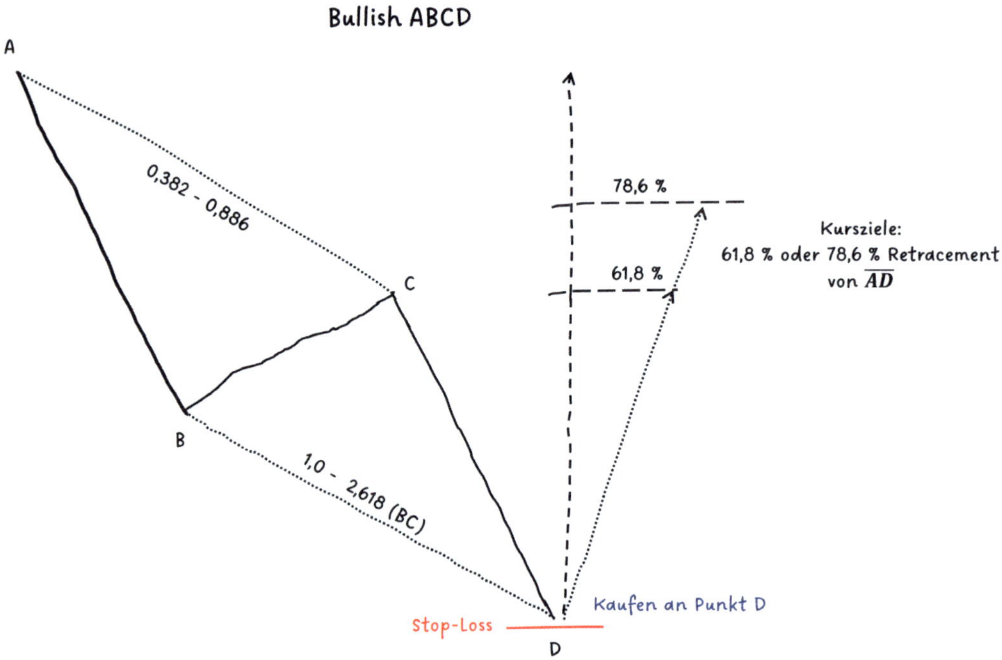

Abbildung 103: bullish ABCD-Pattern

Das bullish ABCD-Pattern besteht aus drei Segmenten: $\overline{AB}$, $\overline{BC}$ und $\overline{CD}$, wobei der Beginn des Musters beim Hoch an Punkt A liegt. Dieses Hoch kann am Ende eines primären Aufwärtstrends ausgebildet worden sein, zum Beispiel ein Allzeithoch und damit ein sehr bedeutendes oder auch signifikantes Hoch. Es kann aber auch ein untergeordnetes Hoch sein, weil es am Ende eines sekundären oder tertiären Aufwärtstrends ausgebildet wurde (siehe Dow-Theorie, Anhang II, Seite 172). Dieses bullishe ABCD-Pattern entspricht einem ZigZag-Korrekturmuster von Elliott-Waves (siehe Anhang V – Elliott-Waves-Principle, Seite 180). An Punkt D wird eine Long-Position eröffnet – das impliziert auch die Bezeichnung »bullishes« Muster.

Hier die Regeln für das bullish ABCD-Pattern mit den Fibonacci-Verhältnissen:

- Der Punkt A ist ein Swing-Hoch, Punkt B ist ein Swing-Tief. In diesem Segment $\overline{AB}$ gibt es kein höheres Hoch als A und kein tieferes Tief als B.
- Punkt C liegt über Punkt B und unter Punkt A. Im klassischen Fall wird der Punkt C an einem 38,2 %-, 50 %- oder 61,8 %-Retracement von $\overline{AB}$ ausgebildet. In einem starken Markt (in Richtung von $\overline{AB}$) kann die Korrektur auch nur 23,6 % betragen. Bei einer starken Korrektur werden die 78,6 % oder 88,6 % erreicht. Im seltenen Fall kann auch ein Doppeltop ausgebildet werden.
- Nach Punkt C wird wieder die von $\overline{AB}$ vorgegebene Richtung aufgenommen.

- Es kann ein Trendkanal (Abbildung 15, Seite 30) konstruiert werden: Zuerst wird eine Trendlinie von A nach C eingezeichnet, dann wird eine Parallele durch den Punkt B gelegt. Mit diesem Trendkanal kann die ungefähre Lage von Punkt D prognostiziert werden.
- Punkt D liegt unterhalb von Punkt B – es wird also ein tieferes Tief ausgebildet.
- Im Segment $\overline{CD}$ gibt es kein höheres Hoch als C und kein tieferes Tief als D.
- Im idealen, symmetrischen Fall hat $\overline{CD}$ in Preis und Zeit die gleiche Ausdehnung wie $\overline{AB}$ – das klassische AB = CD Pattern.
- $\overline{CD}$ kann auch 127,2 %, 161,8 % oder 200 % (oder mehr) von $\overline{BC}$ (mit der Variante der Expansion) erreichen.
- Werden im Segment $\overline{CD}$ Kurslücken (Gaps) und/oder besonders lange Kerzen ausgebildet, dann sind das Anzeichen für eine starke Trendbewegung. In diesem Fall kann $\overline{CD}$ 161,8 % oder 261,8 % (oder auch mehr) von $\overline{BC}$ erreichen.
- Wird die untere Kanalbegrenzung erreicht und zum Beispiel eine Candlestick-Umkehrformation ausgebildet, ist der Zeitpunkt zum Handeln gekommen: An Punkt D wird eine Long-Position eröffnet. Der Stop-Loss wird knapp unter Punkt D platziert. Das Kursziel berechnet sich über das gesamte Segment $\overline{AD}$, an dem Fibonacci-Retracements angelegt werden. Larry Pesavento *(Chartmuster richtig analysieren und bewerten)* bevorzugt als erstes Kursziel das 61,8 %-Retracement und als zweites Kursziel das 78,6 %-Retracement von $\overline{AD}$.

BEARISH ABCD-PATTERN

Die Grafik in Abbildung 104 zeigt ein bearish ABCD-Pattern.

Hier die Regeln für das bearish ABCD-Pattern mit den Fibonacci-Verhältnissen:

- Der Punkt A ist ein Swing-Tief, Punkt B ist ein Swing-Hoch. In diesem Segment $\overline{AB}$ gibt es kein tieferes Tief als A und kein höheres Hoch als B.
- Punkt C liegt unter Punkt B und über Punkt A. Im klassischen Fall wird der Punkt C an einem 38,2 %-, 50 %- oder 61,8 %-Retracement von $\overline{AB}$ ausgebildet. In einem starken Markt (in Richtung von $\overline{AB}$) kann die Korrektur auch nur 23,6 % betragen. Bei einer starken Korrektur werden 78,6 % oder 88,6 % erreicht. Im seltenen Fall kann ein doppelter Boden ausgebildet werden.
- Nach Punkt C wird wieder die von $\overline{AB}$ vorgegebene Richtung aufgenommen.
- Es kann ein Trendkanal (Abbildung 15, Seite 30) konstruiert werden: Zuerst wird eine Trendlinie von A nach C eingezeichnet, dann wird eine Parallele durch den Punkt B gelegt. Mit diesem Trendkanal kann die ungefähre Lage von Punkt D prognostiziert werden.
- Punkt D liegt oberhalb von Punkt B – es wird also ein höheres Hoch ausgebildet.
- Im Segment $\overline{CD}$ gibt es kein tieferes Tief als C und kein höheres Hoch als D.

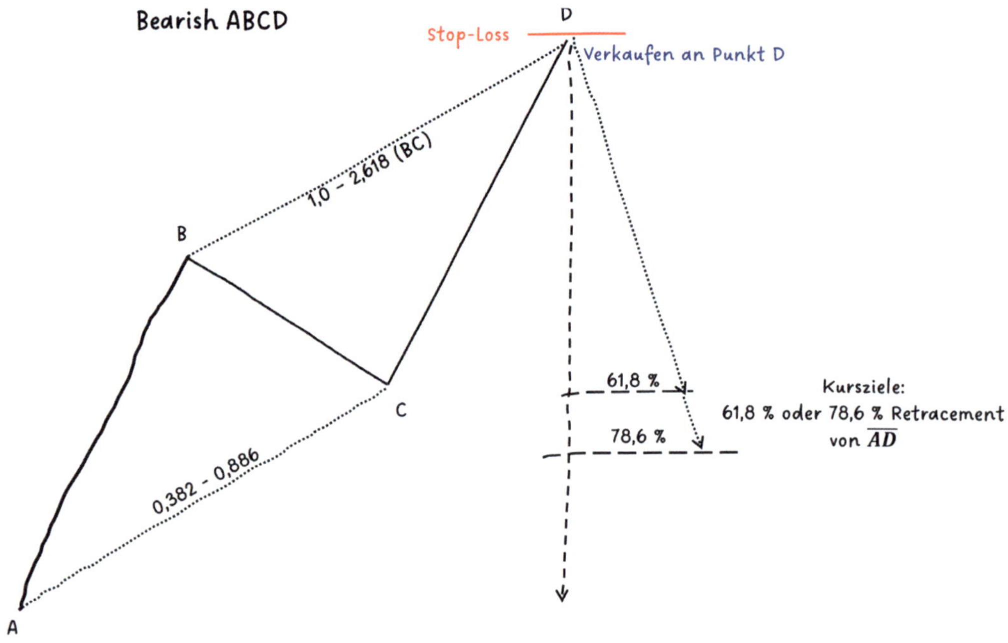

Abbildung 104: bearish ABCD-Pattern

- Im idealen, symmetrischen Fall hat $\overline{CD}$ in Preis und Zeit die gleiche Ausdehnung wie $\overline{AB}$ – auch hier ein klassisches AB = CD Pattern.
- $\overline{CD}$ kann 127,2 %, 161,8 % oder 200 % (oder mehr) von $\overline{BC}$ (mit der Variante der Expansion) erreichen.
- Werden im Segment $\overline{CD}$ Kurslücken (Gaps) und/oder besonders lange Kerzen ausgebildet, dann sind das Anzeichen für eine starke Trendbewegung. In diesem Fall kann $\overline{CD}$ 161,8 % oder 261,8 % (oder auch mehr) von $\overline{BC}$ erreichen.
- Wird die obere Kanalbegrenzung erreicht und zum Beispiel eine Candlestick-Umkehrformation ausgebildet, ist der Zeitpunkt zum Handeln gekommen: An Punkt D wird eine Short-Position eröffnet. Der Stop-Loss wird knapp über Punkt D platziert. Das Kursziel berechnet sich über das gesamte Segment $\overline{AD}$, an dem Fibonacci-Retracements angelegt werden. Larry Pesavento (Chartmuster richtig analysieren und bewerten) bevorzugt als erstes Kursziel das 61,8 %-Retracement und als zweites Kursziel das 78,6 %-Retracement von $\overline{AD}$.

Praktische Anwendung

Das ABCD-Pattern besteht aus den vier Punkten ABCD und drei Segmenten $\overline{AB}$, $\overline{BC}$ und $\overline{CD}$. Es handelt sich um das Basispattern für die harmonischen Patterns. Eine Aufwärts- oder Abwärtsbewegung wird an einem Retracement korrigiert, anschließend wird die ursprüngliche Richtung wieder aufgenommen. Das mögliche Kursziel wird in der Regel über das Retracement der gesamten Bewegung berechnet.

5.3 GARTLEY-PATTERN

Harold M. Gartley (1899–1972) hat in seinem Börsenklassiker *Profits in the Stock Market* das nach ihm benannte »Gartley-Pattern« beschrieben.

Harold M. Gartley wurde 1899 in Newark, New Jersey, geboren. An der New York University machte er seinen Bachelor-Abschluss in Commercial Science und seinen Master in Business Administration. An der Wall Street lernte er das Börsengeschäft von der Pike auf. Er war unter anderem Händler, Analyst und Ausbilder. Seine Lehrgangsunterlagen, eine Art Ringbuch mit dem Titel *Profits in the Stock Market,* veröffentlichte er 1935 – das Stück für 1.500 $. Zur damaligen Zeit konnte man sich dafür immerhin drei Autos der Marke Ford kaufen! Das umfangreiche Lernmaterial beinhaltete Wissenswertes über Trends, die Dow-Theorie, Dreiecke, gleitende Durchschnitte, Kurslücken (Gaps) und über Patterns.

Abbildung 105: Eigene Darstellung von Gartleys Grafik von Seite 222 aus seinem Buch Profits in the Stock Market

Da das sogenannte Gartley-Pattern auf Seite 222 des Buches *Profits in the Stock Market* beschrieben wird, wird es auch als »Gartley 222« bezeichnet.

Das Gartley-Pattern, wie wir es heute kennen und traden, ist eine Kombination aus Gartleys Grafik und Fibonacci-Ratios (Abbildung 106). Die innovative Erweiterung mit Fibonacci-Ratios wurde in den 1990er-Jahren von Larry Pesavento entwickelt. Seine statistischen Auswertungen belegen eine Trefferquote von 70 % von seinem weiterentwickelten Gartley-Pattern. Er schreibt,in seinem Buch »Chartmuster richtig analysieren und bewerten«, dass dieses Pattern eines der besten sei, das er je gefunden habe: »Dieses Pattern zeigt, warum es nicht notwendig ist, sich auf die

Tops oder Böden zu konzentrieren. Es genügt auf das erste ›222‹ Pattern zu warten, das nach der Ausbildung eines Tops oder eines Bodens folgt.«

GRUNDSÄTZLICHES ZUM GARTLEY-PATTERN:

Das Gartley-Pattern (Abbildung 106) ist ein Trend-Fortsetzungspattern. Die Trendrichtung wird von $\overline{XA}$ vorgegeben. Diese Trendbewegung wird mit einer dreiteiligen Korrektur, einem ABCD-Pattern, korrigiert. Dabei darf in der bullishen Variante der Punkt X nicht unterschritten und in der bearishen Variante der Punkt X nicht überschritten werden. Wird die PRZ = *Price Reversal Zone* = Punkt D erreicht, wird in Richtung des übergeordneten Trends (= die Richtung von $\overline{XA}$) gehandelt. Da hier in Trendrichtung gehandelt wird, sind die 61,8 % und 78,6 % der Strecke $\overline{AD}$ realistische und damit erreichbare Kursziele.

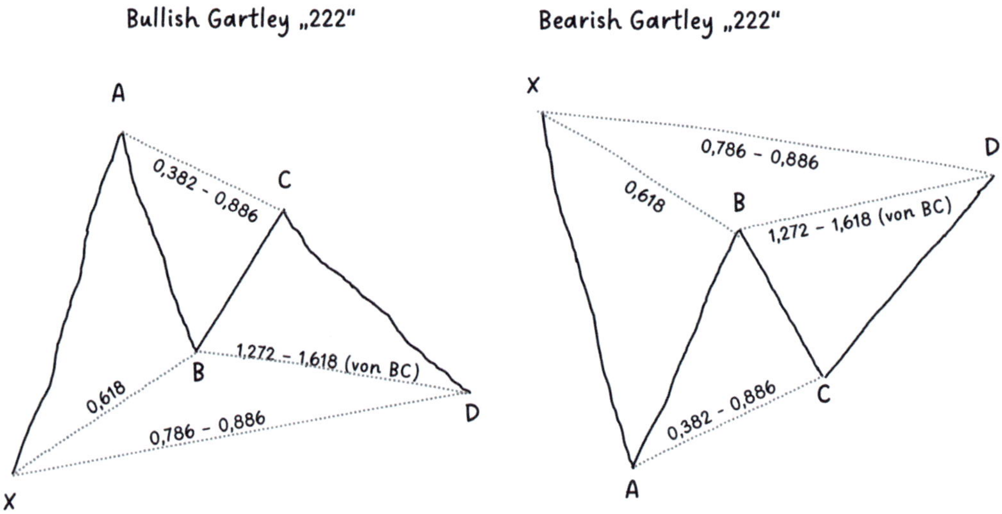

Abbildung 106: links das bullish Gartley, rechts das bearish Gartley

BULLISH GARTLEY-PATTERN

Die bullishe Variante des Gartley-Pattern ist in Abbildung 107 dargestellt. In einem primären Trend kann X ein signifikantes Tief sein. Der Punkt X kann aber genauso ein untergeordneter Tiefpunkt sein.

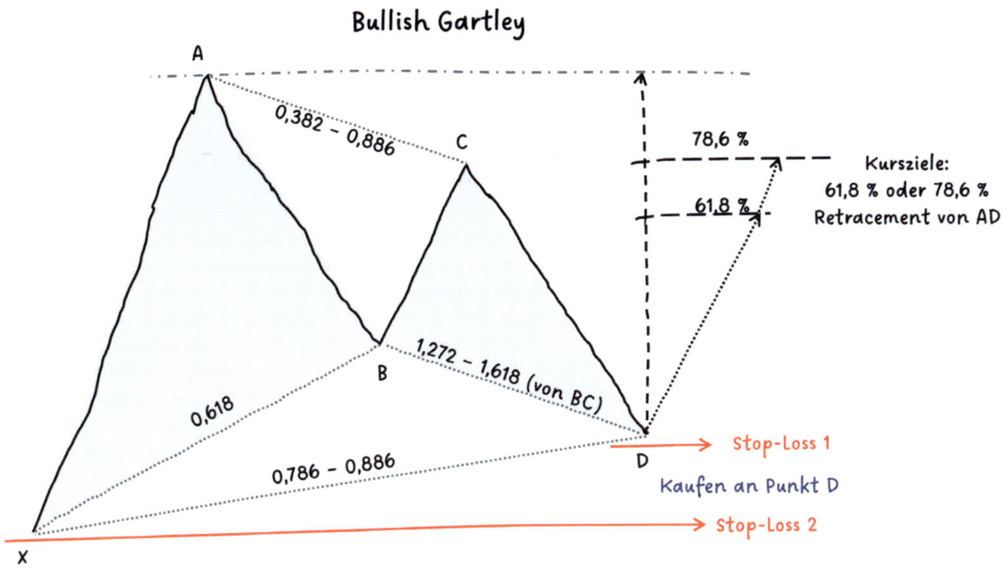

Abbildung 107: bullish Gartley-Pattern

- Das **bullish Gartley** beginnt mit der Aufwärtsbewegung $\overline{XA}$.
- Punkt B wird am 61,8 %-Retracement von $\overline{XA}$ ausgebildet.
  Je präziser dieses Retracement erreicht wird, desto zuverlässiger funktioniert das Pattern!
- Beim Punkt C ist mehr Flexibilität erlaubt. Er liegt zwischen dem 38,2 %- und dem 88,6 %-Retracement von $\overline{AB}$.
- Die Einstiegszone D für den Trade bildet sich an folgenden Fibonacci-Clustern:
  - Als Extension von $\overline{BC}$ von 127,2 % bis 161,8 % und
  - als Retracement bezogen auf $\overline{XA}$ von 78,6 % bis 88,6 %.
- Je mehr Fibonacci-Level an einem Punkt zusammenkommen, desto valider ist das Signal.In der *Price Reversal Zone* D wird dann die Long-Position eröffnet.
- Der enge Stop-Loss 1 liegt unter Punkt D, der großzügige und auch empfohlene Stop-Loss 2 knapp unter Punkt X.
- Take-Profits: Die sicheren Kursziele liegen zwischen dem 38,2 %- und dem 50 %-Retracement von $\overline{AD}$.
  Da das Gartley-Pattern ein Trend-Fortsetzungspattern ist, werden aber auch häufig das 61,8 %- und 78,6 %-Retracement von $\overline{AD}$ erreicht.

Dieses Muster wird ungültig, wenn:

- Punkt B unter den Beginn des Musters bei Punkt X fällt.
- Punkt C über den Punkt A steigt. Es kann allerdings mit A und C ein Doppeltop gebildet werden, und zwar in dem Fall, wenn die Segmente $\overline{BC}$ und $\overline{AB}$ gleich lang sind.

- Punkt D unter den Beginn des Musters beim Punkt X fällt.

In der Realität sieht ein bullish Gartley zum Beispiel so aus wie in Abbildung 108 beim Währungspaar EURUSD. Es ist ein bullishes Monster-Gartley im Quartalschart. Der Punkt X wurde gebildet vom Tief 2001.

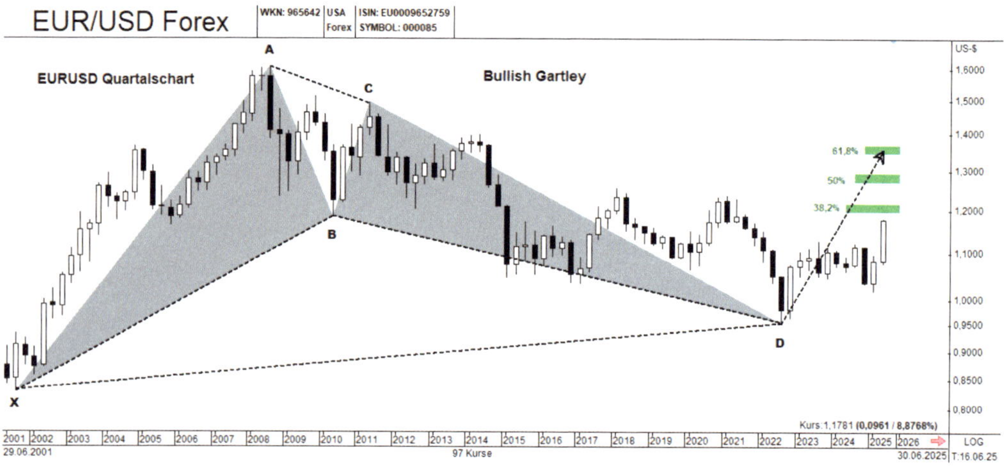

Abbildung 108: Bullish Gartley beim EURUSD im Monatschart. Quelle: TAI-PAN

BEARISH GARTLEY-PATTERN

Die bearishe Variante des Gartley-Pattern ist in Abbildung 109 dargestellt. In einem primären Trend kann X ein signifikantes Hoch sein. Punkt X kann aber genauso ein untergeordnetes Hoch sein.

Hier die Regeln für das bearish Gartley-Pattern:

- Das **bearish Gartley** beginnt mit der Abwärtsbewegung $\overline{XA}$.
- Punkt B erreicht 61,8 % von $\overline{XA}$.
  Je präziser dieses Retracement erreicht wird, desto zuverlässiger funktioniert das Pattern!
- Punkt C liegt zwischen dem 38,2 %- und dem 88,6 %-Retracement von $\overline{AB}$.
- Die Einstiegszone D für den Trade bildet sich an folgenden Fibonacci-Clustern:
  - Als Extension von $\overline{BC}$ von 127,2 % bis 161,8 % und
  - als Retracement bezogen auf $\overline{XA}$ von 78,6 % bis 88,6 %.
- Je mehr Fibonacci-Level an einem Punkt zusammenkommen, desto verlässlicher ist der Einstieg.
- In der *Price Reversal Zone* D wird dann die Short-Position eröffnet.

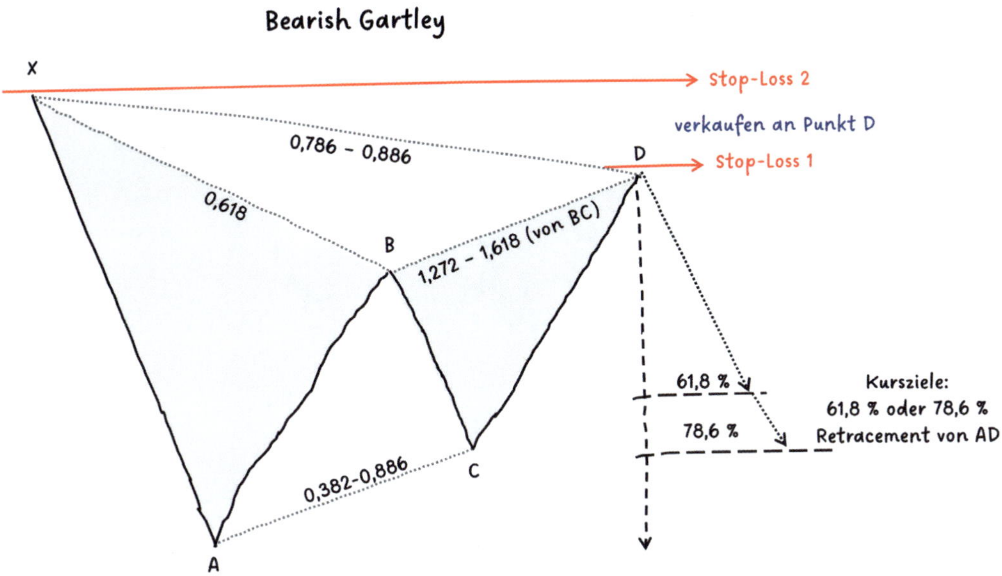

Abbildung 109: bearish Gartley-Pattern

- Der enge Stop-Loss 1 liegt über Punkt D, der großzügige und auch empfohlene Stop-Loss 2 knapp über Punkt X.
- Take-Profits: Die sicheren Kursziele liegen zwischen dem 38,2 % und dem 50 %-Retracement von $\overline{AD}$.
  Da das Gartley-Pattern eine Trend-Fortsetzungsformation ist, werden aber auch häufig das 61,8 %- und 78,6 %-Retracement von $\overline{AD}$ erreicht.

Wann wird dieses Muster ungültig, ist also gescheitert?

- Wenn Punkt B über den Beginn des Musters bei X steigt.
- Wenn Punkt C unter A fällt. Es kann allerdings mit A und C ein doppelter Boden gebildet werden. Also BC = AB.
- Wenn der Punkt D über den Beginn des Musters bei X steigt.

Ein echtes bearish Gartley ist in Abbildung 110 bei den BMW-Stämmen zu sehen. Das Pattern als solches ist geradezu mustergültig ausgebildet – nur am Abschluss hat es gehapert. Es wurde nicht einmal das 38,2 %-Kursziel erreicht, bevor die Aktie wieder kräftig gestiegen ist.

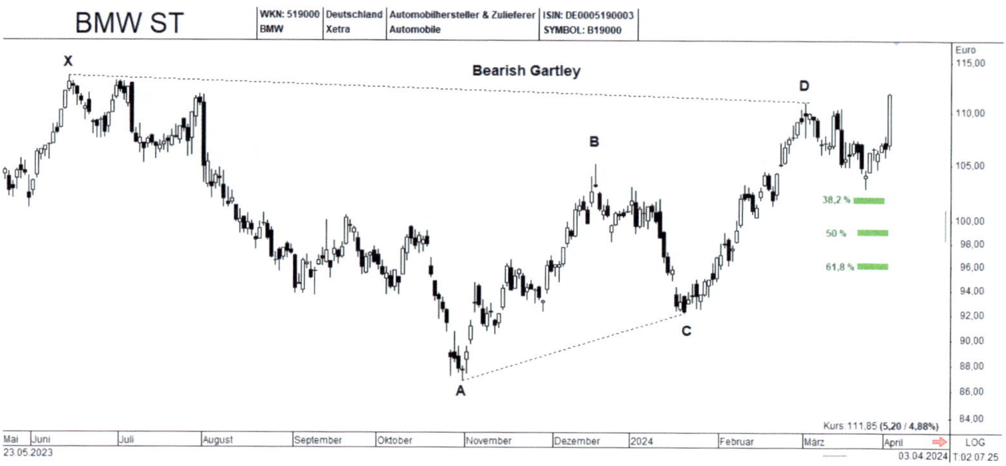

Abbildung 110: Bearish Gartley der BMW ST im Tageschart, XETRA. Quelle: TAI-PAN

Praktische Anwendung

Harmonische Patterns werden in der Regel nach dem Motto »set and forget« gehandelt: Der Stop-Loss wird nicht nachgezogen.

Die Position kann entweder komplett an einem der Retracements geschlossen werden. Oder es kann per Scale Out die erste Hälfte an den 61,8 % und die zweite Hälfte an den 78,6 % geschlossen werden. Oder das erste Drittel wird bei 61,8 %, das zweite Drittel bei 78,6 % und das dritte Drittel wird mit einem Trailing-Stop versehen und laufen gelassen. Das bedeutet aber, dass auch die entsprechende Anzahl von Positionen eröffnet werden muss.

Von den verschiedenen harmonischen Patterns ist das Gartley-Pattern das Einzige, bei welchem der Punkt B exakt am 61,8 %-Retracement von $\overline{XA}$ ausgebildet wird. Anhand dieses Alleinstellungsmerkmals lässt sich das Gartley-Pattern einfach und eindeutig bestimmen. Je exakter dieses Ratio getroffen wird, desto zuverlässiger ist das Gartley-Pattern.

5.4 BUTTERFLY-PATTERN

Das von Bruce Gilmore entwickelte Butterfly-Pattern ist eines der häufigsten aller harmonischen Patterns. Beim Schmetterling handelt es sich um ein gescheitertes Gartley-Pattern, da der Punkt D unter (bullishe Variante) oder über (bearishe Variante) den Punkt X fällt:

Beim bullishen Butterfly gilt:	Beim bearishen Butterfly gilt:
C notiert unter A	C notiert über A
D notiert unter X	D notiert über X

GRUNDSÄTZLICHES ZUM BUTTERFLY-PATTERN:

Bei den harmonischen Patterns ist so ein Schmetterling ein Trendumkehr-Pattern. Für Antizykliker ist dieses Pattern laut Pesavento das »ultimative Trading-Muster«. Antizykliker gehen long (= sie kaufen), wenn die Kurse noch fallen, beziehungsweise sie verkaufen (= gehen short) in steigende Kurse hinein. Das ist die gegenteilige Strategie eines Trendfolgers, auch genannt »Contrarian-Strategie«. Nicht jeder Trendfolger kann auf Knopfdruck eine Contrarian-Strategie handeln. Das Risiko kann sehr hoch sein. Bevor ein ausgewiesener Trendfolger ein Butterfly-Pattern handelt, muss er das Muster ausführlich studieren und – ganz wichtig! – auch unbedingt den Stop-Loss setzen.

Besondere Aufmerksamkeit sollte der Bewegung ab Punkt C gewidmet werden. Wenn diese durch Kurslücken und lange Kerzen gekennzeichnet ist, deutet dies auf eine Änderung des Sentiments hin und es kann mit einer Extension gerechnet werden. Nur mit dieser Ausdehnung kann ein Butterfly-Pattern entstehen. Wird eine Extension bei 127,2 % erreicht, kann bei Punkt D bei der bullishen Variante gekauft und bei der bearishen Variante verkauft werden.

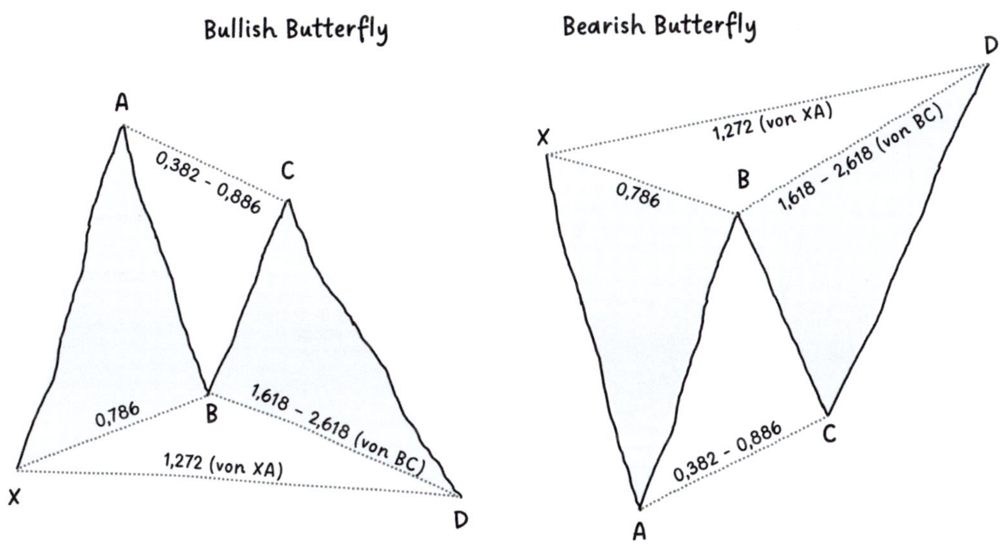

Abbildung 111: bullish Butterfly links, bearish Butterfly rechts

BULLISH BUTTERFLY-PATTERN

Die bullishe Variante des Schmetterlings ist in Abbildung 112 dargestellt. Die Fibonacci-Ratios sollten wie folgt sein:

- Das **bullish Butterfly** beginnt mit der Aufwärtsbewegung $\overline{XA}$.
- Diese wird um 78,6 % bis zum Punkt B korrigiert.
- Punkt C liegt zwischen dem 38,2 %- und dem 88,6 %-Retracement von $\overline{AB}$.
- Punkt D = PRZ = *Price Reversal Zone* wird an einem Fibonacci-Cluster erreicht:
  - Als Extension von $\overline{BC}$ von 161,8 % bis 261,8 %, sowie
  - als Extension von $\overline{XA}$ um 127,2 %.
- Je mehr Fibonacci-Level an einem Punkt zusammentreffen, desto verlässlicher ist der Einstieg.
- An der *Price Reversal Zone* D wird dann die Long-Position eröffnet.
- Der enge Stop-Loss 1 liegt knapp unter Punkt D und der empfohlene Stop-Loss 2 bei 141,4 % von $\overline{XA}$.
- Take-Profits: Die sicheren Kursziele liegen zwischen dem 38,2 %- und dem 61,8 %-Retracement von $\overline{AD}$. Da beim Butterfly im Prinzip erst einmal eine Korrektur gehandelt wird, sind die konservativen Kursziele zu bevorzugen.

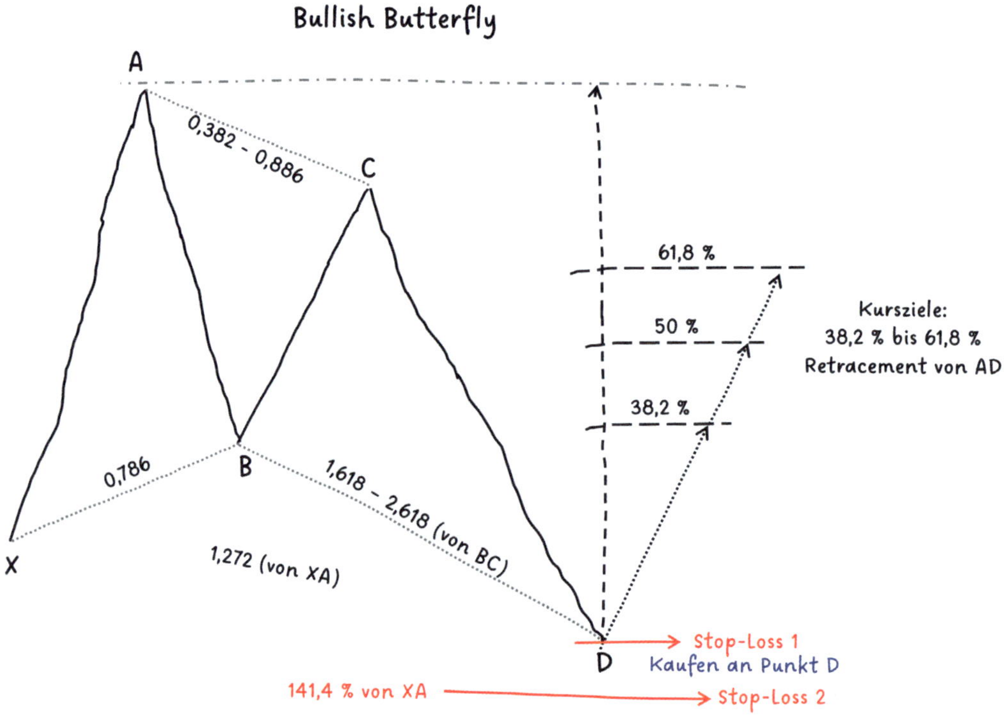

Abbildung 112: bullish Butterfly-Pattern

Das bullish Butterfly wird ungültig, wenn:

- innerhalb des Abschnittes $\overline{AD}$ kein ABCD-Muster ausgebildet wird.
- die Extension von $\overline{XA}$ zum Punkt D über 161,8 % hinausgeht.

- Punkt B unterhalb von Punkt X liegt.
- sich Punkt C oberhalb von Punkt A ausbildet.
- Punkt D den Punkt X nicht unterschreitet.

Ein echtes bullish Butterfly kann zum Beispiel aussehen wie in Abbildung 113 bei der Boeing Company. Das bullish Butterfly wurde bezogen auf die erforderlichen Fibonacci-Ratios nahezu perfekt ausgebildet. Auch die in der Bewegung $\overline{CD}$ gewünschten Gaps und lange schwarze Kerzen wurden ausgebildet. Das ist ein Hinweis auf eine impulsive Abwärtsbewegung, das Sentiment kippt hin zu bearish, sodass die erforderliche Extension ausgebildet werden kann. An Punkt D kam es zur Trendumkehr. Die 38,2 % und 50 % wurden innerhalb von zwei Tagen erreicht, die 61,8 % wurde über-gapped – und die Aufwärtsbewegung fortgesetzt.

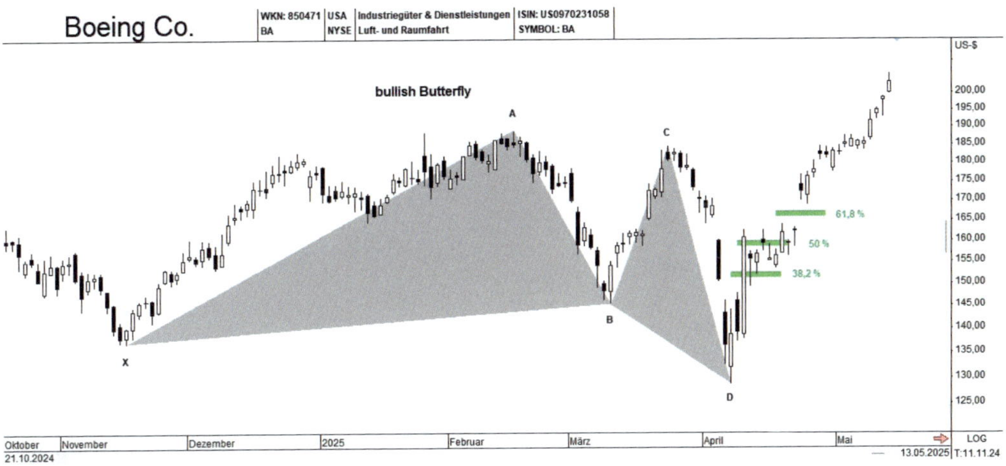

Abbildung 113: bearish Butterfly bei der Boeing Co. im Tageschart, NYSE. Quelle: TAI-PAN

BEARISH BUTTERFLY-PATTERN

Die bearishe Variante des Schmetterlings ist in Abbildung 114 dargestellt. Hier die Regeln für das bearishe Schmetterlingsmuster:

- Das **bearish Butterfly** beginnt mit der Abwärtsbewegung $\overline{XA}$.
- Punkt B erreicht 78,6 % von $\overline{XA}$.
- Punkt C liegt zwischen dem 38,2 %- und dem 88,6 %-Retracement von $\overline{AB}$.
- Punkt D = PRZ = *Price Reversal Zone* wird an einem Fibonacci-Cluster erreicht:
  - Als Extension von $\overline{BC}$ von 161,8 % bis 261,8 %, sowie
  - als Extension von $\overline{XA}$ um 127,2 %.
- Je mehr Fibonacci-Level an einem Punkt zusammentreffen, desto verlässlicher ist der Einstieg.
- An der *Price Reversal Zone* D wird dann die Short-Position eröffnet.

- Der enge Stop-Loss 1 liegt über Punkt D und der empfohlene Stop-Loss 2 bei 141,4 % von $\overline{XA}$.
- Take-Profits: Die sicheren Kursziele liegen zwischen dem 38,2 %- und dem 61,8 %-Retracement von $\overline{AD}$. Da beim Butterfly im Prinzip erst einmal eine Korrektur gehandelt wird, sind die konservativen Kursziele zu bevorzugen.

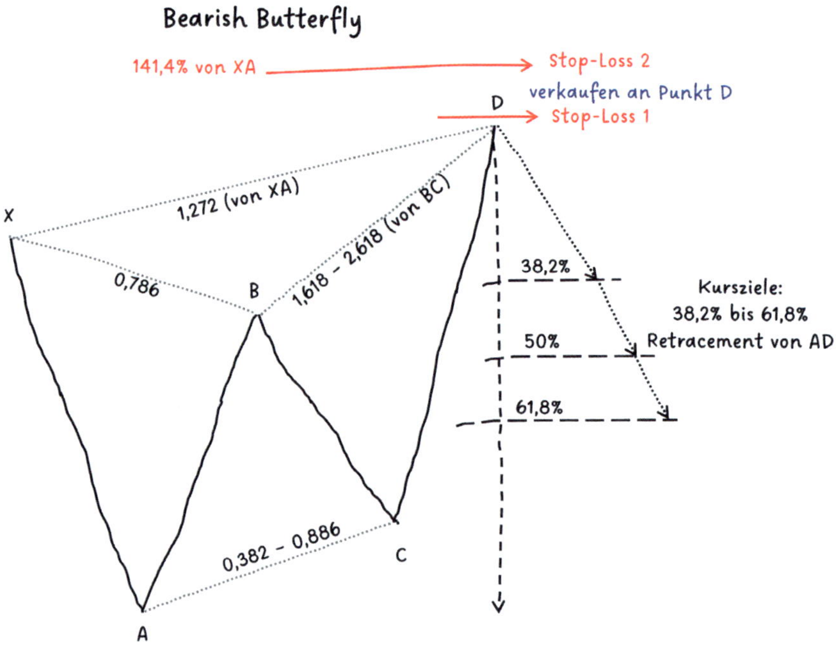

Abbildung 114: bearish Butterfly-Pattern

Wann wird dieses Muster ungültig, ist also gescheitert?
Wenn:

- innerhalb des Abschnittes $\overline{AD}$ kein ABCD-Muster ausgebildet wird.
- die Extension von $\overline{XA}$ zum Punkt D über 161,8 % hinausgeht.
- Punkt B oberhalb von Punkt X liegt.
- sich Punkt C unterhalb von Punkt A befindet.
- Punkt D den Punkt X nicht überschreitet.

Der bearish Butterfly der NVIDIA Corporation erfüllt die Anforderungen dieses harmonischen Patterns. Bei diesem Beispiel ist deutlich zu sehen, dass ab Punkt D eigentlich nur eine Korrektur zu erwarten ist. Diese erreicht »nur« die 38,2 %, die Minimalanforderung.

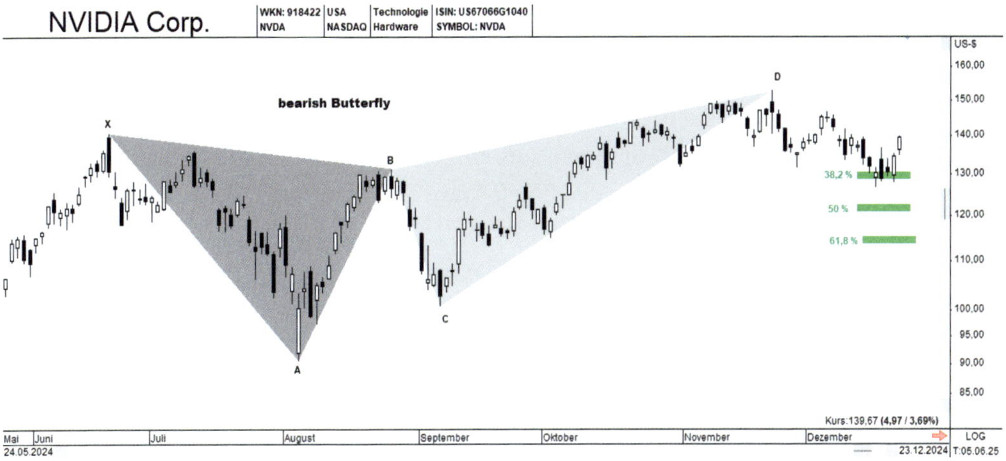

Abbildung 115: bearish Butterfly bei der NVIDIA Corp. im Tageschart, NASDAQ. Quelle: TAI-PAN

Praktische Anwendung

Schmetterlinge tauchen nur an signifikanten Tops oder Böden auf.

Diese Tatsache verwundert nicht, denn wenn das Muster auf Elliott-Waves übertragen wird, dann handelt es sich beim Segment $\overline{XA}$ um eine Welle 5.

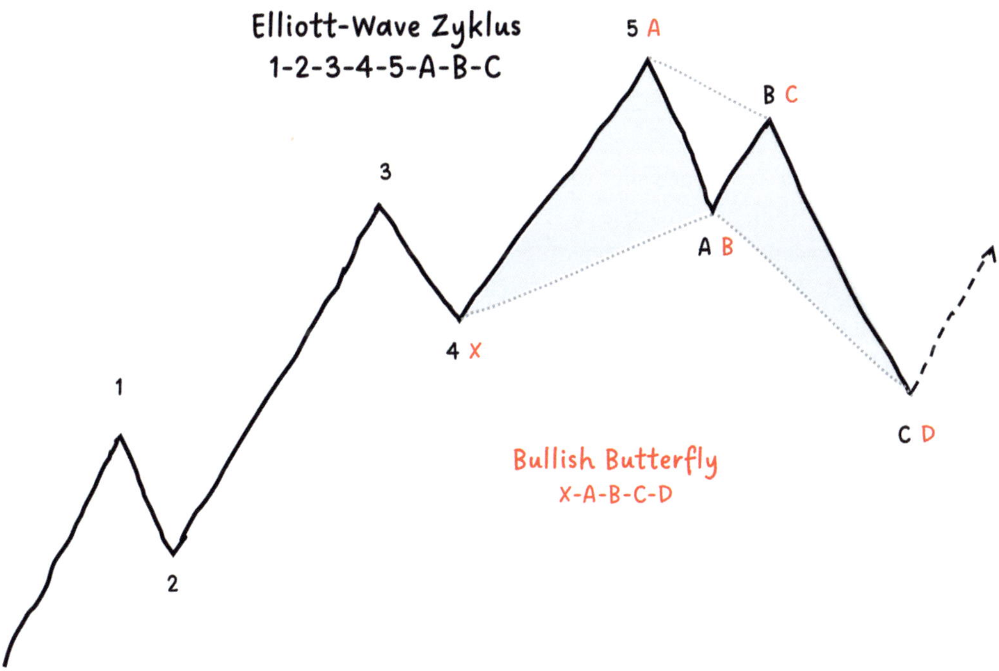

Abbildung 116: In Schwarz ein Elliott-Wave-Zyklus mit dem Impuls 1-2-3-4-5 und einem ZigZag-ABC sowie in Rot ein bullish Butterfly X-A-B-C-D.

Punkt A ist damit das Ende der Welle 5. An diese schließt sich das ABC eines ZigZag an. Punkt D ist das Ende des ZigZag (das ist ein Elliott-Korrekturmuster). Dieser unterschreitet die Welle 4 des vorangegangenen Impulses (siehe Anhang V, Elliott-Wellen-Theorie, Seite 180). Schematisch ist dies dargestellt in Abbildung 116 an einem aufwärtsgerichteten Impuls. Die Zahlen 1 bis 5 sowie die Buchstaben A bis C kennzeichnen den Elliott-Wave Zyklus, die roten Buchstaben X, A, B, C und D kennzeichnen das Muster des bullish Butterfly.

Harmonische Patterns werden in der Regel nach dem Motto »set and forget« gehandelt: Der Stop-Loss wird nach dieser Regel nicht nachgezogen.

Die Position kann entweder komplett an einem der Retracements geschlossen werden. Oder es kann per Scale Out das erste Drittel an den 38,2 %, das zweite Drittel an den 50 % und das dritte Drittel an den 61,8 % geschlossen werden. Oder das dritte Drittel wird mit einem Trailing-Stop versehen und laufen gelassen. Das bedeutet aber, dass auch die entsprechende Anzahl von Positionen eröffnet werden muss.

Das Butterfly-Pattern gilt neben dem Gartley-Pattern als eines der stärksten Muster mit einem vorteilhaften Chance-Risiko-Verhältnis – sprich: Werden sie regelkonform ausgebildet und angewendet, ist die Chance, einen Profit zu erzielen deutlich größer, als im Verlust ausgestoppt zu werden.

5.5 ZUSAMMENFASSUNG: HARMONISCHE PATTERNS

In allen Märkten und Zeitebenen sind wiederkehrende Muster zu beobachten. Wenn sich diese Chartmuster entwickeln, müssen diese auch unter dem Aspekt der sich ausbildenden Fibonacci-Ratios untersucht werden. Mit geschultem Auge können Sie diese Muster erkennen und profitabel handeln. Dafür sind sicherlich Übung und auch Geduld erforderlich. Geduld braucht es nicht nur beim Erlernen der Muster, sondern auch in der Hinsicht, dass Sie zunächst abwarten sollten, bis sich ein Muster vollständig ausgebildet hat, bevor Sie handeln. Die Fibonacci-Ratios helfen dabei, nicht nur die Entstehung des Musters zu prognostizieren, sondern auch dessen Fertigstellung zu erkennen. Wenn das Muster ausgebildet ist, gibt es klare Handelsanweisungen in Bezug auf Einstiege, Ausstiege und Stop-Losses.

Neugierig geworden?
In ihrem Buch *Das große Buch des Pattern Tradings* stellen Ihnen Karin Roller und Stephanie Eismann 11 harmonische und 6 exotische Pattern vor.

KAPITEL 6

ANWENDUNGS-VARIANTEN

In diesem Kapitel werden zwei weitere Anwendungsvarianten der Fibonacci-Ratios in der Preisachse vorgestellt:

- Fibonacci-Channels (Fibonacci-Kanäle)
- Fibonacci-Fans (Fibonacci-Fächer)

Klassische Trendkanäle gehören zu den oft verwendeten Tools der technischen Analysten. Fächer werden eher zurückhaltend verwendet.

6.1 FIBONACCI-KANÄLE

Kurse bewegen sich in Trends!

Das ist eine der wichtigsten Annahmen der technischen Analyse. Ein probates Mittel, um einen Trend in einem Chart zu visualisieren, ist die Trendlinie. Und aus der Trendlinie und ihrer Kanallinie (oder Rückkehrlinie) lässt sich ein Trendkanal konstruieren (Abbildung 15, Seite 30). Oft mäandert der Kurs zwischen den beiden Linien hin und her, sie fungieren als Widerstands- und Unterstützungszonen. Bricht der Kurs aus dem Trendkanal aus – nach oben oder nach unten –, legt er in der Regel eine Distanz zurück, die der Breite des Kanals entspricht (vgl. Murphy, S. 93ff).

Abbildung 117: Daimler Truck Holding AG im Tageschart, XETRA. Quelle: TradingView

In Kapitel 4: Anwendung in der Preisachse sowie in Kapitel 5: Muster mit Fibonacci-Ratios wurde gezeigt, mit welcher Zuverlässigkeit der Kurs Fibonacci-Ratios ansteuert und diese Preiszonen dann als Unterstützungs- oder Widerstandszonen respektiert.

Wird nun ein Trendkanal anstatt mit der einfachen Breite des Kanals mit dem Produkt von (Breite des Kanals) * (Fibonacci-Ratios) erweitert, dann wird daraus ein Fibonacci-Kanal.

In Abbildung 117 sehen Sie einen Tageschart der Daimler Truck Holding AG. Mit dem Charting-Tool TradingView ist es relativ einfach, einen *Fib-Kanal* einzuzeichnen: Das Tool anklicken, die beiden Auflagepunkte für die Aufwärtstrendlinie anklicken und anschließend das Swing-High dazwischen anklicken. Automatisch werden dann die aktivierten Fibo-Ratios eingezeichnet. Über die Einstellungen können die gewünschten Ratios, Farben und vieles mehr individualisiert werden.

Beim Chart mit der Daimler Truck Holding sind nicht nur die Fibonacci-Erweiterungen nach oben eingezeichnet – das sind die grünen Zahlen und Linien –, sondern auch nach unten mit den roten Zahlen und Linien.

Die blauen Zahlen der nachfolgenden Aufzählung beziehen sich auf die blauen Zahlen im Chart.

Von oben nach unten:

1. Der erste Auflagepunkt für die durchgezogene schwarze Aufwärtstrendlinie ist das Tief vom 08.11.2023.
2. Der zweite Auflagepunkt ist das Tief vom 19.01.2024.
3. Der Auflagepunkt für die Rückkehrlinie ist das dazwischenliegende Swing-High vom 15.12.2023.
4. Ende Februar 2024 wurde die Oberkante des Trendkanals mehrere Tage getestet.
5. Mit einem großen Up-Gap wurde die +127,2 %-Linie über-gapped.

6. Dieser White Marubozu hat auch gleich die 161,8 % und die 200 % herausgenommen. Der Schlusskurs wurde nur ein paar Cent unter den 261,8 % ausgebildet.
7. Kleine Korrektur zurück zur 200 %-Linie – und dann rauf über die 261,8 %.
8. Nach der Topbildung hat die Abwärtsbewegung einen ersten Stop an den 200 % eingelegt.
9. Der nächste Stop war an den 161,8 %.
10. Es ging runter zur Oberkante des Trendkanals.
11. Ausgiebiger Re-Test der 127,2 %.
12. Weiter runter zur Aufwärtstrendlinie.
13. Und runter zu den -127,2 %.
14. Erneuter Re-Test der Aufwärtstrendlinie.
15. Runter zu den -161,8 % und den -200 %.
16. Fast wurden die -261,8 % erreicht.
17. Dann ging es wieder rauf zu den -200 %.

Was mit einem aufwärtsgerichteten Trendkanal funktioniert, klappt natürlich auch in einer Abwärtsbewegung.

In Abbildung 118 ist ein Wochenchart der Siemens Energy AG mit einem Fibo-Abwärtskanal zu sehen. Erster Auflagepunkt für den Abwärtstrendkanal ist das Hoch von Januar 2021, zweiter Auflagepunkt das Hoch von April 2022 und der dritte Auflagepunkt das Swing-Low dazwischen von März 2022. Auch ist ein rotes Fibonacci-Retracement eingezeichnet. Die beiden Ankerpunkte sind das Hoch von Januar 2021 und das Tief von Oktober 2022. Die blauen Zahlen der nachfolgenden Aufzählung beziehen sich auf die blauen Zahlen im Chart.

Von oben nach unten:
In TradingView wird das Tool *Fib Kanal* ausgewählt und

1. der erste Mausklick zeigt auf das Hoch im Januar 2021.
2. Der zweite Mausklick setzt auf das Hoch im April 2021.
3. Der dritte Mausklick führt auf das Swing-Low dazwischen von März 2021.
   Der Fibo-Kanal ist eingezeichnet und kann über die Einstellungen entsprechend personalisiert werden.
4. Wir erkennen einen intakten Abwärtstrendkanal. Der Kurs der Siemens Energy AG mäandert bis zum Tief im Oktober 2022 zwischen den grünen -161,8 % und der Mittellinie des Trendkanals mehrfach hin und her. Dabei werden sowohl die Rückkehrlinie als auch die -127,2 %-Linie und die -161,8 %-Linie oft berührt. Erst im Oktober 2022 fällt der Kurs deutlicher unter die -161,8 %-Linie.
5. Im Januar 2023 geht es erstmalig auf Wochenschlusskursbasis über die Abwärtstrendlinie. Nach einer kleinen Seitwärtsbewegung und einem Re-Test der Abwärtstrendlinie mit den Lunten zweier Candles steigt die Aktie kräftig an.

6. Und … tataaaa … die kräftige Aufwärtsbewegung stoppt am 61,8 %-Retracement, bezogen auf die Strecken zwischen Punkt 1 und 4.
7. Nach einer kleinen Top-Bildung geht es mit einem dramatischen Black Marubozu abwärts mit Touch down an der Abwärtstrendlinie!
8. Der Aktienkurs tanzt viele Wochen auf der Abwärtstrendlinie, bevor es mit einer weiteren, allerdings nicht ganz so langen schwarzen Kerze an die Rückkehrlinie des Trendkanals geht. Dieser wird mit der unteren Lunte erreicht.
9. Und wieder wird die Oberkante des Trendkanals ausgiebig getestet, bevor es
10. zügig und auf Wochenschlusskursbasis über den Widerstand des 61,8 %-Retracements geht.

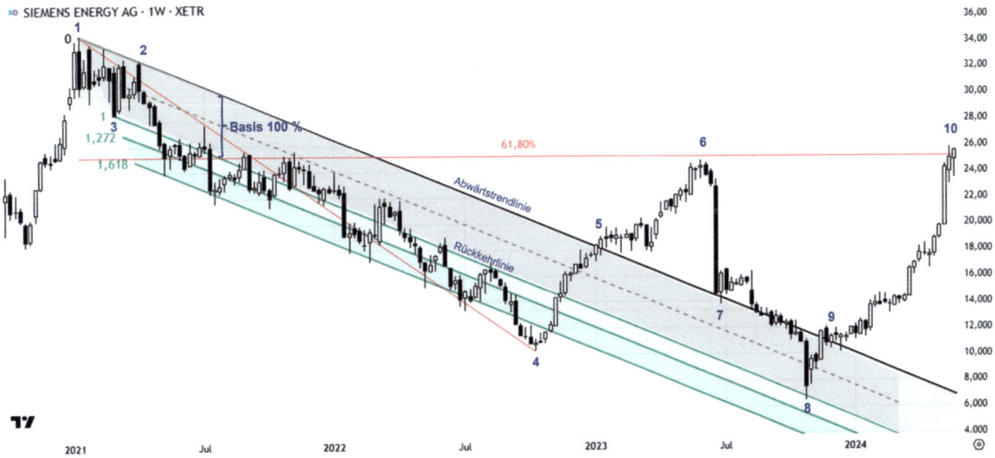

Abbildung 118: Siemens Energy AG im Wochenchart, XETRA. Quelle: TradingView

Trendlinien werden in der technischen Analyse oft verwendet. Die Anwendung eines Trendkanals hingegen scheitert häufig daran, dass sich der analysierte Wert selten um die Breite des angelegten Trendkanals schert und die Kanallinie einfach nicht respektiert. Das gilt auch für den Fibonacci-Kanal.

6.2 FIBONACCI-FÄCHER

Ein Fibonacci-Fächer oder auch Fibonacci-Fanlines besteht aus einer Serie von Trendlinien mit einem gemeinsamen Ursprung. Der gemeinsame Ursprung ist ein relevantes Tief oder ein relevantes Hoch, und die einzelnen schrägen Linien basieren auf Fibonacci-Ratios.

Das *Fächerprinzip* wird ebenfalls von John J. Murphy beschrieben. Es wird eine Trendlinie (1) eingezeichnet. Wird diese gebrochen, so wird an das tiefere Tief eine weitere Trendlinie (2) eingezeichnet. Beim nächsten tieferen Tief wird wieder eine Trendlinie (3) eingezeichnet. Oftmals fungieren die gebrochenen Trendlinien dann als Widerstand für den weiteren Kursverlauf. Ausgehend von einem Aufwärtstrend wie in Abbildung 119 gezeigt, ist der Bruch der dritten Linie normalerweise eine Indikation für weiter fallende Kurse.

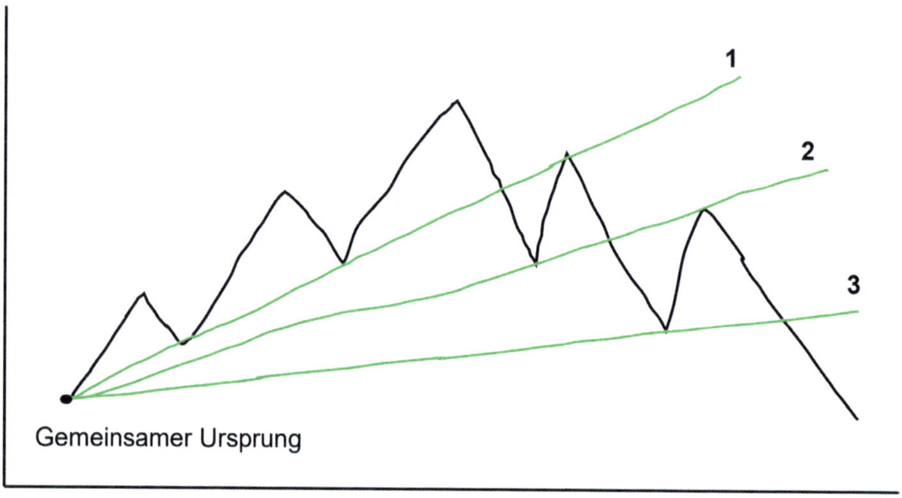

Abbildung 119: Das Fächerprinzip

Bei Murphys Fächerprinzip werden die Trendlinien an ausgebildeten Tiefs angelegt. Wie wird daraus ein Fibonacci-Fächer?

Eigentlich ganz einfach. Betrachten wir Abbildung 120, die den DAX im Wochenchart zeigt. Basis ist die abgeschlossene Aufwärtsbewegung vom Swing-Tief 1 vom 30.09.2022 bis zum Swing-High 2 vom 04.08.2025:

Zwischen dem Swing-Low und Swing-High werden Retracements angelegt, das sind die waagerechten roten Linien.

- Vom Swing-High wird das Lot gefällt (die senkrechte grüne Linie) bis zur gepunkteten grünen Basislinie. Diese hat ihren Ursprung im Swing-Low vom 30.09.2022.
- Dieses Swing-Low 1 ist der gemeinsame Ursprung für die einzelnen Fächerlinien und damit der erste Auflagepunkt.
- Der zweite Auflagepunkt ist der Kreuzungspunkt vom Lot (grüne Linie) und rotem Retracement (mit den grünen Kreisen markiert).
- Es wird also eine Linie vom Swing-Low und dem Kreuzungspunkt von Lot und Retracement gezogen und Richtung Chartende fortgesetzt.

Die relevanten Retracement-Levels sind 38,2 %, 50 % und 61,8 %. Die dritte Linie ist im Fall des Fibonacci-Fächers die 61,8 %-Fächerlinie.

Im Abwärtstrend funktioniert das Ganze vice versa.

Bei vielen Charttools sind Fibonacci-Fächer in den Zeichentools enthalten. Bei TAI-PAN sind sie unter »Zeichnen« und »F Fanline« zu finden. Das Fanline-Tool anklicken und dann wird – bei einer Aufwärtsbewegung – die Maus vom Swing-Tief zum Swing-Hoch gezogen. Dabei entsteht die 0 %-Linie. In Abbildung 120 ist das die schwarze Linie. Die Chartsoftware zeichnet dann automatisch die Fibonacci-Fächerlinien ein, das sind die blauen Linien. In den »Fibonacci Fanline Eigenschaften« können die Einstellungen personalisiert werden.

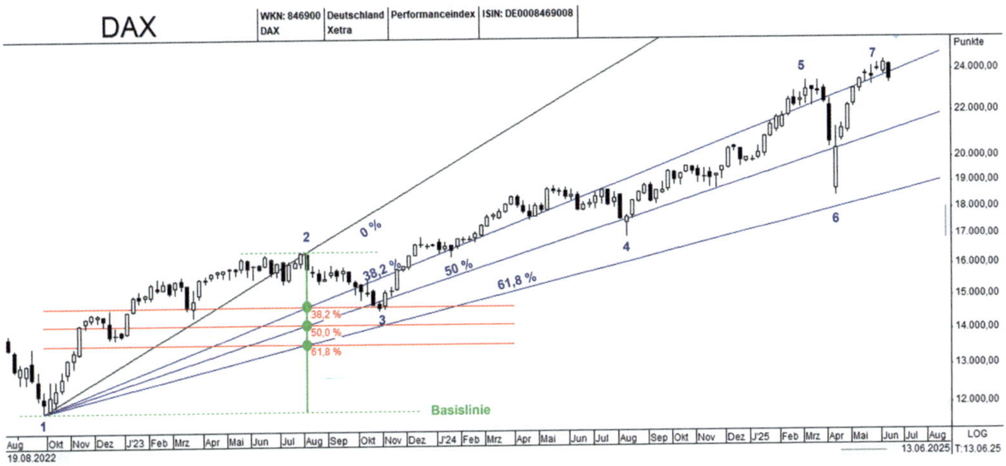

Abbildung 120: DAX im Wochenchart, XETRA. Quelle: TAI-PAN

Analysieren wir nun den DAX-Wochenchart mit den eingezeichneten Fibonacci-Fächerlinien in Abbildung 120. Die blauen Zahlen der nachfolgenden Aufzählung beziehen sich auf die blauen Zahlen im Chart.

1. Die schwarze Linie vom Swing-Low zum
2. Swing-High ist die 0 %-Linie.
3. Der DAX bildet eine dreiteilige Korrektur aus und an der 50 %-Fächerlinie wird ein Morning Star ausgebildet. Im Anschluss geht es aufwärts.
4. Über viele Wochen tanzt der DAX an der 38,2 %-Fächerlinie entlang, überwiegend leicht oberhalb der Linie. Die nächste dreiteilige Korrektur bringt den DAX wieder an die 50 %-Fächerlinie. Und wieder wird ein Morning Star ausgebildet. Über die nächsten vielen Wochen mäandert der DAX zwischen der 50 %-Fächerlinie und der 38,2 %-Fächerlinie aufwärts.
5. Es kommt zu einer Top-Bildung knapp über der 38,2 %-Fächerlinie.
6. Die scharfe Korrektur bringt den DAX in nur drei Wochen runter zu der 61,8 %-Fächerlinie. Diese wird nicht erreicht, es erfolgt also kein Bruch der dritten Fächerlinie!

7. Der DAX steigt wieder rasant an und tanzt an der 38,2 %-Fächerlinie weiter aufwärts.

In einem Abwärtstrend sehen die Fanlines aus wie in Abbildung 121. Als Beispiel dient die Aktie der Carnival Corporation & Plc im Tageschart.

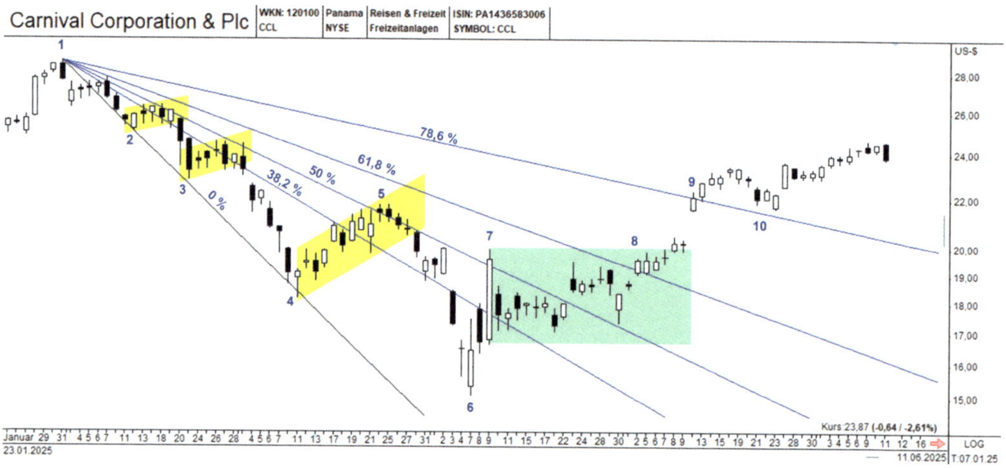

Abbildung 121: Carnival Corporation & Plc, Tageschart, NYSE. Quelle: TAI-PAN

Wenden wir nun das Fächerprinzip auf die Carnival-Aktie in Abbildung 121 an. Die blauen Zahlen der nachfolgenden Aufzählung beziehen sich auf die blauen Zahlen im Chart.

1. Das Swing-High vom 31.05.2025 ist der 1. Ankerpunkt für den Fibonacci-Fächer.
2. Das Swing-Low vom 12.02.2025 ist der 2. Ankerpunkt. Es wird eine kleine steigende Flagge ausgebildet. Die 50 %-Fächerlinie bietet Widerstand und die Flagge löst sich gemäß ihrer bearishen Bestimmung nach unten auf.
3. Zwei Tage später steht der Kurs wieder an der 0 %-Linie. Erneut wird eine bearishe Flagge ausgebildet, die 50 %-Fächerlinie bietet wieder Widerstand
4. und einige Tage später wird noch mal die 0 %-Fächerlinie erreicht. Und wieder: bearishe Flagge, Widerstand bei der 50 %-Fächerlinie, aber dieses Mal
5. fällt der Kurs nicht an die 0 %-Linie.
6. Er bleibt irgendwo zwischen der 0 %- und der 38,2 %-Fächerlinie stecken, kehrt um und
7. der eindrucksvolle White Marubozu wird an der 50 %-Fächerlinie gebremst
8. Die Handelsspanne von diesem White Marubozu wird erst einen Monat später auf Schlusskursbasis übertroffen, und zwar mit Erreichen der 61,8 %-Fächerlinie. Das ist die dritte Linie! Und in der Tat,
9. mit einem großen Up-Gap geht es direkt zur 78,6 %-Fächerlinie und weiter aufwärts.
10. Es erfolgt ein Re-Test der 78,6 %-Fächerlinie, bevor die Aufwärtsbewegung wieder aufgenommen wird.

Anhand dieses Carnival-Beispiels können Sie sehen, dass erst nach dem Überschreiten der 61,8 %-Fanline weiteres Aufwärtspotenzial geschaffen wurde. Und: Auch die 78,6 %-Fanline hat ihre Relevanz.

Auch Fibonacci-Fächer haben ein Verfallsdatum. Sobald eine Trendbewegung abgeschlossen ist, kann ein neuer Fächer angelegt werden. Jener der vorangegangenen Bewegung wird dann gelöscht.

Betrachten wir denselben Zeitraum, von Januar bis Juni 2025, aus einem anderen Blickwinkel – natürlich einem Fibonacci-Blickwinkel. In diesen Zeitraum wurden eine grüne Fibonacci-Projektion und rote Fibonacci-Retracements eingezeichnet.

Abbildung 122: Carnival Corporation & Plc, Tageschart, NYSE. Quelle: TAI-PAN

Die grüne Fibonacci-Projektion zeigt:

1. dass die Aktie an der 100 %-Projektion eine kleine Pause in der Abwärtsbewegung eingelegt hat.
2. Mit einer Kerze ging es runter zur 127,2 %-Projektion.
3. Zwei Handelstage später wird ziemlich exakt die grüne 161,8 %-Projektion erreicht. Die Abwärtsbewegung endet und es können Retracements eingezeichnet werden.
4. In nur zwei Handelstagen werden die 38,2 % erreicht. Die Handelsspanne des beeindruckenden White Marubozu (immerhin 17,5 % Kursplus!) ist mit dem grünen Rechteck optisch hervorgehoben. Das Tageshoch liegt fast genau auf dem roten 38,2 %-Retracement.
5. Die folgenden 19 Inside-Days (bei einem Inside-Day wird die gesamte Handelsspanne des zweiten Handelstags innerhalb der Handelsspanne des ersten Handelstags ausgebildet) testen viermal die grüne 127,2 %-Projektion. Und sie wird als tragfähige Unterstützung erklärt.
6. Mit dem Up-Gap wird quasi über Nacht das rote 50 %-Retracement erreicht,
7. es folgt eine Seitwärtsbewegung zwischen dem 50 %- und dem 61,8 %-Retracement,
8. bevor die Aktie über das 61,8 %-Retracement steigt.

6.3 ZUSAMMENFASSUNG: ANWENDUNGSVARIANTEN

In diesem Kapitel wurden zwei Anwendungsvarianten der Fibonacci-Ratios vorgestellt: Fibonacci-Kanäle und Fibonacci-Fächer. Diese werden verwendet, um Widerstands- und Unterstützungslevels zu definieren und um potenzielle Wendepunkte der nachfolgenden Korrektur zu bestimmen. Beide Methoden – die Verwendung von Trendkanälen und von Fächern – finden in der klassischen technischen Analyse ihre Anwendung. Fibonacci-Kanäle und Fibonacci-Fächer werden allerdings eher selten verwendet.

Ob mit Fibonacci-Ratios oder klassisch konstruiert: Als alleinige Analysemethode sollten weder Trendkanäle noch Fächer verwendet werden. Um insbesondere Wendepunkte zu erkennen, sollte auch die klassische Formationsanalyse (Anhang III – Formationsanalyse) und/oder die Candlestick-Analyse (Anhang VI – Candlesticks) zur Anwendung kommen.

KAPITEL 7

ANWENDUNG IN DER ZEITACHSE

In den vorangegangenen Kapiteln 4, 5 und 6 habe ich Ihnen Fibonacci-Anwendungen in der Preisachse vorgestellt, primär, um Kursziele zu bestimmen.

Doch Fibonacci kann auch in der **Zeitachse** verwendet werden. Ich stelle Ihnen drei Varianten vor, Zeitziele mit Fibonacci zu bestimmen. Dabei werden zum einen die Fibonacci-Zahlen der Fibonacci-Zahlenfolge verwendet, zum anderen die Fibonacci-Ratios, um mögliche Wendetermine im Markt zu prognostizieren.

1. Fibonacci-Zeitziele mit den Zahlen der Fibonacci-Zahlenfolge.
2. Fibonacci-Zeitprojektion mit den Fibonacci-Ratios.
3. Fibonacci-Bögen (Arcs) – Zeit- **und** Preis-Projektion mit Fibonacci-Ratios.

Auch bei den Zeitzielen muss eine gewisse Unschärfe eingeplant werden. Zwei bis drei Tage mehr oder weniger liegen im Toleranzbereich.

Aber Achtung! Damit werden nur mögliche Wende**termine** bestimmt, nicht aber, ob es sich um ein Wende-Hoch oder Wende-Tief handelt. Nur der mögliche Termin innerhalb der Toleranz wird prognostiziert.

7.1 FIBONACCI-ZEITZIELE

Um mögliche Wendetermine mit den Zahlen aus der Fibonacci-Zahlenfolge zu ermitteln, wird zuerst ein signifikantes Hoch oder ein signifikantes Tief bestimmt. Ausgehend von diesem signifikanten Hoch oder Tief werden die Handelstage in die Zukunft gezählt. Relevant sind die – nennen wir sie *Fibonacci-Tage* –, die Handelstage aus der Fibonacci-Zahlenfolge: 1, 2, 3, 5, 8, 13, 21, 34, 55,

89 … In Abbildung 123 ist der DAX im Tageschart wiedergegeben. Beginnend mit dem Swing-Tief am 16.03.2020 werden die Handelstage in die Zukunft gezählt.

Der 16.03.2020 ist ein signifikantes Tief, denn mit diesem Tief war das Ende der Corona-Korrektur erreicht.

Die Erwartung ist nun, dass an einem sogenannten Fibonacci-Tag – mit einer tolerierten Unschärfe von wenigen Tagen – eine Trendumkehr stattfindet:

- Mit dem 2020er-Tief vom 16.03.2020 startet die Fibonacci-Zeitzielbestimmung.
- Am 5. Handelstag, dem 20.03.2020, wurde ein Zwischenhoch ausgebildet.
- Am 8. Handelstag, dem 25.03.2020, erfolgte das nächste Zwischenhoch.
- Das nächste Swing-Low wurde am 02.04.2020 ausgebildet, dem 14. Handelstag und damit mit einem Handelstag Verspätung.
- Am 14.04.2020 dann ein Swing-High. Handelstag 20, statt Fibo-Tag 21.
- Am 30.04.2020 das nächste Swing-High, das war der 32. Handelstag, zwei Tage vor dem 34. Fibo-Handelstag.
- Das Swing-Low vom 14.05.2020 liegt im Fibo-Zahlen-Nirgendwo.
- Das Swing-High vom 08.06.2020 hingegen liegt in der Toleranz: Handelstag 57, statt Fibo-Tag 55. Zwei Handelstage später.
- Das Swing-Low vom 15.06.2020 ebenfalls im Fibo-Zahlen-Nirgendwo.
- Das Swing-High vom 21.07.2020 liegt wieder sehr gut in der Toleranz: Handelstage 88, statt Fibo-Tag 89. Ein Handelstag zu früh.
- Das Swing-High vom 12.10.2020 liegt ebenfalls in der Toleranz: Handelstag 147, statt Fibo-Tag 144. Drei Handelstage später.
- Das signifikante Swing-Low vom 31.10.2020 liegt wieder im Fibo-Zahlen-Nirgendwo.

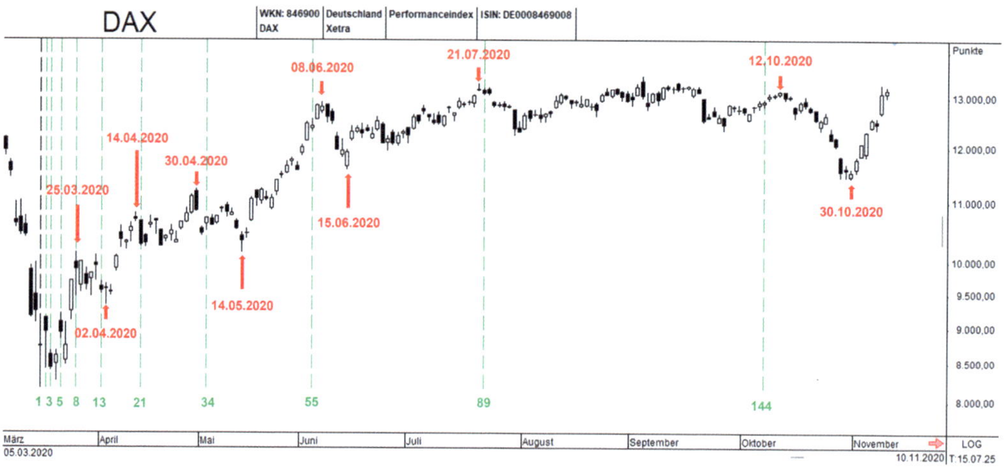

Abbildung 123: DAX im Tageschart, XETRA. Quelle: TAI-PAN

Das ist nur *ein* Beispiel von Fibonacci-Zeitzielen beim DAX. Einige Swing-Highs wurden innerhalb der erlaubten Toleranz erreicht, bei den Swing-Lows hat das eher nicht funktioniert. Aber mit nur einem Beispiel kann keine belastbare Statistik erstellt werden.

7.2 FIBONACCI-ZEITPROJEKTION

Bei der zweiten Variante wird die Fibonacci-Expansion in der Zeitachse angewendet. Dafür werden auf der Zeitachse zwei Ankerpunkte bestimmt, und zwar entweder von:

1. Hoch zu Hoch oder
2. Tief zu Tief oder
3. Hoch zu Tief oder
4. Tief zu Hoch.

Die Zeitspanne dazwischen entspricht 100 %. Ausgehend von diesen 100 % werden Fibonacci-Expansionen in die Zeitachse projiziert. Die relevanten Ratios sind die üblichen »Verdächtigen«: 38,2 %, 50 %, 61,8 %, 100 %, 127,2 %, 161,8 %, 200 %, 261,8 %, 326,4 % und 423,6 %.

Angewendet auf den DAX-Tageschart (Abbildung 124) ergibt sich folgendes Bild:

Abbildung 124: DAX im Tageschart, XETRA. Quelle: TradingView

Die abgeschlossene Aufwärtsbewegung zwischen dem Tief vom 05.08.2024 und dem Hoch vom 03.09.2024 sind die 100 %. Das sind 22 Handelstage in der Variante 4, vom Tief zum Hoch. Die auf die Y-Achse projizierten Fibonacci-Ratios zeigen folgende Treffer:

- 38,2 %-Fibonacci-Zeitprojektion: Na ja – das ist nicht wirklich ein Swing-High …
- 61,8 %-Fibonacci-Zeitprojektion: Nicht wirklich ein Swing-Low … das wurde einen Handelstag später ausgebildet.
- 100 %-Fibonacci-Zeitprojektion: Vier Handelstage nach einem Swing-High und vier Handelstage vor einem Swing-Low.
- 127,2 %-Fibonacci-Zeitprojektion: Irgendwo im Ratio-Nirgendwo.
- 161,8 %-Fibonacci-Zeitprojektion: Zwei Handelstage nach einem Swing-High.
- 200 %-Fibonacci-Zeitprojektion: Ein Swing-Low!
- 261,8 %-Fibonacci-Zeitprojektion: Ein Swing-Low!
- 323,6 %-Fibonacci-Zeitprojektion: Einen Handelstag vor einem Swing-High.
- 423,5 %-Fibonacci-Zeitprojektion: Ein untergeordnetes Swing-Low!

Von den neun Fibonacci-Zeitprojektionen im Tageschart wurden mit sehr viel Goodwill sieben getroffen. Die Bilanz könnte deutlich schlechter sein.

Aber mit nur einem Beispiel kann auch hier keine belastbare Statistik erstellt werden.

7.3 FIBONACCI-ARC

Es gibt eine Fibonacci-Anwendung in der Preis- und gleichzeitig auch in der Zeitachse: die Fibonacci-Arcs oder Fibonacci-Bögen.

Zwei Anmerkungen vorweg:

1. Symmetrische Bewegungen sind ein wichtiger Bestandteil einiger Methoden der technischen Analyse. Dazu gehören die Elliott-Wave-Principles sowie die Ichimoku Kinko Hyo, die japanischen Wolkencharts.
2. Fibonacci-Bögen werden sehr selten verwendet.

Mit den Fibonacci-Bögen kann auf einen Blick erfasst werden, ob die Marktbewegungen symmetrisch sind – oder nicht.

FIBONACCI-ARC – UNTERE UMKEHR

Werfen wir dazu einen Blick in den Tageschart der Carnival Corporation & Plc (Abbildung 125). In die abgeschlossene Abwärtsbewegung vom 31.01.2025 bis zum 07.04.2025 sind Fibonacci-Arcs eingezeichnet.

Die Konstruktion ist denkbar einfach: In die abgeschlossene Bewegung werden Fibonacci-Retracements eingezeichnet. In nicht-digitalen Zeiten hätte man sich mit einem auf Papier ausgedruckten Chart und einem Zirkel bewaffnet, die Nadel am Tief des 07.04.2025 eingestochen und dann Halbkreise an den Kreuzungspunkten zwischen Haupt-Linie und Fibonacci-Linie gezogen. Heute erledigt das das Charttool automatisch. Die Preisachse sollte arithmetisch eingestellt sein.

Die Kreisbögen ab dem Tief (auf der rechten Seite des Charts) sind nun das ideale Preis- und Zeitziel für den Kurs.

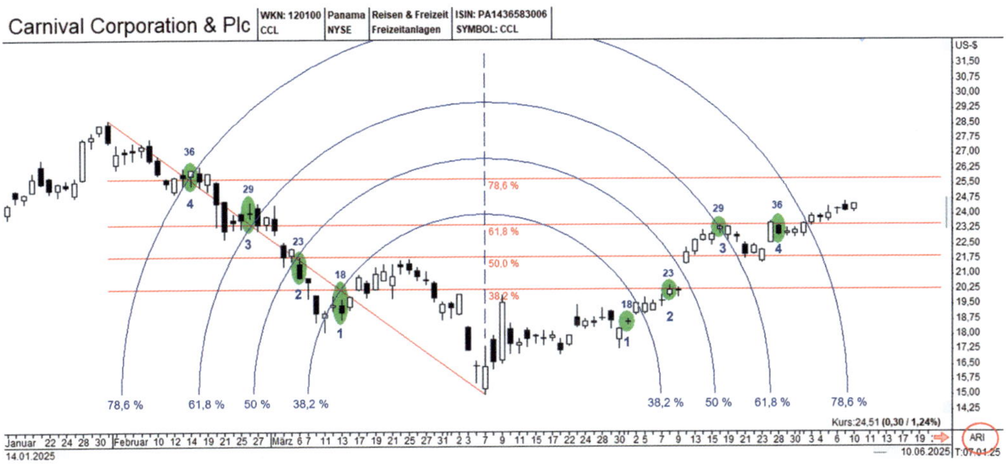

Abbildung 125: Carnival Corporation & Plc im Tageschart, NYSE. Quelle: TAI-PAN

Die blauen Zahlen der nachfolgenden Aufzählung beziehen sich auf die blauen Zahlen im Chart:

1. 38,2 %-Fibonacci-Bogen: In der Abwärtsbewegung benötigt der Kurs 18 Handelstage bis zum Tief (inklusive).
   Bei der Aufwärtsbewegung benötigt der Kurs einen Handelstag mehr ab dem Tief (inklusive), um den 38,2 %-Bogen zu erreichen.
2. 50 %-Fibonacci-Bogen: In der Abwärtsbewegung sind es 23 Handelstage (inklusive Tief). Am Handelstag 23 (inklusive Tief) der Aufwärtsbewegung ist die Aktie noch nicht am Bogen angekommen. Zwei Handelstage später geht es aber mit einem großen Gap drüber.
3. 61,8 %-Fibonacci-Bogen: Die Zeit passt perfekt: 29 Handelstage runter und 29 Handelstage rauf bis zum Erreichen des 61,8 %-Bogens (jeweils inklusive Tief).
4. 78,6 %-Fibonacci-Bogen: Hier beträgt die Unschärfe vier Handelstage: runter 36 Handelstage, rauf 40 Handelstage (jeweils inklusive Tief).
5. Der Vollständigkeit halber: Die Aktie hat 47 Handelstage für diese Abwärtsbewegung benötigt – aber 60 Handelstage, bis ein Schlusskurs über dem Start der Abwärtsbewegung ausgebildet wurde.

Interpretation:
Die Fibonacci-Bögen sollen Kursziele (mit dem Tool Fibonacci-Retracements) zu einer definierten Zeit (mit dem Tool Fibonacci-Arcs) prognostizieren. Werden die Kursziele in der »richtigen« Zeit erreicht, dann zeigt sich die symmetrische Bewegung der Märkte.

Wie hat sich die Carnival Corporation & Plc geschlagen?

Nun – das ist der Klassiker: Der Bär nimmt den Aufzug, der Bulle die Treppe. Das ergibt keine Symmetrie. Nach 47 Tagen – so lange hat die Abwärtsbewegung gedauert – klebte die Aktie in der Aufwärtsbewegung zwischen den 61,8 % und 78,6 %. Der Ausgangskurs = 100 % wurde erst nach einer 60-tägigen Aufwärtsbewegung erreicht.

FIBONACCI-ARC – OBERE UMKEHR

Das zweite Beispiel zeigt den DAX im Tageschart. Referenzbewegung ist die Aufwärtsbewegung vom 07.04.2025 bis zum Hoch vom 05.06.2025 – dem damaligen Allzeithoch.

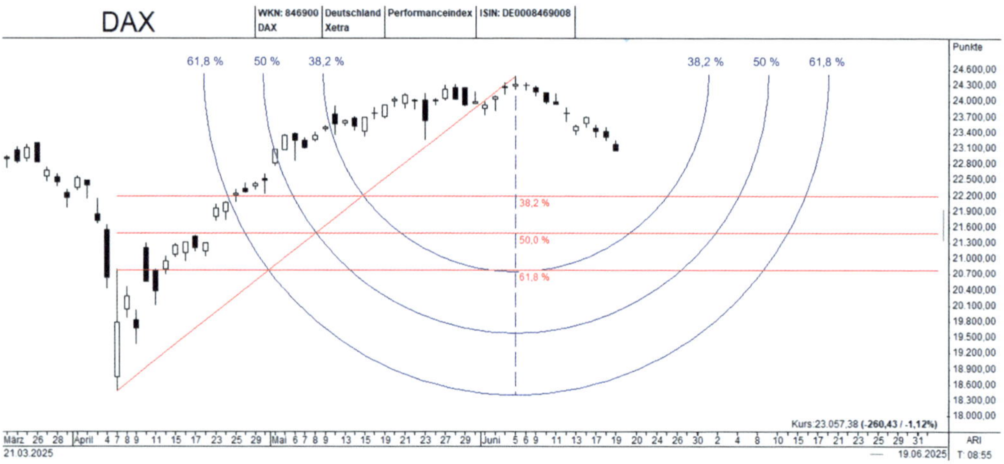

Abbildung 126: DAX im Tageschart, XETRA. Quelle: TAI-PAN

Diese Zeilen schreibe ich am 20.06.2025. Mal sehen, ob der DAX sich an den Preis- und Zeitfahrplan hält.

7.4 ZUSAMMENFASSUNG: ANWENDUNG IN DER ZEITACHSE

Die drei vorgestellten Fibonacci-Anwendungen in der Zeitachse werden

- eher selten: Fibonacci-Zeitziele
- sehr selten: Fibonacci-Zeitprojektion
- extrem selten: Fibonacci-Arcs

angewendet.

Für die Bestimmung von Fibonacci-Zeitzielen muss eine gewisse »Unschärfe« von ein bis zwei bis drei Zeiteinheiten (in beide Richtungen) toleriert werden, die Zeitziele sind nicht in Stein gemeißelt.

Wichtig: Es kann nicht antizipiert werden, ob am nächsten Fibonacci-Zeitziel ein Swing-Hoch oder ein Swing-Tief ausgebildet wird; unabhängig von der gewählten Variante.

Eine Trendwende kommt nicht in Gang, weil das Fibo-Tool einen Wendetermin prognostiziert hat. Die Trendwende wird nur durch das Verhalten der Marktteilnehmer initiiert:

- Ein Aufwärtstrend bricht erst dann, wenn sich kein Käufer mehr findet, der bereit ist, mehr zu bezahlen als den aktuellen Preis. Die Nachfrage muss wegbrechen, nur dann fallen die Kurse.
- Damit sich ein Abwärtstrend umkehrt, muss die Nachfrage deutlich über das Angebot steigen. Das Angebot muss sich verknappen und die Nachfrage deutlich erhöhen. Nur dann steigen die Kurse wieder.

Der Verhaltenswechsel der Marktteilnehmer zeigt sich im Chart: Es werden Trendwendeformationen ausgebildet. Diese können in den Formationen (Anhang III – Formationsanalyse, Seite 172) oder auch anhand von Candlesticks (Anhang VI – Candlesticks, Seite 187) erkannt werden.

Meine Empfehlung: Experimentieren Sie mit den Fibonacci-Anwendungen in der Zeitachse. Analysieren Sie Ihr bevorzugtes Trading-Underlying mit diesen Varianten. Bei positiven Ergebnissen (sprich: Sie können Ihr Timing beim Eröffnen und Schließen der Positionen verbessern), nehmen Sie es in Ihren persönlichen Werkzeugkasten der Fibonacci-Anwendungen auf.

ANHÄNGE

Für Leserinnen und Leser, die mit der Technischen Analyse nicht vertraut sind, bieten die Anhänge eine kompakte Einführung – insbesondere in jene Methoden, die in den vorangegangenen Kapiteln zur Anwendung kamen oder erwähnt wurden.

ANHANG I – TECHNISCHE ANALYSE

»Technische Analyse ist das Studium von Marktbewegungen, in erster Linie durch Charts, um zukünftige Kurstrends vorherzusagen.« – zitiert aus John J. Murphy, *Technische Analyse der Finanzmärkte*, dem Standardwerk der technischen Analyse.

So sehen zum Beispiel die historischen Kursdaten vom DAX für den Zeitraum vom 18.08.2025 bis zum 01.09.2025 als Tabelle aus:

Datum	Eröffnung	Schluss	Tageshoch	Tagestief
29.08.2025	23.949,43	23.902,21	24.063,55	23.881,98
28.08.2025	24.180,62	24.039,92	24.206,53	23.972,54
27.08.2025	24.174,62	24.046,21	24.198,30	23.977,99
26.08.2025	24.110,08	24.152,87	24.263,11	24.036,88
25.08.2025	24.232,02	24.273,12	24.377,38	24.224,15
22.08.2025	24.254,81	24.370,74	24.444,41	24.222,54
21.08.2025	24.274,42	24.293,34	24.306,06	24.179,91
20.08.2025	24.252,72	24.276,97	24.369,87	24.217,51
19.08.2025	24.357,23	24.423,07	24.441,00	24.283,55
18.08.2025	24.313,82	24.314,77	24.336,74	24.245,17

Tabelle 4: Historische Kursdaten des DAX. Quelle: boerse-frankfurt.de

Wenn Sie jetzt diese Zahlenkolonnen nicht auf Anhieb »visualisiert« bekommen, um den DAX-Verlauf dieser zwei Wochen zu analysieren, dann befinden Sie sich in bester Gesellschaft. In einem Chart ist das jedoch auf Anhieb möglich.

Ein Bild sagt mehr als tausend Worte!

In der einfachsten Variante werden die Preise, die an einer Börse zustande kommen, in einem Liniendiagramm abgetragen. Beim DAX sieht das dann aus wie in Abbildung 127.

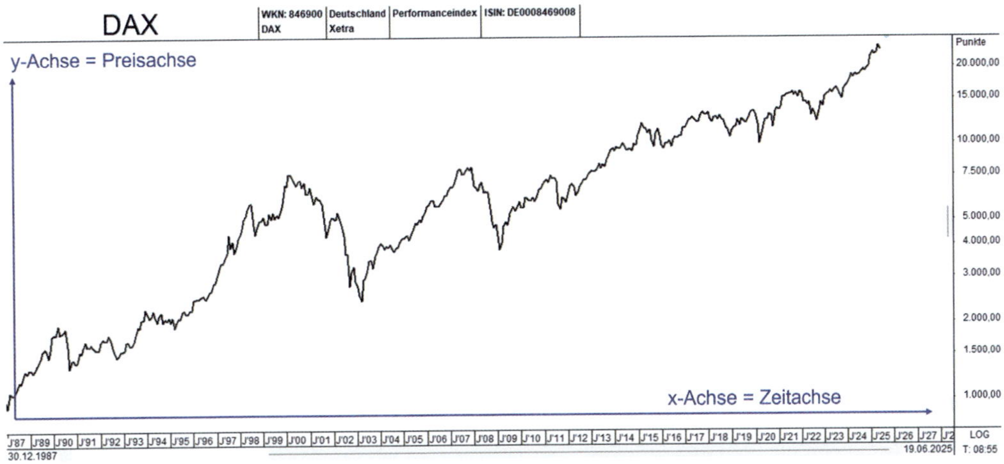

Abbildung 127: DAX im Linien-Monatschart, XETRA. Quelle: TAI-PAN

In der horizontalen Achse (= x-Achse) wird die Zeit fortgeschrieben, in der vertikalen Achse (= y-Achse), der Preisachse, werden die Preise oder Punkte (wie bei einem Index) abgetragen.

Bei diesem Beispiel ist es ein Monatschart. Es werden also die Monatsschlusskurse als Linie aneinandergereiht. Will man sich einen groben Überblick über die Entwicklung einer Aktie oder eines Index verschaffen, dann ist ein Monatschart die beste Wahl.

Werden die Tagesschlusskurse aneinandergereiht, handelt es sich um einen Tageschart, der am meisten verwendete Zeithorizont. Damit kann man das Preisgeschehen der letzten Wochen bis Monate detailliert analysieren.

Den Zeithorizont kann der Anwender vom ganz langfristigen Jahreschart bis zu einem Minuten- oder sogar Tick-Chart wählen, abhängig vom Anlagehorizont oder der verwendeten Analysemethode oder der Strategie.

Tickdaten sind zwingend notwendig, wenn zum Beispiel mit Volume Profile getradet wird, denn bei den Tickdaten wird jede einzelne Preisfeststellung berücksichtigt.

Nicht nur der Zeithorizont kann individuell eingestellt werden, auch der Charttyp kann variieren. Der Klassiker ist der Linienchart, bei welchem die Schlusskurse der gewählten Periode aneinandergereiht werden. Auch wenn der Schlusskurs als der wichtigste Kurs des Tages oder der Woche oder des Monats gilt, so gehen doch wichtige Informationen verloren. Bei einem Candlestick-Chart (Anhang VI – Candlesticks, Seite 187) werden neben dem

Schlusskurs auch der Eröffnungskurs, das Tageshoch und das Tagestief visuell ansprechend angezeigt.

ANHANG II – DOW-THEORIE

Etwas Geschichte vorneweg:

- 1882: Die Journalisten Charles Henry Dow, Edward Davies Jones und Charles Bergstresser gründeten eine Agentur für Finanznachrichten, die Dow Jones & Company.
  Charles H. Dow (1851–1902) war US-amerikanischer Journalist. Er gab mit dem *Customers' Afternoon Letter* den ersten Börsenbrief heraus, aus dem sich das *Wall Street Journal* entwickelte.
  Edward D. Jones (1856–1920) war US-amerikanischer Statistiker. Er ist der »Jones« im Dow Jones Industrial Average.
  Charles Bergstresser (1858–1923) war ebenfalls US-amerikanischer Journalist und Kollege von Dow, bevor sie die Dow Jones & Company gründeten.
- 03.07.1884: Charles Dow veröffentlichte im *Customers' Afternoon Letter* seinen ersten Aktienindex, der sich aus den Schlusskursen von elf Aktien zusammensetzte: neun Eisenbahngesellschaften und zwei produzierende Firmen. Dow dachte, dass diese elf Aktien eine gute Indikation für die wirtschaftliche Gesundheit des Landes darstellten.
- 1897: Charles Dow kam zu dem Schluss, dass zwei separate Indizes die Wirtschaft besser repräsentieren würden. Er entwickelte den aus zwölf Aktien bestehenden Industrie-Index, den Dow Jones Industrial Average (DJIA), und einen weiteren Index aus 20 Eisenbahnaktien (heutiger Dow Jones Transport). Bis 1928 wuchs der Industrie-Index auf 30 Aktien, die Anzahl, die heute noch gilt.
- 08.07.1889: An diesem Tag wurde das *Wall Street Journal* zum ersten Mal herausgegeben. Es ist eine Weiterentwicklung des *Customers' Afternoon Letters*.
- 1899–1902: Charles Dow formulierte in den 255 Editorials für das *Wall Street Journal* seine Theorien rund um den Aktienmarkt. Darin sind die Ursprünge der technischen Analyse (der westlichen Welt) zu finden.

Der Begriff *Dow-Theorie* stammt nicht von Charles Dow selbst, sondern von seinen geistigen Erben S. A. Nelson, William Peter Hamilton und Robert Rhea.

Die Kernaussagen:

1. Die Indizes diskontieren alles.
2. Der Markt hat drei Trends.
3. Primäre Trends haben drei Phasen.
4. Das Volumen muss den Trend bestätigen.
5. Die Indizes müssen einander bestätigen.
6. Ein Trend besteht so lange, bis es definitive Umkehrsignale gibt.

1. DIE INDIZES DISKONTIEREN ALLES

Dow postulierte, dass der Markt alle verfügbaren Informationen aus der Vergangenheit und Gegenwart sowie die Erwartungen an die Zukunft einpreise. Dies bildet zugleich die Grundprämisse jeder technischen Analyse.

2. DER MARKT HAT DREI TRENDS

Dow klassifizierte Trends anhand ihrer Dauer:

- Der **primäre Trend** erstreckt sich über einen Zeitraum von einem Jahr bis zu mehreren Jahren.
- **Sekundäre Trends**, die eine Dauer von drei Wochen bis drei Monaten umfassen, gelten als Korrekturen innerhalb des primären Trends. Diese mittelfristigen Korrekturen führen die Kurse normalerweise zwischen ⅓ und ⅔ der vorhergehenden Trendbewegung zurück, meistens ungefähr 50 % der letzten Bewegung.
- Darüber hinaus identifizierte Dow **tertiäre Trends** mit einer Länge von weniger als drei Wochen, denen er jedoch wenig Bedeutung beimaß.

Dow verglich diese Trends metaphorisch mit dem Ozean: Primäre oder langfristige Trends entsprechen Ebbe und Flut, sekundäre oder mittelfristige Trends können als Wellen betrachtet werden, und die tertiären oder untergeordneten Trends stellen die Kräuselungen auf diesen Wellen dar.

Bei der T-Mobile US Inc. (Abbildung 128) können wir die unterschiedlichen zeitlichen Trends gut erkennen. Der erste Auflagepunkt für die grüne Aufwärtstrendlinie ist das Tief vom 02.06.2023, der zweite Auflagepunkt das Tief vom 28.08.2023. Eine Trendlinie mit zwei Auflagepunkten nennt sich *vorläufige* Trendlinie. Am 06.09.2023 kommt dann der dritte Auflagepunkt dazu. Nun ist es eine *bestätigte* Trendlinie.

Abbildung 128: T-Mobile US Inc. im Tageschart, NASDAQ. Quelle: TAI-PAN

Von Ende Juli 2023 bis Ende August 2023 wird der erste Aufwärtsimpuls mit einem sekundären Abwärtstrend korrigiert. Und innerhalb dieser Abwärtsbewegung wird eine steigende und damit bearishe Flagge ausgebildet. Flaggen sind Formationen vom tertiären Trend.

In die Abbildung eingefügt ist ein detaillierter Ausschnitt der Korrektur. Die sekundäre Abwärtstrendlinie ist in Rot eingezeichnet und die bearishe Flagge ist blau eingefärbt.

3. PRIMÄRE TRENDS HABEN DREI PHASEN

Dow unterteilte den primären Trend in drei Phasen:

1. In der **Akkumulationsphase** kaufen die informierten und scharfsinnigen Investoren, die das schlummernde Potenzial in dem Basiswert erkennen.
2. Nun berichten einschlägige Medien über den Basiswert, die Phase der **öffentlichen Beteiligung** beginnt. Trendfolger steigen ein und treiben die Kurse nach oben.
3. Dann beginnt die **Distributionsphase**. Die erste Gruppe der Investoren beginnt, ihre Positionen abzubauen, sie *distribuieren*, sprich, sie verkaufen und nehmen ihre Gewinne mit.

Die drei Phasen des primären Trends lassen sich sehr gut am Beispiel der Deutschen Telekom AG am Monatschart zeigen (Abbildung 129). Die drei Phasen haben sich von 1996 bis 2000 ausgebildet. Die Übergänge der drei Phasen überlappen sich. Die gut informierten Investoren kaufen (grüne Ellipse), dann steigt die breite Masse in der Phase der öffentlichen Beteiligung ein (blaue Ellipse) und treibt den Preis weiter nach oben. Und während die breite Masse noch kauft, realisieren die früh Eingestiegenen bereits ihre Gewinne (rote Ellipse). Am Top wird ein Evening Star ausgebildet, eine zuverlässige, obere Umkehrformation. Die Nachfrage trocknet aus – das Angebot wird immer größer. Der Trend kippt und die Distributionsphase geht in den Abwärtstrend über.

Abbildung 129: Deutsche Telekom AG im Monatschart, XETRA. Quelle: TAI-PAN

4. DAS VOLUMEN MUSS DEN TREND BESTÄTIGEN

Dow sah das Volumen als sekundären, aber wichtigen Faktor bei der Bestätigung von Kauf- oder Verkaufssignalen. Vereinfacht ausgedrückt forderte Dow, dass der Umsatz mit der Richtung des vorherrschenden Trends einhergehen muss:

- In einem **Aufwärtstrend** sollte das Volumen bei steigenden Kursen ansteigen und in der Korrektur fallen.
- In einem **Abwärtstrend** sollte das Volumen an besonders verlustreichen Tagen besonders hoch sein, bei korrektiven Aufwärtsbewegungen deutlich geringer.

Volume goes with the Trend!

Der Tageschart der Deutschen Telekom AG vom ersten Halbjahr 2025 zeigt das alles (Abbildung 130):

- Nach einer kleinen Abwärtsbewegung Ende Januar 2025 bricht die Aktie mit deutlich steigendem Volumen aus.
- Die sich anschließende Aufwärtsbewegung wird durch steigendes Volumen bestätigt. Volume goes with the trend!
- Die drei schwarzen Kerzen Anfang März werden ebenfalls durch steigendes Volumen bestätigt. Und wieder: Volume goes with the trend!

Abbildung 130: Deutsche Telekom AG im Tageschart, XETRA. Quelle: TAI-PAN

- Der extreme Hammer vom 07.04.2025 wird von sehr hohem Volumen begleitet. Insbesondere eine untere Umkehr muss Volumen-unterfüttert sein.
- Die scharfe Abwärtsbewegung Mitte Juni wird wieder von steigendem Volumen begleitet.
- Die beiden Volumenspitzen vom 21.03.2025 und 20.06.2025 sind dem großen Verfall von Optionen und Futures geschuldet.
  Financial Futures verfallen in der Regel am dritten Freitag im letzten Monat des Quartals.

5. DIE INDIZES MÜSSEN EINANDER BESTÄTIGEN

Dow bezog sich bei dieser Kernaussage auf »seine« beiden Indizes: den Dow Jones Industrial Index und den Dow Jones Transport. Er war davon überzeugt, dass kein wichtiges Signal zu Beginn eines Bullenmarktes oder Bärenmarktes Gültigkeit besitzt, solange nicht beide Indizes dasselbe Signal geben und sich damit gegenseitig bestätigen. Abweichungen der beiden Indizes deuten laut Dow auf eine Fortsetzung des aktuellen Trends. Die Logik hinter dieser Aussage ist so einfach wie bestechend: Boomt die Industrie, dann sollten auch die Transportunternehmen davon profitieren. Schwächelt jedoch die Industrie, wird auch weniger produziert und weniger Waren müssen transportiert werden.

Verfügbare Aufzeichnungen belegen, dass Dows Theorie von 1920 bis 1975 68 % der Signale im Industrie- und Transportindex und 67 % des S&P 500 erfasst hat (Quelle: Barrons, ein US-amerikanisches Finanzmagazin).

EXKURS

Der S&P 500 (Standard & Poor's 500) ist ein Aktienindex, der die 500 führenden börsennotierten US-amerikanischen Unternehmen umfasst. Er wurde am 04.03.1957 eingeführt. Damit ist er zwar rund 60 Jahre jünger als der Dow Jones Industrial Index, aber er ist *der* weltweite Leitindex aufgrund seiner immensen Marktkapitalisierung. Sowohl der S&P 500 als auch der Dow Jones Industrial Average (und die meisten weltweiten Indizes) werden als Kursindex (KI) berechnet. Für die Indexberechnung werden nur die Kurse der beinhalteten Aktien berücksichtigt. Beim DAX hingegen, dem Performanceindex (PI), werden die Dividenden und Erträge re-investiert.
Vergleichen wir also die Performance vom DAX (PI) mit den S&P 500 (KI), so vergleichen wir Äpfel mit Birnen. Eigenlicht müssen wir für solche Vergleiche den DAX Kursindex heranziehen.

6. EIN TREND BESTEHT SO LANGE, BIS ES DEFINITIVE UMKEHRSIGNALE GIBT

In der technischen Analyse geht man von einer höheren Wahrscheinlichkeit aus, dass sich ein bestehender Trend fortsetzt, als dass er endet.

The trend is your friend!

Erst wenn es klare und eindeutige Trendumkehrsignale gibt, kann davon ausgegangen werden, dass sich der Trend umgekehrt hat.

WAS IST SONST NOCH WICHTIG?

- Für Charles Dow waren Signale nur auf Tagesschlusskursbasis gültig. Intraday-Ausbrüche beachtete er nicht.
  Bedenken Sie, dass Candlesticks zu Dows Lebenszeit noch nicht in der westlichen Welt bekannt waren. Steve Nison hat diese Chartvariante erst 1989 in der westlichen Hemisphäre vorgestellt.
- Dows Ansatz ist trendfolgend.
- Es kann nie die gesamte Bewegung mitgenommen werden, sondern nur ein Teil davon. Es dauert, bis eindeutige Trendumkehrsignale ausgebildet worden sind.
- Dow hat niemals Kursziele prognostiziert … dafür bieten sich die in diesem Buch vorgestellten Fibonacci-Varianten an.

ANHANG III – FORMATIONSANALYSE

Blättern wir kurz zurück zu Kapitel 3: Trend & Trendumkehr:

Wir haben gelernt, dass das Trendkonzept der wesentliche Bestandteil der Dow-Theorie ist, und dass der technische Analyst eigentlich zwei Hauptziele verfolgt:

1. Den aktuellen Trend zu identifizieren und
2. die Trendumkehr zu prognostizieren.

Das impliziert, dass es zwei Hauptkategorien von Formationen gibt:

- Trendbestätigungs- oder Fortsetzungsformationen und
- Trendumkehrformationen.
  Diese gibt es in den Varianten:
  - Top-Formation: Ein Aufwärtstrend dreht an einem Hoch in einen Abwärtstrend.
  - Boden-Formation: Ein Abwärtstrend dreht an einem Tief in einen Aufwärtstrend.

1. TRENDUMKEHRFORMATIONEN

Laut Charles Dow besteht ein Trend so lange, bis es definitive Umkehrsignale gibt. Das heißt, dass ein Trendwechsel in der Regel eine gewisse Zeit für die Entwicklung benötigt. Selten ist der Trendwechsel abrupt.

Insbesondere beim primären Trend (ein bis mehrere Jahre) gibt es sehr bekannte Umkehrformationen, als da zum Beispiel sind:

- Doppeltop und doppelter Boden (Abbildung 131)
- Dreifachtop und dreifacher Boden (Abbildung 133)
- Kopf-Schulter-Formation und die inverse Kopf-Schulter-Formation (Abbildung 132)
- V-Formation
- Untertassenformationen und die inverse Untertasse

Für alle Umkehrformationen gilt:

- Wo kein Trend ist, kann sich auch nichts umkehren!
  Es *muss* also ein vorauslaufender Trend existieren – siehe Dow-Theorie (Seite 166).
- Das erste Signal eines drohenden Trendwechsels ist oft der Bruch einer bedeutenden Trendlinie.
- Je größer die Formation, umso größer ist die nachfolgende Bewegung.
- Topformationen sind von der Zeitdauer gewöhnlich kürzer und volatiler als Bodenformationen. Kurse neigen dazu, schneller zu fallen, als zu steigen.

Der Bär nimmt den Aufzug – der Bulle die Treppe …

- Bodenformationen weisen in der Regel geringere Handelsspannen auf und brauchen länger für ihre Ausbildung.
- Die Volumenentwicklung ist bei der Trendwende nach oben von größerer Bedeutung.

Das Volumen wurde bereits in der Dow-Theorie thematisiert. In Trendrichtung sollte es generell ansteigen, es ist ein wichtiger Bestätigungsfaktor für die Vollendung aller Kursformationen. Wenn das Volumen während eines Ausbruchs nach oben nicht signifikant anzieht, sollte man die Kursformation infrage stellen. Beim Abschluss von Bodenformationen ist der kräftige Anstieg des Volumens absolut notwendig. Eine untere Umkehr muss von vielen Marktteilnehmern getragen werden.

Die hier beschriebenen »klassischen« Chartformationen kommen ohne Fibonacci-Ratios aus. Das unterscheidet sie von den harmonischen Patterns. Wobei: Unterstützung oder Widerstände oder Kursziele können natürlich mit Fibonacci-Methoden bestimmt werden.

Chartformationen sind Bilder oder Muster (engl. Pattern), die in Charts von Aktien, Indizes, Devisen, Rohstoffen oder Anleihen ausgebildet werden, und zwar unabhängig vom Charttyp oder dem Zeithorizont.

Hier die ersten drei Umkehrformationen des primären Trends in einer einprägsamen Grafik:

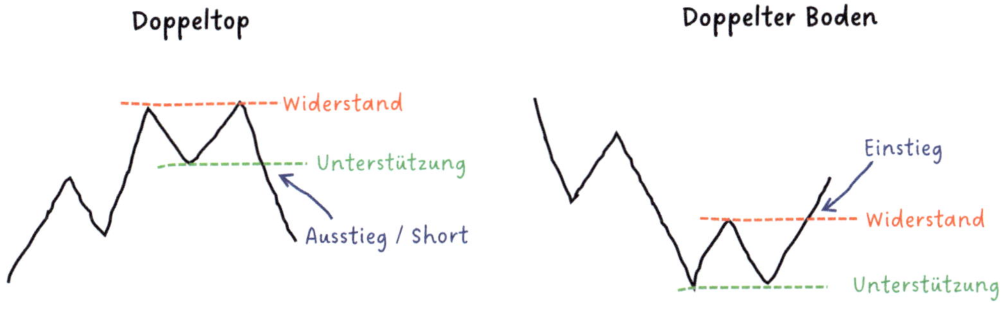

Abbildung 131: Schematische Darstellung vom Doppeltop und doppelten Boden

Im »Original« sind Doppeltops oder auch M-Formationen obere Umkehrformationen des primären Trends. Aber sie werden auch in einem Stunden- oder 5-Minutenchart ausgebildet.

Im primären Trend liegen die beiden Hochs mindestens vier Wochen auseinander und werden auf ungefähr gleicher Höhe ausgebildet. Das zweite Hoch wird mit weniger Volumen ausgebildet als das erste Hoch. Der Durchbruch durch das Swing-Low zwischen den beiden Hochs – das ist die gestrichelte grüne Unterstützungslinie – erfolgt wieder mit höherem Volumen. Ein Re-Test dieser Unterstützungslinie ist nicht ungewöhnlich. Das rechnerische Mindestkursziel ergibt sich aus der Höhe der M-Formation, der Kursdifferenz zwischen Top und dem Swing-Low.

Beim doppelten Boden (auch W-Formation) läuft das Ganze vice versa. Hier muss der Durchbruch durch den Widerstand mit deutlich erhöhtem Volumen vonstattengehen.

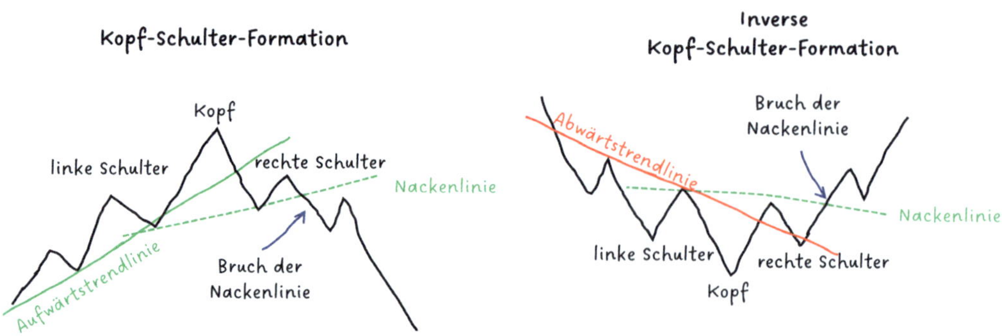

Abbildung 132: Schematische Darstellung einer Kopf-Schulter-Formation sowie der inversen Kopf-Schulter-Formation

Die Schulter-Kopf-Schulter-Formation oder auch Kopf-Schulter-Formation (oder einfach nur SKS) ist eine obere Umkehrformation, die inverse SKS die untere Umkehrformation. Bei einer SKS wird der Kopf von zwei tieferen Hochs flankiert, der linken und der rechten Schulter. Verbindet man die Swing-Lows zwischen linker Schulter und Kopf und Kopf und rechter Schulter, ergibt das die Nackenlinie. Auch bei der SKS ist die Entwicklung des Volumens sehr wichtig. Das höchste Volumen wird bei der linken Schulter ausgebildet, der Kopf erscheint mit weniger Volumen, und bei der rechten Schulter ist es noch weniger. Beim Durchbruch durch die Nackenlinie ist ein deutlicher Anstieg des Volumens Pflicht. Ein Re-Test der Nackenlinie muss eingeplant werden.

Das Handelssignal ergibt sich jeweils beim Bruch der Nackenlinie. Das rechnerische Kursziel ergibt sich aus der Distanz zwischen Kopf und der Nackenlinie. Diese Strecke wird beim Durchbruch durch die Nackenlinie nach unten abgetragen. Bei der inversen SKS vice versa.

Eine Kopf-Schulter-Formation kann auch als bullish Butterfly interpretiert werden, oder als finale Bewegung in einem Elliott-Wave-Impuls inklusive Korrektur (Abbildung 116). Bei der inversen SKS funktioniert es auch hier vice versa.

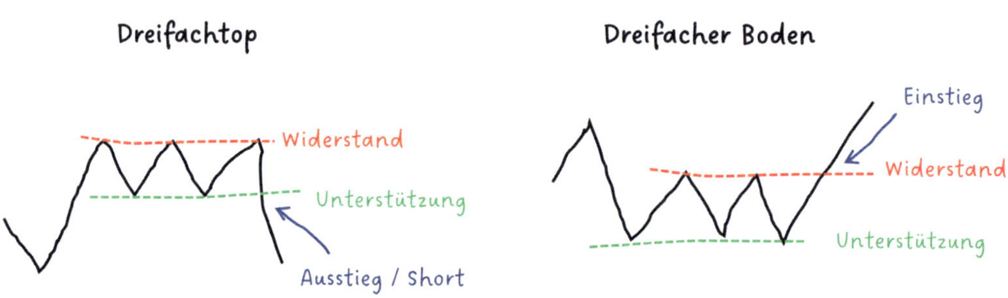

Abbildung 133: Schematische Darstellung vom Dreifachtop und dreifachen Boden

Das Dreifachtop oder der dreifache Boden ist zum einen eine Erweiterung von Doppeltop und doppeltem Boden um ein Hoch, beziehungsweise eine »flache« SKS. Das mittlere Hoch ist kein höherer Kopf, sondern ein ungefähr gleich hohes Hoch. Das Volumen muss analog zur SKS beziehungsweise inversen SKS ausgebildet werden.

2. FORTSETZUNGSFORMATIONEN

Fortsetzungsformationen sind Muster des tertiären Trends. Zu den Fortsetzungsformationen gehören:

- Dreiecke
- Flaggen
- Wimpel
- Keile
- Rechtecke

Sie stellen Unterbrechungen im bestehenden Trend dar, eine Art Luftholen, bevor die ursprüngliche Trendrichtung wieder aufgenommen wird.

Eine besonders spannende Fortsetzungsformation ist die Flagge (Abbildung 134). Flaggen haben den Ruf als *traders paradise*, denn sie sind äußerst zuverlässig,

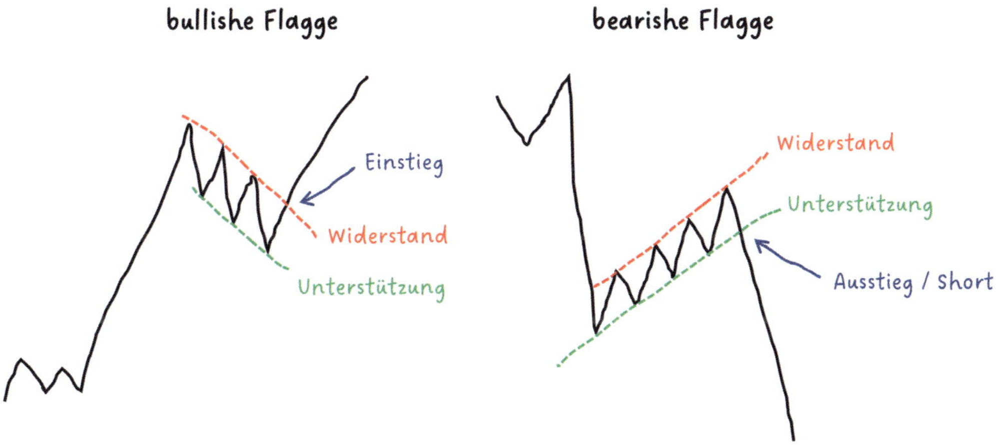

Abbildung 134: Schematische Darstellung einer fallenden und damit bullishen Flagge (links) und einer steigenden und damit bearishen Flagge (rechts).

Eine **Flagge** ist eine Art Konsolidierung in einer dynamischen Bewegung. Bezogen auf den Tageschart dauert sie etwa eine Woche bis drei Wochen. Sie wird natürlich auch in einem Stundenchart oder 3-Minutenchart ausgebildet, allerdings in entsprechend kürzerer Zeit. Wie bei einer echten Flagge auch, wird typischerweise als Erstes eine Fahnenstange in Trendrichtung ausgebildet. Also eine sehr steile Aufwärtsbewegung bei der bullishen Flagge, beziehungsweise eine scharfe Abwärtsbewegung bei der bearishen Flagge. Die Fahnenstangen werden bei hohem Volumen ausgebildet. Wir erinnern uns: Volume goes with the trend!

Auf die Fahnenstange folgt die Flagge, eine Art geneigtes Parallelogramm. Die gegenüberliegenden Seiten bilden Unterstützung und Widerstand aus.

- Die fallende Flagge ist bullish (Abbildung 134 links).
- Die steigende Flagge ist bearish (Abbildung 134 rechts).

Die Flagge selbst wird mit geringem Volumen ausgebildet. Es ist ja nur eine Pause in der direktionalen Bewegung, bevor es wieder in Trendrichtung weitergeht. Der Ausbruch aus der Flagge erfordert wieder hohes Volumen und es geht weiter in die von der Fahnenstange vorgegebene Richtung. Oftmals wird eine Flagge in der Mitte einer Trendbewegung ausgebildet.

ANHANG IV – INDIKATOREN UND OSZILLATOREN

Die Analyse eines schlichten Candlestick-Charts bietet Raum für vielfältige Interpretationen. Oft werden Indikatoren und Oszillatoren hinzugefügt, um eindeutigere Kauf- oder Verkaufssignale zu generieren. Die meisten Indikatoren und Oszillatoren sind mathematische Ableitungen vom Preis, einige wenige beziehen das Volumen oder die Volatilität mit ein.

Indikatoren und Oszillatoren gegeneinander abzugrenzen ist nicht so einfach.

- **Indikatoren** werden in der Regel im Preischart angezeigt. Es sind Trendfolger, sie laufen also dem Trend hinterher, es sind *lagging indicators*. Sie zeigen den aktuellen Trend zeitverzögert an und reagieren bei der Trendumkehr auch mit einer Zeitverzögerung. Trendfolgende Indikatoren sind für Seitwärtsphasen überfordert und damit nicht geeignet. Je nach Statistik befinden sich die Märkte in bis zu ⅔ der Zeit in einer Seitwärtsbewegung – und damit eben nur in ⅓ der Zeit im Trend.
  Gleitende Durchschnitte gehören zu den einfachsten und gebräuchlichsten Indikatoren. Es gibt sie in vielen Variationen – simple, weighted, exponentiell. Mal wird nur ein Durchschnitt verwendet, mal drei oder sogar mehr. Sie zeigen die Trendrichtung an und generieren Kauf- und Verkaufssignale.
  ABER: Gleitende Durchschnitte und damit auch die Signale sind eben trendfolgend und nur nachlaufend (*lagging*). Sie funktionieren nicht in Seitwärtsbewegungen. Handelssysteme, die nur auf gleitenden Durchschnitten basieren, funktionieren auf Dauer nicht! Damit macht man über kurz oder lang aus einem großen Vermögen … ein kleines Vermögen.

- **Oszillatoren** hingegen werden in der Regel in einem separaten Fenster unterhalb des Preischarts angezeigt. Sie zeigen einen möglichen Trendwechsel an. Sie oszillieren normalerweise innerhalb einer fixen Range, zum Beispiel 0 bis 100, oder um eine Nulllinie oder Basislinie, und zeigen in ihren Extrembereichen überkaufte oder überverkaufte Märkte an. In Seitwärtsmärkten liefern sie gute Ergebnisse, in starken Trendmärkten hingegen sind sie überfordert. Sie bilden Divergenzen mit der Kursbewegung aus.
  Der Begriff »Oszillator« stammt aus der Physik und bedeutet stetiges Hin- und Herschwingen um eine Nulllinie.

WAS IST EIGENTLICH EIN ÜBERKAUFTER ODER ÜBERVERKAUFTER MARKT?

Mit den Begriffen überkaufter/überverkaufter Markt wird eine Extremsituation beschrieben:

- Eine Aktie ist *überkauft*, wenn sie sich im extremen Nachfrageüberhang befindet. Es wird also gekauft, als gäbe es kein Morgen ... der Oszillator befindet sich am oberen Rand, in der *überkauften* Zone.
- Eine Aktie ist *überverkauft*, wenn sie sich im extremen Angebotsüberhang befindet. Hier wird verkauft, was das Zeug hält ... der Oszillator befindet sich am unteren Rand, in der *überverkauften* Zone.

Wenn ein Markt überkauft oder überverkauft ist, dann ist das für sich allein genommen **kein** Handelssignal. Es muss **immer** noch im Preischart ein Kauf- oder Verkaufssignal dazukommen. Es ist ein Warnsignal, dass ein Trendwechsel stattfinden *könnte*. Aber auch eine überkaufte Aktie kann locker flockig weiter steigen. Und eine überverkaufte Aktie kann sich nochmals halbieren!

Indikatoren und Oszillatoren sind sekundäre Analysemethoden und sind der grundlegenden Trendanalyse unterzuordnen. Sie sollten stets in Kombination mit dem Preischart verwendet werden. Die Analyse von Divergenzen liefert wichtige Signale. Aber Achtung: Indikatoren und Oszillatoren sind technische Hilfsmittel, die Fehlsignale liefern können!

UND WAS IST EINE DIVERGENZ?

Beim hier vorgestellten MACD-Indikator ist der Name Programm: Moving Average Convergence/Divergence:

- Bildet der Preis ein höheres Hoch aus, der Oszillator allerdings nicht, dann ist dies eine bearishe Divergenz. Der Aufwärtstrend wird nicht durch einen ebenfalls steigenden Indikator/Oszillator bestätigt. Ein Warnsignal, dass der Aufwärtstrend altert und eventuell drehen könnte.
- Bildet der Preis ein tieferes Tief aus, der Oszillator allerdings nicht, dann ist dies eine bullishe Divergenz. Der Abwärtstrend wird nicht durch einen ebenfalls fallenden Indikator/Oszillator bestätigt. Auch hier könnte der Abwärtstrend am Ende sein und drehen.

Eine Divergenz für sich genommen liefert kein Handelssignal. Es muss immer ein Trendwendesignal im Preischart dazukommen.

Wer Indikatoren und Oszillatoren für die Analyse verwendet, muss sich mit ihrer Funktionsweise und auch Mathematik auseinandersetzen. Denn nur wer die Berechnung und das Prinzip verstanden hat, kann diese korrekt interpretieren. Indikatoren und Oszillatoren sollten sparsam verwendet werden. Denn das Hauptaugenmerk einer Chartanalyse muss auf den Kursverlauf gelegt werden. Bei zu vielen Indikatoren im Chartfenster verstellen die oftmals bunten Linien den Blick auf den Kursverlauf. Bei zwei oder drei oder mehr Indikatorenfenster unterhalb (oder oberhalb) vom Chart wird dann der eigentliche Chart mit dem Kursverlauf so schmal, dass der Kursverlauf kaum noch zu erkennen ist. Hinzu kommt, dass die Mehrzahl aller Indikatoren oder Oszillatoren eine erste oder zweite Ableitung des Preises sind und somit keinen wirklichen Mehrwert bieten.

Als Beispiel wird nun der MACD vorgestellt, der zum Beispiel in der Abbildung 31 (Seite 54), Abbildung 32 (Seite 55) und Abbildung 83 (Seite 110) Verwendung findet.

BERECHNUNG UND INTERPRETATION DES MACD-INDIKATORS UND MACD-HISTOGRAMMS

Gerald Appel hat 1979 den **MACD-Indikator** vorgestellt. MACD steht für *Moving* ***A****verage* ***C****onvergence/****D****ivergence*. Es ist ein Dinosaurier unter den Indikatoren, einer der ältesten und am meisten verwendeten Indikatoren weltweit. Der MACD ist ein Trendfolge-Indikator, der auf gleitenden Durchschnitten beruht.

Die Berechnung erfolgt in zwei Schritten:

1. Es wird die Differenz zwischen zwei exponentiell geglätteten Durchschnitten (EMA) gebildet. In der Standardeinstellung von Appel wird vom 12er EMA der 26er EMA subtrahiert. Das ergibt die MACD-Linie.
2. Die MACD-Linie wird im zweiten Schritt mit einem weiteren exponentiellen Durchschnitt, in der Standardeinstellung einem 9er EMA, geglättet – das ist dann die Triggerlinie oder auch Signallinie.

Das Ergebnis sehen Sie in Abbildung 135:

- Im Candlestick-Chart vom DAX sind in Grün ein 26er EMA und in Blau ein 12er EMA eingezeichnet.
- Im mittleren Fenster ist der MACD-Indikator in der klassischen Liniendarstellung abgebildet. In Schwarz die MACD-Linie, also die Differenz der beiden EMAs, und in Rot die Signallinie, dem 9er EMA auf die MACD-Linie. Der MACD-Indikator mäandert um die Nulllinie in einer nach oben und unten offenen Skala.
- Im unteren Indikatorenfenster ist das MACD-Histogramm zu sehen.

Wie wird aus dem MACD-Indikator in der klassischen Liniendarstellung das MACD-Histogramm?

Ganz einfach: Die Differenz zwischen der MACD-Line und der Triggerlinie wird durch die Balken des Histogramms dargestellt. Das ist mit der blauen Ellipse und dem blauen Pfeil gekennzeichnet.

Insbesondere Divergenzen zwischen Kursverlauf und Indikator sind im MACD-Histogramm besser zu erkennen.

- Die Balken über der Nulllinie sind grün, wenn die schwarze MACD-Line über der roten Triggerlinie notiert und sich der Markt in einer Aufwärtsbewegung befindet.
- Die Balken unter der Nulllinie sind rot, wenn die schwarze MACD-Linie unter der roten Triggerlinie notiert und sich der Markt in einer Abwärtsbewegung befindet.
- Bei einer bearishen Divergenz bildet der Kurs höhere Hochs aus, die grünen Balken des MACD-Histogramms werden aber bereits wieder kleiner.
- Bei einer bullishen Divergenz bildet der Kurs tiefere Tiefs aus, das MACD-Histogramm bildet aber bereits wieder kleinere rote Balken aus.

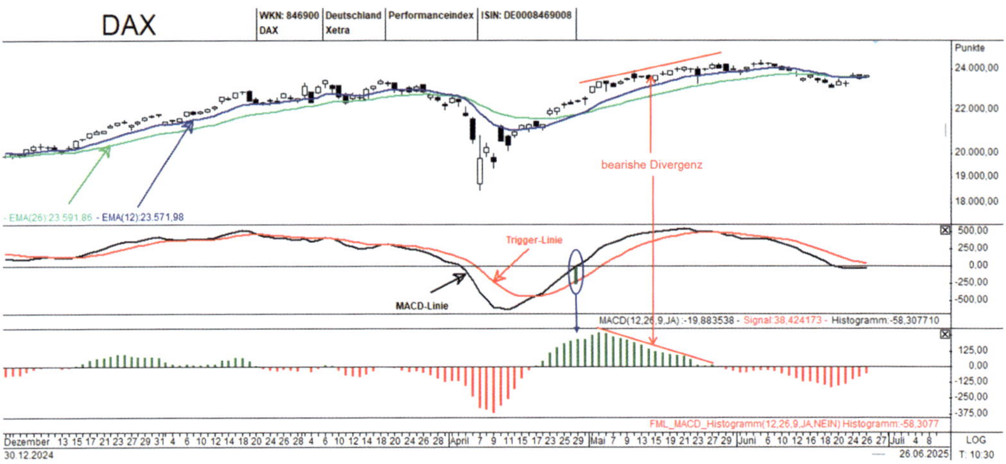

Abbildung 135: DAX im Tageschart mit MACD und MACD-Histogramm, XETRA. Quelle: TAI-PAN

Interpretation:

- Ein Kaufsignal wird erzeugt, wenn die MACD-Linie über die Trigger-Linie kreuzt. Im MACD-Histogramm ist das der Durchgang über die Nulllinie, und das Histogramm wird grün.
- Ein Verkaufssignal wird erzeugt, wenn die MACD-Linie unter die Trigger-Linie kreuzt. Im MACD-Histogramm ist das der Durchgang unter die Nulllinie, und das Histogramm wird rot.
- Kreuzt die MACD-Linie über die Trigger-Linie und dann über die Nulllinie, so gilt das als Bestätigung des Aufwärtstrends.
- Kreuzt die MACD-Linie unter die Trigger-Linie und dann unter die Nulllinie, gilt dies als Bestätigung des Abwärtstrends.
- Das MACD-Histogramm eignet sich sehr gut für die Divergenzanalyse.

In seinem Buch *PowerTools für die Technische Analyse*, erschienen im FinanzBuch Verlag, hat Gerald Appel – neben »neuen Methoden für das aktive Handeln an den Aktienmärkten« – auch »seinen« MACD detailliert erläutert.

ANHANG V – ELLIOTT-WAVES-PRINCIPLE

Der US-Amerikaner Ralph Nelson Elliott (1871–1948) war Buchhalter und entwickelte in den späten 1920er-Jahren die Elliott-Wellen-Theorie, auch genannt Elliott-Wave-Principle. Dabei nahm er auch psychologische Aspekte des Anlegerverhaltens in den Fokus. Er hat die massenpsychologischen Aspekte der Marktbewegungen des Aktienmarkts analysiert und in sein Principle inkludiert.

Denn: Die Handelsteilnehmer sind Menschen, und damit sind die Märkte und ihre Bewegungen menschengemacht. Das gilt sogar noch heute, in Zeiten der Algos, wenn durch von Menschen programmierte Algorithmen ge- und verkauft wird.

Die menschlichen Händler werden von ihren Emotionen gesteuert: Hoffnungen und Wünsche, Gier und Angst. Kursextreme sind emotionale Überreaktionen der Marktteilnehmer auf der Angebots- und auch auf der Nachfrageseite.

Menschliche Verhaltensmuster sind in vergleichbaren Situationen ähnlich. Sie finden häufig in vorhersagbarer Weise statt. Aus der genauen Beschreibung der Marktbewegungen wird somit ein Prognoseinstrument.

Als mathematische Grundlage dienten Elliott die Fibonacci-Ratios (Kapitel 2, Seite 20). In seinem Hauptwerk *Nature's Law – The Secret of the Universe* (1946) legt er ausführlich dar, wie häufig die Zahlen der Fibonacci-Zahlenfolge und deren Ratios in der belebten und unbelebten Natur eine Rolle spielen, wo sie »Ordnung« in die Natur bringen.

Deshalb ist es nicht weiter verwunderlich, dass das eine oder andere Fibonacci-Muster – wie zum Beispiel das Schmetterlingsmuster (siehe Kapitel 4.4, Seite 101) – eine Entsprechung bei den Elliott-Waves hat.

Die Elliott-Waves beschreiben das Verhalten der – menschlichen – Markteilnehmer über die »Muster, Zeit und Ratios, die alle die Fibonacci-Zahlenfolge beachten«.

Der Buchhalter Ralph Nelson Elliott erkrankte schwer und studierte, auf seiner Terrasse im sonnigen Kalifornien sitzend, die Kursverläufe des Dow Jones Industrial Average und des Dow Jones Railroad (heute der Dow Jones Transportation Index). Von diesen beiden Indizes gab es ab 1928 Tagesdaten und bereits ab 1932 stündliche Aufzeichnungen.

Er kannte die Arbeiten von Charles Henry Dow und sagte später, dass das Wellenprinzip »eine sehr gesuchte Ergänzung zur Dow-Theorie darstellte«.

Wir erinnern uns: Dow spricht in einer Hausse von drei Phasen: der Akkumulationsphase, der Trendphase (= Phase der öffentlichen Beteiligung) und der Distributionsphase. Elliotts drei Impulswellen in Trendrichtung und die beiden dazwischenliegenden Korrekturwellen stimmen recht gut mit der Dow-Theorie überein.

Elliott kontaktierte 1934 Charles J. Collins, der damals einen wöchentlichen Börsenbrief herausgab. Er präsentierte ihm in sehr groben Zügen seine Theorie sowie eine Prognose des Dow Jones Industrial Average. Er prognostizierte den kleinen Kursrückgang 1935 und dessen Ende fast auf den Tag genau.

Auf Anregung von Collins veröffentlichte Elliott 1938 *The Wave Principle*. Er verfasste eine Reihe von Artikeln über die Grundsätze seiner Theorie und das Marktverhalten, bevor er 1946 sein Hauptwerk *Nature's Law – The Secret of the Universe* veröffentlichte.

GRUNDLEGENDES MUSTER

Beim Studium der Kursverläufe des Dow Jones Industrial Average und des Dow Jones Railroad hatte Elliott erkannt, dass die Kursentwicklung bestimmten Regeln folgte und dabei spezifische Wellenmuster ausbildete. Diese Wellenmuster beinhalten Längen und Zeitverhältnisse – das sind die »Muster, Zeit und Ratios«. Werden nun die Wellenmuster identifiziert, kann der künftige Kursverlauf prognostiziert werden. Das Elliott-Wave-Principle ist in einem stringenten Regelwerk festgehalten.

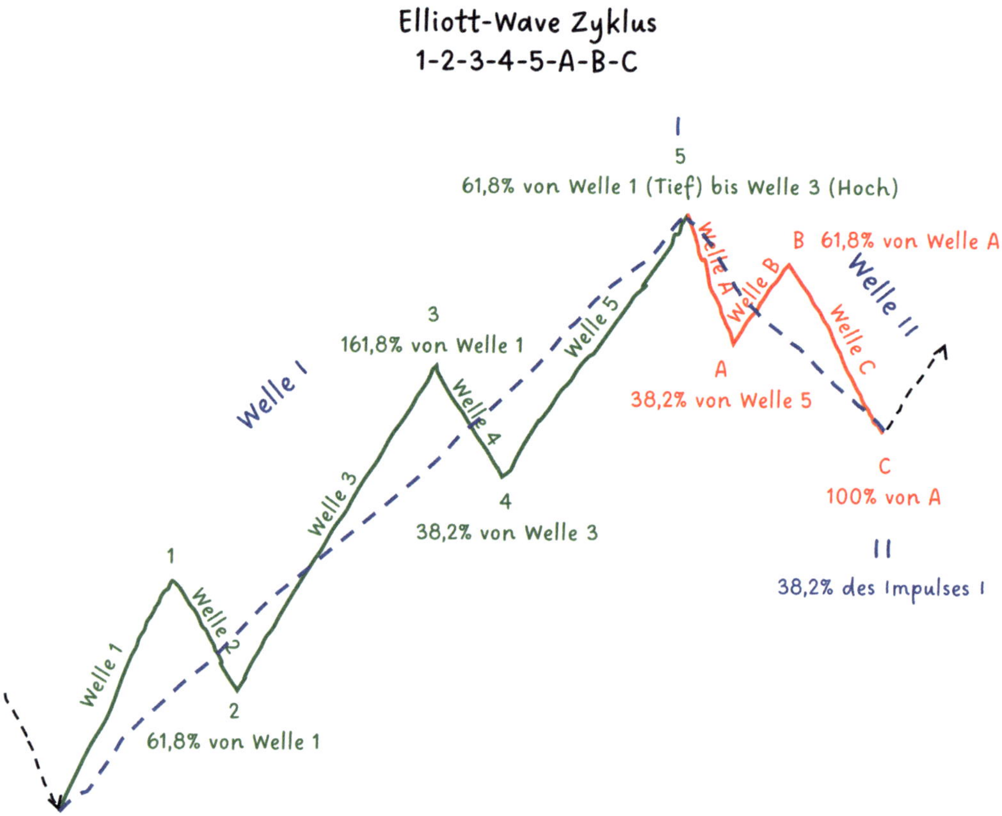

Abbildung 136: Grundmuster eines kompletten Elliott-Wave-Zyklus

Das grundlegende Konzept der Elliott-Waves basiert auf der Annahme, dass Marktbewegungen (Preise) durch massenpsychologische Verhaltensweisen beeinflusst werden. Daraus lassen sich regelmäßig wiederkehrende, selbstähnliche Wellenformationen im Chart ableiten.

Eine »Welle« ist dabei jede Bewegung mit einem neuen Hoch oder einem neuen Tief. Das gilt über alle Zeithorizonte.

In Abbildung 136 ist ein Elliott-Wave-Zyklus, bestehend aus den acht Wellen 1-2-3-4-5-A-B-C, inklusive der idealen Fibonacci-Ratios grafisch dargestellt.

- In Richtung des primären Trends bewegen sich die Märkte in 5 Wellen. Dieser Impuls, die Welle I, ist die blaue gestrichelte Welle. Die Subwellen sind die fünf grünen Wellen 1 bis 5.
- Entgegen dem primären Trend werden die Korrekturen ausgebildet. Die blaue Welle I wird korrigiert durch die blaue Welle II in entgegengesetzter Richtung. Korrekturen bestehen aus drei Wellen, die Subwellen sind die roten Wellen A, B und C.
- Ein kompletter Marktzyklus umfasst acht Wellen: fünf Impulswellen und drei Korrekturwellen.
- Jede dieser einzelnen Wellen lässt sich in Subwellen unterteilen.
- Die Wellen in Richtung des übergeordneten Trends sind Impulswellen und 5-Teiler. Das sind die Wellen 1, 3, 5, A und C.
- Die Korrekturwellen 2, 4 und B werden entgegen dem übergeordneten Trend ausgebildet und bestehen aus drei Subwellen.
- In einer Hausse bewegen sich die Kurse der Welle I nach oben, die Kurse der Welle II nach unten.
- Bei einer Baisse verhält sich der Markt umgekehrt. Dann ist das Impulsmuster nach unten gerichtet, und das Korrekturmuster ist aufwärtsgerichtet.
- Impulsmuster sind relativ einfach zu identifizieren und prognostizieren.
- Bei Korrekturmustern sieht das etwas anders aus. Es gibt zwar nur drei Basismuster, diese können aber in mehreren Varianten und vielen Kombinationen ausgebildet werden, das erschwert dem Anwender das Identifizieren und Prognostizieren.

Um nicht den Überblick zu verlieren, hat Elliott eine so geniale wie simple Methode der Beschriftung entwickelt:

- Impulse werden numerisch und Korrekturen alphabetisch gezählt.
- Die einzelnen Wellengrade werden in einem bestimmen Schrifttyp gekennzeichnet.
- Übergeordnet betrachtet sind die Wellen 1-2-3-4-5 die Subwellen der Impulswelle I, und die Wellen A-B-C sind die Subwellen der Korrekturwelle II.
- Dieser Prozess kann in beide Richtungen fortgesetzt werden. Daraus ergibt sich die fraktale Struktur der Elliott-Waves.

EXPANDED FLAT

In den vorangegangenen Kapiteln wurde einige Male das Korrekturmuster des *Expanded Flat* erwähnt. Insbesondere in Kapitel 4.4 Fibonacci-Extension wurde mehrfach darauf hingewiesen, dass mit der Variante der Extension das Kursziel der überschießenden Welle B eines Expanded Flats (Abbildung 137) berechnet wird.

Auf den ersten Blick hat dieses Korrekturmuster nichts mit einer Seitwärtsbewegung zu tun, wie der Name »Flat« suggeriert. Wer mit Elliott-Waves vertraut ist, sieht allerdings, dass die interne Struktur 3-3-5 charakteristisch für ein Flat-Korrekturmuster ist.

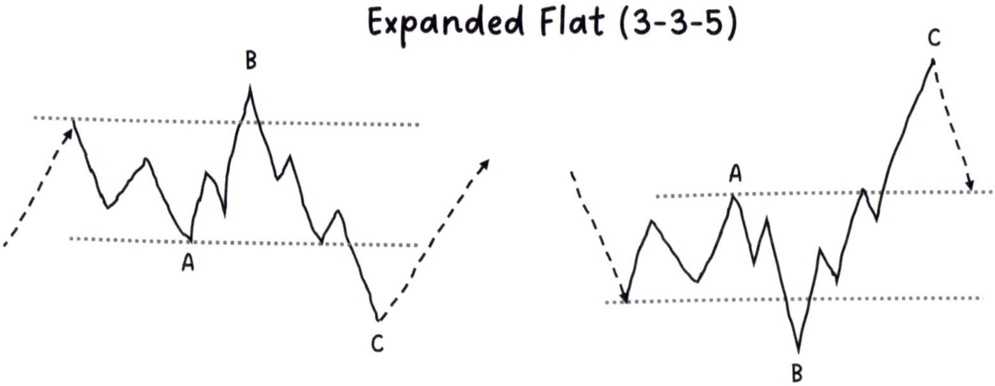

Abbildung 137: Expanded Flat: Bullenfalle links – Bärenfalle rechts

Dieses spezielle Flat-Korrekturmuster wird regelmäßig ausgebildet. Es sieht im ersten Moment nicht nur aus wie eine Bullenfalle (Abbildung 137 links), beziehungsweise Bärenfalle (Abbildung 137 rechts), es ist auch eine. Die überschießende Welle B fabriziert einen False Breakout und führt die Anleger in die Irre. Denn es folgt eine scharfe Korrektur, die weit unter (Bullenfalle) beziehungsweise über (Bärenfalle) die Seitwärtsbewegung führt.

Diese überschießende Welle B extensiert über/unter den Beginn der Welle A und erreicht häufig bis zu 161,8 % der Welle A, berechnet nach der Variante der Extension.

FRAKTALE STRUKTUR DER ELLIOTT-WAVES

Der Begriff »fraktal« (lat. fractus: gebrochen) ist ein 1975 von Benoît Mandelbrot (1924–2010, französisch-US-amerikanischer Mathematiker) geprägter Ausdruck, der geometrische Muster bezeichnet, die in Einzelteile gegliedert werden können, welche einen hohen Grad von Selbstähnlichkeit aufweisen.

Es sind Muster, die bei Vergrößerung verkleinerte Kopien ihrer selbst zum Vorschein bringen. Dank der Fraktale können Forscher unter anderem Wachstum ganz genau bemessen.

Viele Leserinnen und Leser kennen dieses Schlagwort von Elliott-Waves – können aber wenig damit anfangen. Hier eine Erklärung, die sich auf die Beschriftung von Abbildung 136 und Abbildung 138 bezieht:

- Der *übergeordnete Trend* ist aufwärtsgerichtet, die blaue Welle I entwickelt sich in diese übergeordnete Trendrichtung.
- Daraus folgt: Die blaue Welle I ist eine Impulswelle und damit ein 5-Teiler mit den grünen Subwellen 1-2-3-4-5.

- Nach jedem Impuls wird eine Korrektur ausgebildet – Actio est Reactio.
  Achtung: Es gibt drei verschiedene korrektive Grundmuster, ich beziehe mich hier auf das Muster eines ZigZag (5-3-5).
- Eine Korrektur wird immer entgegen der vom vorauslaufenden Impuls vorgegebenen Richtung ausgebildet. Die blaue Welle II ist damit abwärtsgerichtet.
- Für diese blaue Welle II gilt: Trendrichtung abwärts.
  Das impliziert: Die blaue Welle II ist ein 3-Teiler mit den 3 roten Subwellen A-B-C, und (!) es gilt: In Trendrichtung werden 5-Teiler ausgebildet und entgegen dem Trend 3-Teiler. Ergo: Die rote Welle A und die rote Welle C bewegen sich in Trendrichtung der blauen Welle II und sind damit 5-Teiler. Die rote Welle B bildet sich entgegen dem Trend der blauen Welle II aus und ist damit ein 3-Teiler.

Betrachten wir nun die grünen Subwellen der blauen Welle I:

- Die blaue Welle I gibt die Trendrichtung vor: aufwärts.
  Damit sind alle aufwärtsgerichteten grünen Subwellen Impulswellen: die grüne Welle 1, Welle 3 und Welle 5. Diese bestehen ihrerseits aus fünf Subwellen.
- Die abwärtsgerichteten Subwellen in der blauen Welle I sind damit korrektiv und 3-Teiler: die rote Welle 2 und die rote Welle 4.

Nun betrachten wir die roten Subwellen der blauen Welle II:

- Die blaue Welle II gibt die Trendrichtung vor: abwärts.
  Damit sind alle abwärtsgerichteten roten Subwellen Impulswellen: die rote Welle A und die rote Welle C.
- Die aufwärtsgerichtete Subwelle in der blauen Welle II ist damit korrektiv und ein 3-Teiler: die rote Welle B.

Angewendet auf den DAX sieht ein EW-Count in einem echten Chart folgendermaßen aus:

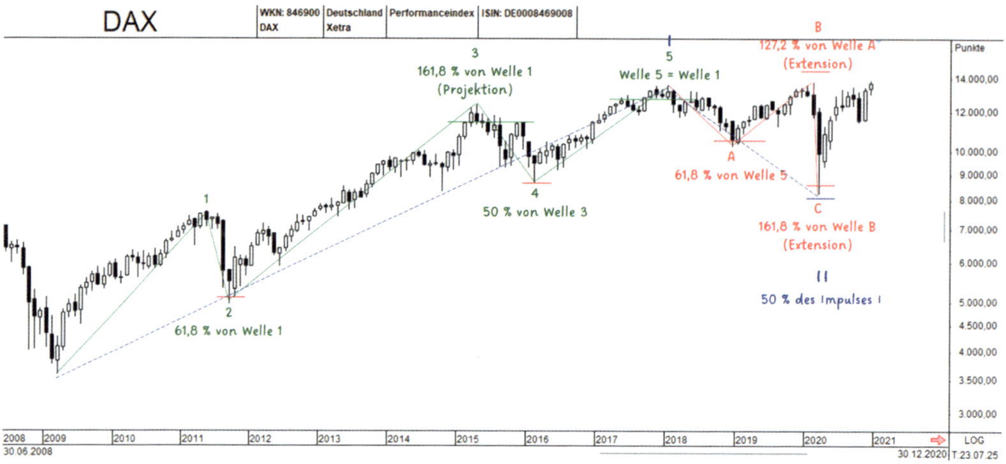

Abbildung 138: DAX im Monatschart, XETRA. Quelle: TAI-PAN

In diesem Monatschart vom DAX ist ein möglicher Wave-Count für den Zeitraum vom Juni 2008 bis Dezember 2020 eingezeichnet.

- Vom Tief 2009 bis zum Hoch 2018 läuft die übergeordnete blaue Welle I.
- Bis zum Tief 2020 schließt sich eine Korrektur in Form eines Expanded Flat an, die blaue Welle II.
- Die Subwellen des Impulses I sind die grünen Wellen 1-2-3-4-5, und die Subwellen der Korrektur II sind die roten Wellen A-B-C.
- Welle 2 hat die Welle 1 um 61,8 % korrigiert.
- Die Welle 3 hat 161,8 % von der Welle 1 mit der Variante der Projektion erreicht.
- Die Welle 4 hat die Welle 3 um 50 % korrigiert.
- Die Welle 5 entspricht der Welle 1.
- Die Welle A hat die Welle 5 um 61,8 % korrigiert.
- Die Welle B hat 127,2 % von der Welle A mit der Variante der Extension erreicht.
- Welle C hat die Welle B um 161,8 % extensiert.
- Die übergeordnete Welle II hat die übergeordnete Welle I um 50 % korrigiert.

Die in den Chart eingezeichneten horizontalen roten (Retracement), grünen (Projektion) und blauen (Extension) Striche entsprechen den berechneten Ratios in der angegebenen Variante. Bis auf die Welle B haben sich alle anderen sieben Subwellen ziemlich genau an ihr berechnetes Kursziel gehalten.

Wer sich näher mit dem Elliott-Wave-Principle beschäftigen möchte, kann zum Beispiel das Buch *Das Elliott-Wellen-Prinzip: Der Schlüssel zu einem besseren Börsenverständnis* von A. J. Frost und Robert Prechter durcharbeiten.

ANHANG VI – CANDLESTICKS

Candlestick-Charts oder Kerzencharts stammen aus dem Land der aufgehenden Sonne. Über Generationen hinweg wurden die Analysemethoden verfeinert, und wohl im Jahr 1868 wurden Candlesticks in der Form, wie wir sie heute kennen, erstmals angewendet.

Wir blättern ein paar Seiten zurück zur Dow-Theorie: Charles Dow hat 1899 bis 1902 seine Theorien rund um den Aktienmarkt formuliert. Die Japaner haben ihre Candlesticks entwickelt, lange bevor in der westlichen Welt überhaupt eine Theorie zur Analyse der Aktienmärkte existierte.

Es ist Wunschdenken, dass wir menschlichen Marktteilnehmer immer als *Homo oeconomicus* agieren würden. Der eigentliche Chef im Ring ist das limbische System, ein phylogenetisch sehr alter Teil unseres Gehirns. Das limbische System steuert unsere Emotionen, funkt uns immer wieder beim rationalen Denken dazwischen und stört uns beim korrekten Umsetzen der detailliert ausgearbeiteten Tradingstrategie.

Wir Trader sind auch nur Menschen. Wir geben uns der Illusion hin, Kontrolle über unser Handeln zu haben. Aber wir werden in Wirklichkeit von den Emotionen Euphorie und Gier gesteuert. Wir verlieren die Kontrolle über unser Handeln, Angst und Panik machen sich breit.

Mit Candlesticks lassen sich die Stimmung und die Emotionen der Marktteilnehmer grafisch darstellen. Sie sind ein Abbild der Markteinschätzung der Marktteilnehmer. Sie zeigen die Aktionen der Trader auf anschauliche Weise, während die Zeit im Markt voranschreitet.

Das kann bereits anhand einer einzelnen Kerze erfolgen oder aber durch eine Formation, bestehend aus zwei oder mehr Kerzen. Oft ist der Name einer Einzelkerze oder einer Formation bereits Programm: Beim Hammer heißt es *is hammering out the bottom.* Ein Gravestone Doji verheißt auch keine steigenden Kurse.

Ein paar Fakten über Candlesticks:

- Je nach Autor gibt es um die hundert Formationen.
- Formationen bestehen aus einer bis maximal fünf Candles.
- Die wenigsten Einzelkerzen sind für sich genommen aussagekräftig. In der Regel muss eine Bestätigung abgewartet werden. Dabei muss eine obere Umkehrkerze mit einer fallenden Kerze bestätigt werden. Eine untere Umkehrkerze muss mit einer steigenden Kerze bestätigt werden.
- Die meisten Candlestick-Formationen sind Umkehrformationen.
- Wichtig bei Umkehrformationen: Ohne vorauslaufenden Trend lässt sich nichts umkehren!
- Fortsetzungsformationen sind eher selten.
- Eine bullishe Umkehrformation hat immer eine inverse Version, die dann eine bearishe Bedeutung hat.
- Bei den Fortsetzungsformationen verhält es sich ähnlich.

- Die Trefferquote von Umkehrformationen kann mit dem zusätzlichen Einsatz von Überkauft-/Überverkauft-Indikatoren oder Oszillatoren deutlich verbessert werden.
- Candlestick-Signale entstehen zeitlich vor einem Indikator-Signal.
- Der Prognosehorizont von Candlesticks liegt bei einer bis vier Perioden. Im Tageschart also für die nächsten ein bis vier Tage.
- Candlesticks geben keine Auskunft zu Kurszielen!
  Aber dafür haben wir ja die verschiedenen Fibonacci-Varianten …

Noch ein paar Worte über Candlesticks, bevor es in die Details geht: Die Analyse von Candlestick-Formationen funktioniert, weil Menschen in ähnlichen Situationen auf vergleichbare Art und Weise reagieren.

Unter Tradern wird häufig darüber diskutiert, dass manche Candlestick-Formationen aussagekräftiger sind als andere. Um diesen Spekulationen ein Ende zu bereiten, hat sich Thomas N. Bulkowski die Mühe gemacht, die Formationen statistisch auszuwerten. Die erstaunlichen Ergebnisse sind nachzulesen in seiner *Enzyklopädie der Candlesticks*.

Konstruktion von Candlesticks:
Der Einfachheit halber wird in diesem Kapitel von Tageskerzen geschrieben.

Candlesticks können in jedem Zeithorizont analysiert werden und haben immer dieselbe Aussage.

Eine Kerze visualisiert die vier wichtigsten Kurse des Tages (Abbildung 139):

1. Eröffnungskurs = Open
2. Hoch = High
3. Tief = Low
4. Schlusskurs = Close

Als Abkürzung wird dafür gerne »OHLC« = Open High Low Close – verwendet.

- Weiße, beziehungsweise ungefüllte oder grüne Kerzen zeigen steigende Kurse an.
- Schwarze, beziehungsweise gefüllte oder rote Kerzen werden für fallende Kurse verwendet.
- Der Kerzenkörper wird gebildet aus dem Eröffnungskurs und dem Schlusskurs.
- Das Tageshoch wird durch das obere Ende des Dochtes angezeigt.
- Das Tagestief wird durch das untere Ende der Lunte angezeigt.
- Der Docht wird auch als oberer Schatten bezeichnet.
- Die Lunte wird auch als unterer Schatten bezeichnet.
- Liegt der Eröffnungskurs unter dem Schlusskurs, ist es insgesamt ein positiver Tag und die Kerze ist weiß.

- Liegt der Eröffnungskurs über dem Schlusskurs, ist es insgesamt ein negativer Tag und die Kerze ist schwarz.

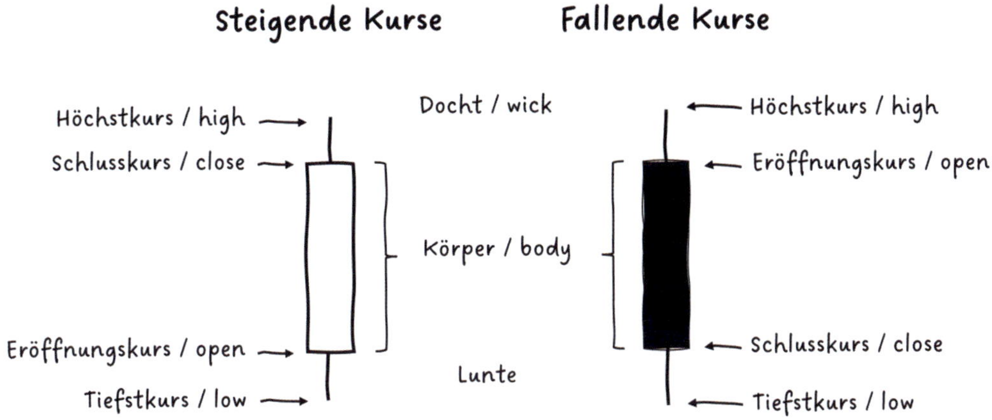

Abbildung 139: Konstruktion einer Kerze, links bei steigenden Kursen in Weiß und rechts bei fallenden Kursen in Schwarz

Vorstellung einiger Kerzen beziehungsweise Kerzenformationen, die in diesem Buch erwähnt wurden:
Im weiteren Verlauf werden Candlestick-Formationen vorgestellt, bei welchen bei der einen oder anderen Kerze die Farbe unerheblich ist. Also ob es eine steigende (= weiße) oder fallende (= schwarze) Kerze ist. In diesem Fall sind die Kerzenkörper grau gemustert.

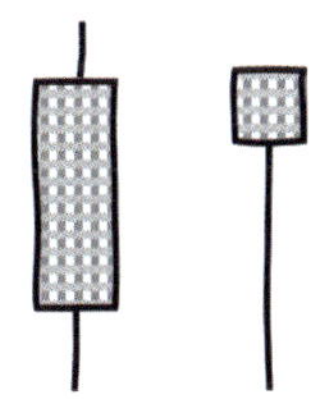

Abbildung 140: graue Kerze

Ein **Marubozu** (Abbildung 141) ist eine sehr lange Kerze mit keinem oder sehr kleinem oberen und/oder unteren Schatten. »Sehr lang« ist immer im Kontext mit den anderen Kerzen zu sehen, die davor ausgebildet wurden. Ein **Long Day** ist ebenfalls eine sehr lange Kerze, allerdings mit Lunte und/oder Docht.

Ein **Doji** ist eine Kerze, bei der der Eröffnungskurs praktisch identisch mit dem Schlusskurs ist (Abbildung 142). An solchen Tagen ist die Unsicherheit bezüglich der weiteren Kursentwicklung geradezu greifbar. Die Marktteilnehmer wissen nicht, wie es weitergehen soll. Der Markt wird anfällig für eine Veränderung. Demzufolge wird ein Doji oft bei potenziellen Trendwendesituationen ausgebildet. Insbesondere bei einer unteren Umkehr muss zwingend eine Bestätigung in Form einer nachfolgenden weißen Kerze abgewartet werden, und die untere Umkehr muss mit hohem Handelsvolumen bestätigt werden. Es gibt sie in fünf Varianten:

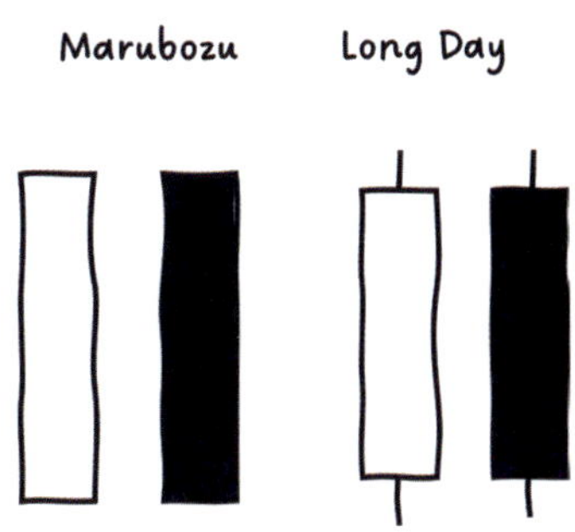

Abbildung 141: Long Day und Marubozu, jeweils in der Variante steigend (= white) und fallend (= black)

- **4 Price Doji**: An diesem Tag passiert genau nichts, alle vier Preise des Tages liegen auf einem Niveau. Wird ein 4 Price Doji ausgebildet, könnte es allerdings auch sein, dass der Handel an diesem Tag für diesen Wert eingestellt wurde. Also besser mal recherchieren, wieso alle vier relevanten Preise auf einem Niveau liegen.
- **Doji Star**: Es passiert *fast* nichts. Es gab etwas Action nach oben und nach unten.
- **Dragonfly Doji**: Die *Libelle* ist ein extremer Hammer mit viel Action nach unten.
- **Gravestone Doji**: Der *Grabstein* ist ein extremer Shooting Star mit viel Action nach oben.
- **Long Legged Doji**: Beim *langbeinigen Doji* gab es sehr viel Bewegung nach oben und nach unten. Es wurde eine lange Lunte und ein langer Docht ausgebildet. Das drückt Unsicherheit und auch Unentschlossenheit der Bullen und Bären bei hoher Handelsspanne aus.

Abbildung 142: Die fünf Doji-Varianten

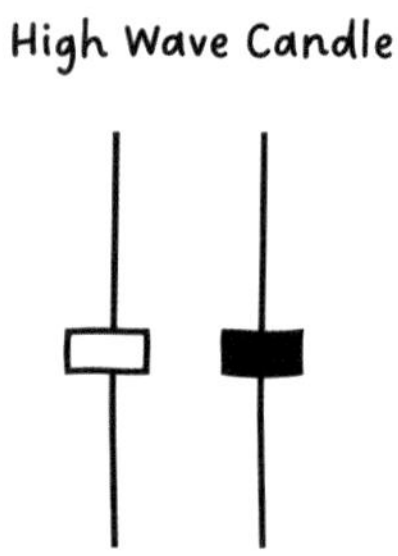

Abbildung 143: High Wave Candle

Bei einer **High Wave Candle** wird ein kleiner Kerzenkörper mit einer langen Lunte und einem langen Docht ausgebildet. Die Marktteilnehmer sind sich unsicher, wie es weitergehen soll. Bullen und Bären belauern sich (Abbildung 143).

Ein **Hammer** ist eine untere Umkehrkerze. Zwingend notwendig für eine untere Umkehr ist ein vorauslaufender Abwärtstrend. Er hat einen kleinen Kerzenkörper und die Lunte ist mindestens dreimal so lang wie der Kerzenkörper. Die Farbe ist unerheblich, ein weißer Hammer ist allerdings bullisher als ein schwarzer Hammer (Abbildung 144).

Interpretation: Ein **Hammer** signalisiert eine untere Umkehr. Den ganzen Tag über wurden die Kurse in den Keller verkauft. Dann haben Käufer zugegriffen und den Markt wieder nach oben gekauft. Beim Hammer ist ein hohes Handelsvolumen wichtig, sonst wird es eventuell nichts mit der Umkehr. Wird der Hammer durch eine starke weiße Kerze bestätigt, ist die Trendumkehr voraussichtlich eingeläutet. Der Hammer ist eine recht häufig auftretende und wichtige Kerze.

Abbildung 144: Hammer mit Bestätigungskerze

Ein **Shooting Star** ist eine obere Umkehrkerze. Zwingend für eine obere Umkehr ist ein vorauslaufender Aufwärtstrend. Er hat einen kleinen Kerzenkörper und der Docht ist mindestens dreimal so lang wie der Kerzenkörper. Die Farbe ist unerheblich, ein schwarzer Shooting Star ist jedoch bearisher als ein weißer Shooting Star (Abbildung 145).

Interpretation: Ein **Shooting Star** signalisiert eine obere Umkehr. Der Tag beginnt mit einem Up-Gap, die Käufer greifen nochmals zu und kaufen den Markt hoch. Sie trauen dem positiven Marktumfeld aber nicht, könnte doch eine Topbildung im Gange sein. Sie nehmen lieber ihre Gewinne wieder mit – und die Sternschnuppe fällt zu Boden.

Es gilt, am nächsten Tag die Bestätigung per schwarzer Kerze abzuwarten.

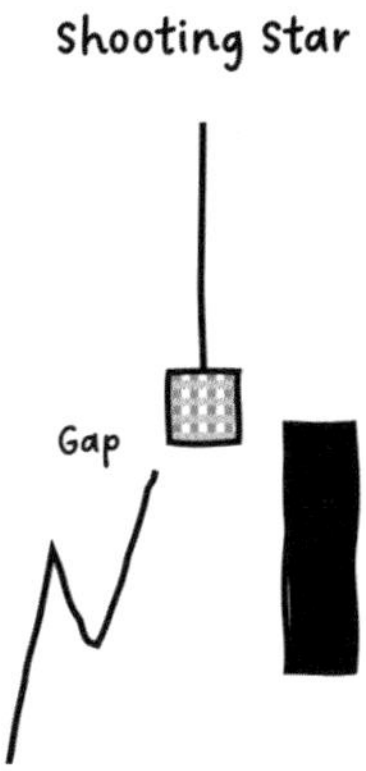

Abbildung 145: Shooting Star mit Bestätigungskerze

Ein **Belt Hold** ist eine aus einer Kerze bestehende Umkehrformation (Abbildung 146). Nach der Statistik von Thomas N. Bulkowski sind Belt Holds gut funktionierende Umkehrformationen.

- Beim **Bullish Belt Hold** wird in einem intakten Abwärtstrend ein großes Eröffnungsgap nach unten gerissen. Der Eröffnungskurs bleibt auch das Tief des Tages. Die Kerze ist also unten »shaved« (= rasiert). Direkt nach der Eröffnung wird der Markt hochgekauft. Am Ende des Tages wurde eine lange weiße Kerze ausgebildet.
- Beim **Bearish Belt Hold** läuft das vice versa ab: In einem intakten Aufwärtstrend wird zur Eröffnung ein großer Up-Gap ausgebildet. Die Eröffnung bildet das Hoch des Tages, die Kerze ist oben »shaved«. Nach der Eröffnung werden aber sofort die Gewinne mitgenommen und am Tagesende wurde aus dem euphorisch mit einem Up-Gap begonnenen Tag ein rabenschwarzer Tag.

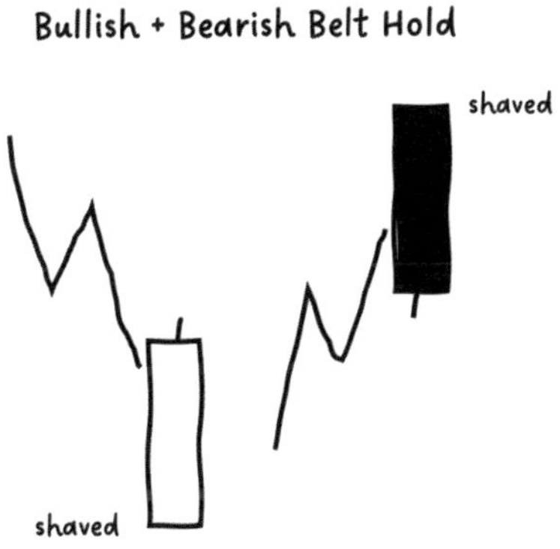

Abbildung 146: Bullish und Bearish Belt hold

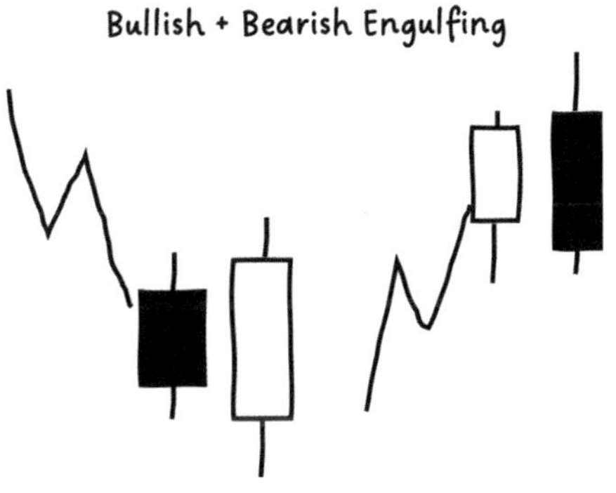

Abbildung 147: Bullish und Bearish Engulfing

Ein **Engulfing** ist eine aus zwei Kerzen bestehende Umkehrformation (Abbildung 147). Der Körper der zweiten Kerze umschließt den Körper der ersten Kerze vollständig. Es müssen sich nur die Kerzenkörper umhüllen! Die Schatten müssen sich nicht umhüllen. Statistisch betrachtet sind Engulfings laut Thomas N. Bulkowski gut funktionierende Umkehrformationen.

Ein **Tweezers Bottom**, ein »Pinzetten-Boden«, ist eine Bodenformation, bestehend aus zwei Kerzen. Die Farbe der beiden Kerzen ist unerheblich, die Tiefs der beiden Kerzen werden aber auf gleichem Preislevel ausgebildet (Abbildung 148).

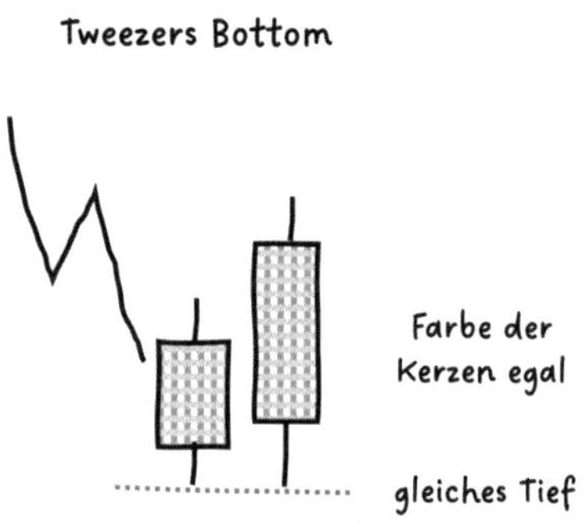

Abbildung 148: Tweezers Bottom

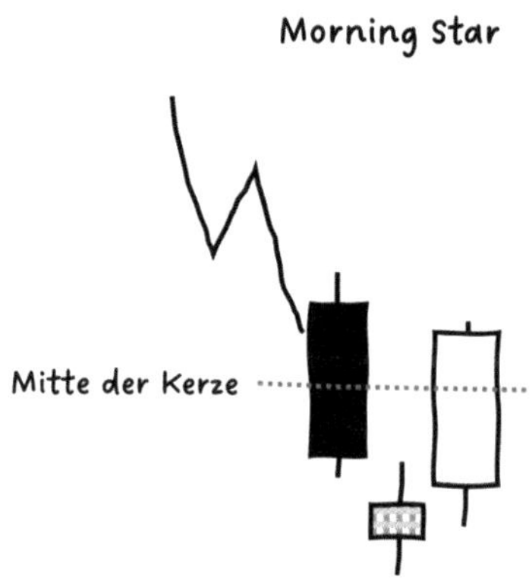

Abbildung 149: Morning Star

Ein **Morning Star** ist eine aus drei Kerzen bestehende untere Umkehrformation. Zwingend ist die vorauslaufende Abwärtsbewegung. Je nach Autor ist die mittlere Kerze, der »Star« oder das Sternchen, von einem oder zwei Gaps eingerahmt. Die Farbe des Stars ist unerheblich. Der Schlusskurs der dritten und weißen Kerze muss unter der Mitte der ersten und schwarzen Kerze ausgebildet werden (Abbildung 149). Dies ist ein starkes unteres Umkehrsignal, das keine Bestätigung erfordert.

Abbildung 150: Evening Star

Ein **Evening Star** ist eine aus drei Kerzen bestehende obere Umkehrformation. Zwingend ist die vorauslaufende Abwärtsbewegung. Je nach Autor ist die mittlere Kerze, der »Star« oder das Sternchen, von einem oder zwei Gaps ein gerahmt. Die Farbe des Stars ist unerheblich. Der Schlusskurs der dritten und schwarzen Kerze muss über der Mitte der ersten und weißen Kerze ausgebildet werden (Abbildung 150). Dies ist ein starkes oberes Umkehrsignal, das keine Bestätigung erfordert.

Morning Star und Evening Star gehören laut Statistik von Bulkowski ebenfalls zu den gut funktionierenden Umkehrformationen.

Zum **Thrusting Pattern** noch eine Grafik (Abbildung 151).

Links die Kerzen in einer Abwärtsbewegung, rechts die Kerzen in einer Aufwärtsbewegung. Im Idealfall werden diese am Ende der jeweiligen Bewegung ausgebildet.

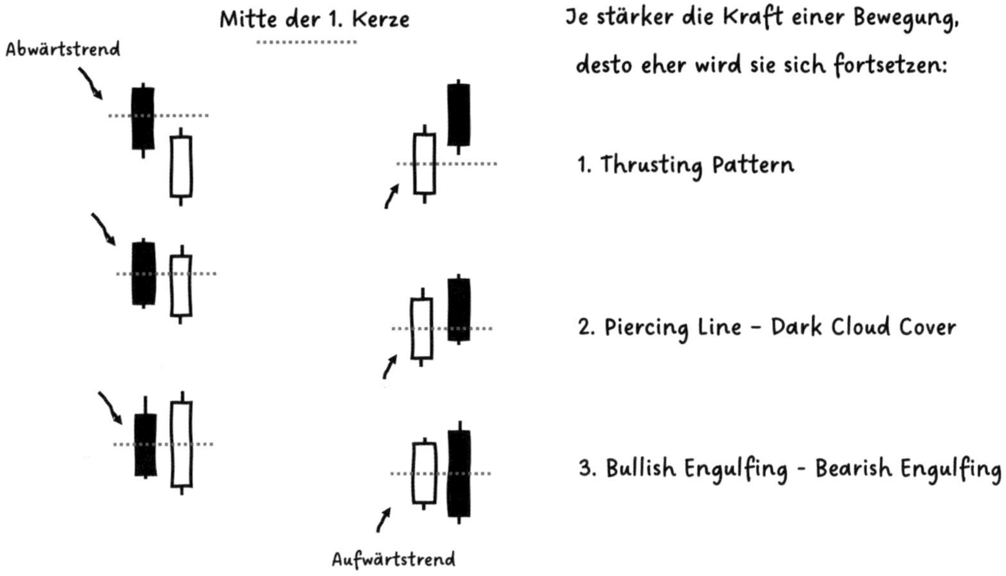

Abbildung 151: Thrusting Pattern

Relevant ist, wo der Schlusskurs der zweiten Kerze ausgebildet wird:

- In einer **Abwärtsbewegung** geht es nach einer kräftigen schwarzen Kerze mit einem großen Down-Gap weiter nach unten. Doch die Kraft der Bären ist erschöpft und der Markt wird hochgekauft.
  1. Ist der Schlusskurs der weißen Kerze noch unter der Mitte der schwarzen Kerze, war das Aufwärtsmomentum nicht so stark. Es wurde ein **Thrusting Pattern** ausgebildet.
  2. Ist der Schlusskurs der weißen Kerze über der Mitte der schwarzen Kerze, war das Aufwärtsmomentum stark. Es wurde ein **Piercing Line Pattern** ausgebildet.
  3. Ist der Schlusskurs der weißen Kerze auch über dem open der schwarzen Kerze, war das Aufwärtsmomentum sehr stark. Es wurde ein **Bullish Engulfing** ausgebildet.
- In einer **Aufwärtsbewegung** geht es nach einer kräftigen weißen Kerze mit einem großen Up-Gap weiter nach oben. Doch die Kraft der Bullen ist erschöpft und der Markt wird abgekauft.
  1. Ist der Schlusskurs der schwarzen Kerze noch über der Mitte der weißen Kerze, war das Abwärtsmomentum nicht so stark. Es wurde ein **Thrusting Pattern** ausgebildet.
  2. Ist der Schlusskurs der schwarzen Kerze unter der Mitte der weißen Kerze, war das Abwärtsmomentum stark. Es wurde ein **Dark Cloud Cover** ausgebildet.
  3. Ist der Schlusskurs der schwarzen Kerze auch unter dem open der weißen Kerze, war das Abwärtsmomentum sehr stark. Es wurde ein **Bearish Engulfing** ausgebildet.

Bei diesen Patterns ist es wichtig zu beurteilen, wo der Schlusskurs der zweiten Kerze ausgebildet wird. Die Wahrscheinlichkeit auf eine Umkehr steigt, wenn

- bei einem **vorauslaufenden Abwärtstrend** die zweite und weiße Kerze *über der Mitte* der vorangegangenen schwarzen Kerze und
- bei einem **vorauslaufenden Aufwärtstrend** die zweite und schwarze Kerze *unter der Mitte* der vorauslaufenden Kerze ausgebildet wird.

Trendumkehr im puren Candlestick-Chart:
Es braucht gar nicht so viel Schnickschnack im Candlestick-Chart, um eine Trendumkehr zu erkennen. Ohne Trendlinien auch keine Indikatoren oder Oszillatoren. Wie sich die Trendumkehr erkennen lässt, zeige ich Ihnen in Abbildung 152. Es ist der Tageschart eine Aktie aus dem Dow Jones Industrial Average vom Sommer 2025. Zur einfacheren Erklärung sind die Kerzen durchnummeriert.

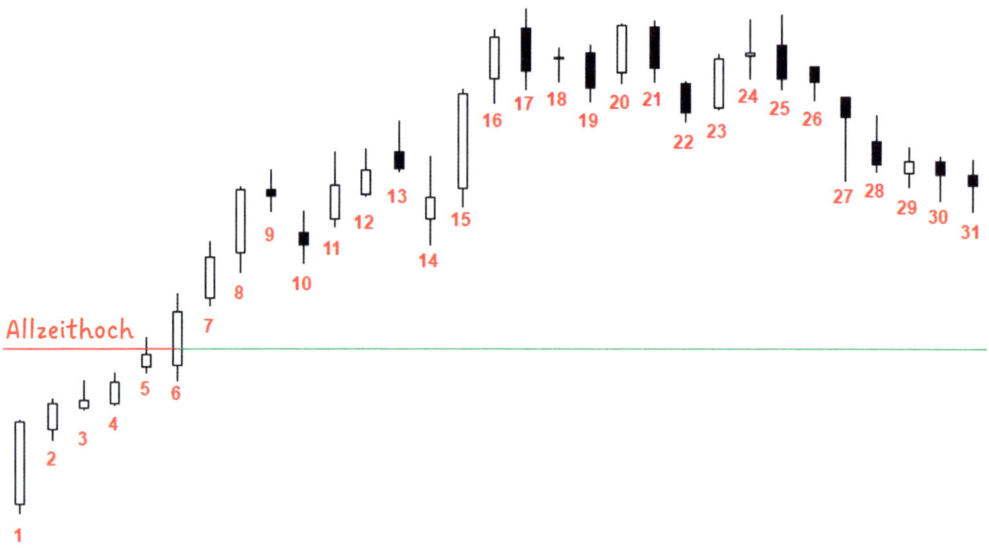

Abbildung 152: Tageschart einer Dow Jones Industrial Aktie, NYSE. Quelle: TAI-PAN

Im Sommer 2025 notieren die wichtigen Indizes an ihren Allzeithochs. Es ist also nicht verwunderlich, dass auch diese Aktie um ihr Allzeithoch herum notiert. So ein ATH fungiert gerne als Widerstand und wird oftmals beim erneuten Anlaufen abverkauft.

In diesem Fall hat die Aktie in den Wochen davor ein neues ATH ausgebildet, nur eine Handvoll Dollar über dem alten ATH. Das neue ATH wurde sofort abverkauft, und mit der mit einer roten 1 markierten Kerze wurde wieder Kurs auf das ATH genommen.

Annahme: Wir sind long in diese Aktie investiert und der Stop-Loss liegt knapp unter dem Tief von Kerze Nummer 1.

Kerzen 1 + 2 + 3 + 4: Klare Aufwärtsbewegung, es werden höhere Hochs und höhere Tiefs ausgebildet.

Kerze 5: Das ATH ist im Visier – und wird mit dem Docht angestochen. Der Tagesschlusskurs liegt nur knapp darunter. Die Frage, die sich stellt: Wird das Allzeithoch am nächsten Handelstag geknackt? Oder wieder abverkauft?

Kerze 6: Das Allzeithoch wird mit einem Long Day (Abbildung 141) herausgenommen. Der Schlusskurs liegt deutlich darüber. Das alte Allzeithoch wird nun zur wichtigen Unterstützung. Das ist der Paritätswechsel zwischen Widerstand und Unterstützung. Der sicherheitsorientierte Trader zieht den Stop unter das Tief von Kerze 6 nach.

Kerzen 7 + 8 + 9: Es wird jeden Tag ein neues Allzeithoch ausgebildet. Inklusive höherer Hochs und höherer Tiefs. Kerze Nummer 9, eine nicht perfekte High Wave Candle (Abbildung 143), drückt die Unsicherheit der Marktteilnehmer aus. Wer long ist in der Aktie, hat noch keinen Handlungsbedarf, sollte aber die nächsten Handelstage genau beobachten.

Kerze 10: Nicht schön! Es geht mit einem Down-Gap ordentlich nach unten. Auch diese Kerze hat einen schwarzen Körper sowie eine lange Lunte und einen langen Docht. Aber bezogen auf Kerze Nummer 8 wird kein tieferes Tief ausgebildet. Wir schauen jetzt ganz genau hin! Der sicherheitsorientierte Trader zieht seinen Stop knapp unter das Tief von Kerze Nummer 8, der risikofreudigere knapp unter das Tief von Kerze Nummer 6. Die Kerzen Nummer 8 + 9 + 10 bilden einen nicht idealen Morning Star aus. Für den idealen Morning Star müsste der Körper vom »Star«, also Kerze Nummer 9, über dem Körper von Kerze Nummer 8 ausgebildet worden sein.

Kerze 11: Aufatmen! Die weiße Kerze hat ein neues Allzeithoch ausgebildet.

Kerzen 12 + 13: Und zwei weitere Allzeithochs sind ausgebildet. Wobei Kerze 13 schon wieder Kopfzerbrechen bereitet, da sie eine sehr ausgeprägte Distributionslunte ausgebildet hat. Auch die beiden Kerzen davor haben deutliche Distributionslunten (oben). Die neuen hohen Preise werden nicht widerstandslos hingenommen.

Kerze 14: Mit einem großen Down-Gap geht es zur Handelseröffnung nach unten und es werden sowohl eine Distributionslunte als auch eine Akkumulationslunte (unten) ausgebildet. Das Hoch und das Tief sind deutlich tiefer als vom Vortag, von Kerze 13. Die Bären haben sich einen kleinen Vorteil erhandelt. Es wurde auch kein Thrusting Pattern (Abbildung 151) ausgebildet, dafür fehlt die vorauslaufende Abwärtsbewegung.

Kerze 15: Und wieder wird die Aktie mit einem Long Day auf ein neues Allzeithoch gehievt.

Der sicherheitsorientierte Trader zieht seinen Stop knapp unter das Tief von Kerze Nummer 14 nach. Auch der risikofreudigere Trader zieht seinen Stop nach. Die Tiefs der drei Kerzen Nummer 8 + 10 + 14 liegen nicht weit auseinander, da liegt nun eine kleine Unterstützung. Der Stop kommt unter das tiefste der drei Tiefs, also knapp unter das Tief der Kerze Nummer 8.

Kerze 16: Noch ein neues Allzeithoch, der Aufwärtstrend läuft. Nach dem Long Day vom Vortag macht es Sinn, dass der sicherheitsorientierte Trader den Stop knapp unter das Tief von Kerze Nummer 15 platziert.

Kerze 17: Es gibt zwar wieder ein neues Allzeithoch, dieses wurde aber mit einer schwarzen Kerze erhandelt. Einer schwarzen Kerze mit einem höheren Hoch, einem höheren Tief, einer deutlich ausgebildeten Lunte und einem deutlich ausgebildeten Docht.

Kerze 18: Das ist kein Hammer (Abbildung 144), denn dieser wird am Ende einer Abwärtsbewegung ausgebildet! Es ist »nur« ein Doji (Abbildung 142). Und: Kerze 18 ist ein Inside-Day: Die komplette Handelsspanne liegt in der Handelsspanne vom Vortag.

Kerze 19: Eine schwarze Kerze mit einem höheren Hoch und tieferen Tief wird ausgebildet. Das ist ein Outside-Day: Die Handelsspanne vom Vortag wird komplett umhüllt. Das Tief von Kerze 19 notiert unter dem Tief von Kerze 17, der ATH-Kerze. Für die Trendumkehr fehlt jetzt noch das Tief unter Kerze 19, wenn möglich auf Schlusskursbasis.

Kerze 20: Die Bullen melden sich zurück. Höheres Hoch und höheres Tief, aber kein neues Allzeithoch. Trendumkehr vertagt.

Kerze 21: Diese schwarze Kerze hat bezogen auf Kerze 20 ein höheres Hoch und ein höheres Tief ausgebildet, allerdings nur im Cent-Bereich. Beide Kerzen können sowohl als Tweezers Bottom (Abbildung 148) als auch als Tweezers Top bezeichnet werden. Aber es ist festzuhalten, dass kein höheres Hoch ausgebildet wurde. Das Allzeithoch von Kerze 17 bildet einen Widerstand aus.

Kerze 22: Mit dieser Kerze wird die Trendumkehr vollzogen: Die Aktie ist mit einem Down-Gap in den Tag gestartet und hat sogar einen Schlusskurs unter dem Tief von Kerze 16 ausgebildet. Ausgehend vom Allzeithoch wurde das zweite tiefere Tief ausgebildet; das erste stammt von Kerze 19. Dazwischen gibt es auch bereits das tiefere Hoch (Kerzen 20 und 21), bezogen auf das Allzeithoch (Kerze 17).

Der sicherheitsorientierte Trader zieht seinen Stop knapp unter das Tief von Kerze Nummer 22. Weil: Die Trendumkehr wurde ausgebildet. Der Kurs kann zwar wieder steigen, aber sobald es unter Kerze Nummer 22 geht, kommt der neue Abwärtstrend ins Laufen. Auch der risikofreudige Trader – er hat den Stop knapp unter dem Tief von Kerze 15 platziert – sollte den Stop knapp unter Kerze Nummer 22 ziehen,

Kerze 23: Die Bullen geben sich nicht geschlagen: höheres Hoch und höheres Tief.

Kerze 24: Unsicherheit pur! Die Trendumkehr wird infrage gestellt: Die Kerze geht als Long Legged Doji durch (Abbildung 142). Aber: Es wurde ein höheres Hoch und ein höheres Tief ausgebildet. Der nur 21 US-Cent große Kerzenkörper liegt komplett über Kerze 23.

Kerze 25: Ein schwarzer Outside-Day. Nicht gut. Wer noch long ist, sollte den Stop-Loss nun knapp unter das Tief von Kerze 22 platzieren.

Kerze 26: Ein tieferes Tief und tieferes Hoch. Nicht gut, auch wenn die Bullen das Tagestief fleißig gekauft haben.

Kerze 27: Mit ordentlich Momentum geht es runter! Die Kerze geht als Hammer durch, die Lunte ist mehr als dreimal so lang wie der Körper. Es *könnte* also schon wieder die Umkehr des Abwärtstrends anstehen! Die Long-Position sollte allerdings nun ausgestoppt worden sein.

Kerze 28: Ein Inside-Day, aber im unteren Bereich der Handelsspanne vom Vortag ausgebildet.

Kerze 29: Zwar wurde eine weiße Kerze ausgebildet, aber mit einem tieferen Hoch und einem tieferen Tief. Der Abwärtstrend bleibt intakt.

Kerzen 30 + 31: Der Abwärtstrend bleibt intakt.

ANHANG VII – TRADERS TRICK ENTRY*

Beim Traders Trick Entry (TTE) geht es darum, möglichst früh nach einer potenziellen Trendumkehr eine Position zu eröffnen. Das nun gezeigte Beispiel ist eine kleine Abwandlung des Original TTE. Am Beispiel vom Bitcoin Future erkläre ich Ihnen, wie mit dem TTE eine Position eröffnet werden kann (Abbildung 153 bis Abbildung 160).

Beim Bitcoin Future können Korrekturen durchaus mal 20 % oder 30 % betragen. Im Nachhinein betrachtet, erreicht diese Korrektur immerhin 32 % in einem Zeitraum von gerade mal 56 Handelstagen.

Abbildung 153, TTE die 1.:
Ab dem 05.08.2024 **(1)** hat der Bitcoin Future einen intakten Aufwärtstrend ausgebildet bis zum (damaligen) Allzeithoch bei 110.150 $ am 20.01.2025 **(2)**. Ab da ging es in die Korrektur. Am 28.02.2025 wird mit einer langen Lunte eines Hammers (Abbildung 144) das 50 %-Retracement angestochen. Doch die Korrektur ist noch nicht zu Ende. Am 10.03.2025 wird der Schlusskurs einer High Wave Candle (Abbildung 143) unter dem 50 %-Retracement ausgebildet. Das Tagestief liegt näher am 61,8 %-Retracement als am 50 %-Retracement. Die Wahrscheinlichkeit ist groß, dass auch die 61,8 % erreicht werden. Im weiteren Verlauf wird eine steigende und damit bearishe Flagge ausgebildet.

Abbildung 153: TTE die 1., Bitcoin Future im Tageschart, CME. Quelle: TAI-PAN

* nach Joe Ross

Abbildung 154, TTE die 2.:

Am 28.03.2025 wird die bearishe Flagge nach unten verlassen. Der der Flagge vorangegangene scharfe Kurseinbruch ist die Fahnenstange. Diese wird am Ausbruch nach unten abgetragen und ergibt das potenzielle Kursziel, deutlich unter dem 61,8 %-Retracement.

Abbildung 154: TTE die 2., Bitcoin Future im Tageschart, CME. Quelle: TAI-PAN

Abbildung 155, TTE die 3.:

Am 02.04.2025 kommt es zum erwarteten Re-Test der Unterkante der Flagge. Das Signal, den Traders Trick für den Entry anzuwenden.

Wir platzieren knapp über dem Hoch der Re-Test-Kerze den Stop-Buy, und den Stop-Loss knapp unter das Tief vom Swing-Low zwei Handelstage davor – und warten den nächsten Tagesschlusskurs ab.

Abbildung 155: TTE die 3., Bitcoin Future im Tageschart, CME. Quelle: TAI-PAN

Abbildung 156, TTE die 4.:
Es wird eine Kerze mit einem tieferen Tief und einem tieferen Hoch ausgebildet. Der Stop-Buy wird über das Hoch dieser Kerze gezogen, der Stop-Loss wird nicht bewegt.

Abbildung 156: TTE die 4., Bitcoin Future im Tageschart, CME. Quelle: TAI-PAN

Abbildung 157, TTE die 5.:
Der nächste Handelstag ist ein Inside-Day – Stop-Loss und Stop-Buy bleiben, wo sie sind. Erst am darauffolgenden Handelstag wird ein Hammer ausgebildet. Das Tagestief erreicht das 61,8 %-Retracement. Der Stop-Buy wird knapp über das Hammer-Hoch gezogen, der Stop-Buy knapp unter das Hammer-Tief.

Die 61,8 % sind erreicht – es könnte nun zu einer Umkehr kommen.

Abbildung 157: TTE die 5., Bitcoin Future im Tageschart, CME. Quelle: TAI-PAN

Abbildung 158, TTE die 6.:
Ein Inside-Day. Nichts passiert, die Orders bleiben, wo sie sind.

Abbildung 158: TTE die 6., Bitcoin Future im Tageschart, CME. Quelle: TAI-PAN

Abbildung 159, TTE die 7.:
Mit einer kräftigen weißen Kerze – immerhin über 8 % Plus an nur einem Tag! – geht es aufwärts. Der Stop-Buy wird getriggert, der Future gekauft. Der Stop-Loss liegt unter dem Hammer-Tief. Das Tief der Kaufkerze liegt nur 20 $ über dem Hammer-Tief.

Abbildung 159: TTE die 7., Bitcoin Future im Tageschart, CME. Quelle: TAI-PAN

Abbildung 160, TTE die 8.:

Wie ging es weiter?

Der Bitcoin Future ist weiter gestiegen und hat beim dritten Test des Widerstandes das Allzeithoch geknackt.

Zur Kurszielbestimmung über das ATH vom 20.01.2025 hinaus wurde in Blau eine Extension eingezeichnet – und zwar deshalb, weil es eben ohne nennenswerte Korrektur nach oben ging. Da kann dann keine Projektion angelegt werden. Die Extension wurde zwischen den Punkten **(2)** und **(3)** angelegt.

Nach dem dritten Test der Widerstandslinie Allzeithoch (die blauen 100 %) wurden zügig und innerhalb von nur zwei Tagen die 127,2 % mit einem Shooting Star (Abbildung 145) erreicht. Am nächsten Handelstag wurde auch die schwarze Bestätigungskerze ausgebildet – und der Bitcoin Future ging in eine Konsolidierung über. Die Marktteilnehmer müssen sich wohl erst an das neue Preisniveau von um die 120.000 $ gewöhnen.

Abbildung 160: TTE die 8., Bitcoin Future im Tageschart, CME. Quelle: TAI-PAN

Ab dem Einstoppen muss die Position entsprechend dem persönlichen Risk- und Money-Management »nur« noch gemanagt werden.

Was ich hier mit einer Long-Position und im Tageschart vorgestellt habe, klappt natürlich auch bei Short-Positionen und in allen anderen Zeithorizonten.

ZUSAMMENFASSUNG – SCHLUSSFOLGERUNG

Fibonacci als wertvolles Werkzeug im Chart

Die Fibonacci-Zahlenfolge und die daraus abgeleiteten Ratios begegnen uns nicht nur in der Mathematik, sondern auch in der belebten und unbelebten Natur – oft ohne, dass wir es bewusst wahrnehmen. Ihre harmonische Struktur, insbesondere das Verhältnis des sogenannten Goldenen Schnitts, dem (großen) Phi Φ, vermittelt ein Gefühl von Ästhetik und Ausgewogenheit. Genau deshalb finden wir ihn auch so häufig in Kunst, Architektur und Design.

Ich hoffe, dieses Buch konnte Ihnen zeigen, dass Fibonacci keine Esoterik ist, sondern ein vielseitig einsetzbares Analyseinstrument der technischen Analyse. Die verschiedenen Fibonacci-Werkzeuge – vom Retracement bis hin zur zeitlichen Projektion – bieten reale, praxisnahe Mehrwerte für das Trading und Investieren.

Fibonacci-Ratios markieren Kursniveaus, die im Markt immer wieder Beachtung finden – und das über verschiedene Zeithorizonte und Assetklassen hinweg. Warum Fibonacci »funktioniert«, lässt sich schwer rational erklären. Viel entscheidender ist: Es wird von vielen Marktteilnehmern angewendet. Und genau das verleiht diesen Marken ihre Relevanz – Stichwort: selbsterfüllende Prophezeiung.

Dabei muss jedoch klar sein: Technische Analyse – gleich welcher Methode – arbeitet niemals mit Gewissheiten, sondern mit Wahrscheinlichkeiten. Die zentrale Frage lautet stets: *Wie hoch ist die Eintrittswahrscheinlichkeit eines bestimmten Szenarios?*

Natürlich sind auch Fibonacci-basierte Kursziele keine Garantien. Doch sie ermöglichen es Tradern und Investoren, bereits **vor dem Einstieg** das **Chance-Risiko-Verhältnis** zu kalkulieren. So lassen sich riskante Trades besser identifizieren – und selektiv nur die Setups mit hoher Qualität umsetzen. Das schont nicht nur das Kapital, sondern auf lange Sicht auch die Nerven.

Ist eine Position eröffnet, können mithilfe der Fibonacci-Levels auch sinnvolle Stop-Loss- und Take-Profit-Marken definiert werden. Damit wird die Methode zu einem integralen Bestandteil des Trade- und Positionsmanagements.

Wichtig: Fibonacci sollte niemals isoliert betrachtet werden. Erst in Kombination mit anderen Werkzeugen der technischen Analyse – insbesondere mit klassischen Konzepten wie der Dow-Theorie und der Analyse von Candlesticks – entfaltet es seine volle Wirkung. Für trendfolgende Strategien ist das Zusammenspiel dieser Methoden geradezu essenziell.

Die Anwendungsvielfalt von Fibonacci ist groß – viele dieser Möglichkeiten haben Sie in diesem Buch kennengelernt. Jetzt sind Sie gefragt: Üben Sie den Einsatz in der Praxis, beobachten Sie die Kursreaktionen und entwickeln Sie ein Gefühl für typisches Marktverhalten rund um Fibonacci-Marken. Dieses Buch liefert Ihnen die Grundlagen – die Umsetzung liegt bei Ihnen.

Nutzen Sie Fibonacci als festen Bestandteil Ihrer Analyse – so, wie es viele erfahrene Marktteilnehmer längst tun.

Oder, um es mit den Worten des mehrfach ausgezeichneten japanischen Analysten Hidenobu Sasaki zu sagen: »**Je nach Kenntnisstand des Lesers kann man den Chart zum Leben erwecken – oder ihn töten.**«

Erwecken wir ihn also zum Leben.

ABBILDUNGSVERZEICHNIS

Die Abbildungen 15, 16, 17, 18, 19, 20, 21, 22, 23, 27, 28, 29, 30, 31, 32, 33, 34, 35, 36, 38, 39, 40, 41, 42, 43, 44, 45, 48, 49, 50, 51, 52, 53, 54, 55, 56, 57, 58, 59, 60, 61, 62, 64, 65, 66, 67, 68, 69, 70, 71, 72, 73, 74, 76, 77, 78, 79, 80, 82, 83, 85, 86, 87, 88, 89, 90, 91, 98, 108, 110, 113, 115, 117, 120, 121, 122, 123, 125, 126, 127, 128, 129, 130, 135, 138, 152, 153, 154, 155, 156, 157, 158, 159 und 160 wurden mit TAI-PAN erstellt.

Die Abbildungen 25 und 37 wurden mit NinjaTrader erstellt.

Die Abbildungen 26, 118 und 124 wurden mit TradingView erstellt.

Die Grafiken 1, 2, 3, 6, 7, 8, 9, 11, 12, 13, 14, 24, 46, 47, 63, 75, 81, 84, 92, 93, 94, 95, 96, 97, 99, 100, 101, 102, 103, 104, 105, 106, 107, 109, 111, 112, 114, 116, 119, 131, 132, 133, 134, 136, 137, 139, 140, 141, 142, 143, 144, 145, 146, 147, 148, 149, 150 und 151 wurden von der Autorin selbst gezeichnet.

Die Fotos aus Abbildung 4 wurden mit der AI PIXLR erstellt.

Das Foto aus Abbildung 5 stammt von Wikipedia.

Das Foto aus Abbildung 10 stammt von Pixabay.

CHARTSOFTWARE

TAI-PAN ist eine professionelle Börsensoftware zur technischen Analyse, Chartdarstellung und Marktbeobachtung. Sie bietet Realtimedaten, umfangreiche Charting-Tools, Backtesting, Indikatoren sowie Watchlisten und unterstützt bei der Entwicklung und Überwachung von Handelsstrategien. Besonders geeignet ist sie für Trader, die fundierte Entscheidungen auf Basis von Charts und historischen Daten treffen wollen. Die Software kann gekauft oder gemietet und auf dem Rechner installiert werden, hinzu kommen dann noch die Kosten für die Datenabonnements. www.tai-pan.de

NinjaTrader ist eine professionelle Handelsplattform für Chartanalyse, Backtesting, Orderausführung und automatisierten Handel. Sie unterstützt den Futures-, Forex- und Aktienhandel und bietet eine leistungsstarke Programmierumgebung für eigene Strategien. Besonders beliebt ist sie bei aktiven Tradern und Algo-Entwicklern. Die Software kann gekauft oder gemietet und auf dem Rechner installiert werden, dann kommen noch die Kosten für die Daten dazu. www.ninjatrader.com

TradingView ist eine webbasierte Plattform für Chartanalyse, Marktbeobachtung und den Austausch von Trading-Ideen. Sie bietet Echtzeitkurse, eine Vielzahl technischer Indikatoren, Zeichenwerkzeuge, Skriptprogrammierung mit Pine Script sowie die Möglichkeit, Strategien zu testen und mit anderen Tradern zu teilen. Es können unter anderem Handelsstrategien und Indikatoren entwickelt werden. Ideal für Anfänger und Profis. Sie kann mit diversen Brokern verknüpft werden. Es gibt sowohl kostenlose als auch kostenpflichtige Versionen mit unterschiedlichem Funktionsumfang. www.tradingview.com

LITERATURLISTE

Appel, Gerald (2007): PowerTools für die technische Analyse, FinanzBuch Verlag

Beck, Ross L. (2010): The Gartley Trading Method, WILEY Trading

Boroden, Carolyn (2008): Fibonacci Trading – How to Master the Time and Price Advantage

Brown, Constance (2008): Fibonacci Analysis, Bloomberg Press

Bulkowski, Thomas N. (2009): Enzyklopädie der Candlesticks, FinanzBuch Verlag

Dudella, Suri (2007): Trade Chart Pattern Like The Pros, Suri Duddell

Gartley, Harold M. (1981): Profits in the Stock Market, Lambert-Gann Publishing

Hemenway, Priya (2008): Der geheime Code, Evergreen

Lausch, Huberta (2009): Fibonacci und die Folge(n), De Gruyter Oldenbourg

Murphy, John J. (2011): Technische Analyse der Finanzmärkte, FinanzBuch Verlag

Pesavento, Larry (1997): Fibonacci-Ratios with Pattern Recognition, Traders Press

Pesavento, Larry und Jouflas, Leslie (2010): Chartmuster richtig analysieren und bewerten, FinanzBuch Verlag

Prechter, Robert und A. J. Frost (2003): Das Elliott-Wellen-Prinzip: Der Schlüssel zu einem besseren Börsenverständnis

Roller, Karin + Eismann, Stephanie (2025): Das große Buch des Pattern Tradings

ÜBER DIE AUTORIN

Karin Roller ist Diplom-Biologin und beschäftigt sich seit 1997 mit dem Thema Börse. Sie ist Vorstandsmitglied der VTAD e. V. (Vereinigung Technischer Analysten Deutschlands), leitet die Stuttgarter Regionalgruppe der VTAD und war viele Jahre Board Member der IFTA (International Federation of Technical Analysts). Als CFTe® (Certified Financial Technician by IFTA) sind ihr die Methoden der technischen Analyse bestens vertraut. Als geprüfte Börsenhändlerin und ehemalige Mitarbeiterin der Handelsüberwachungsstelle der Börse Stuttgart kennt sie praktisch alle Handelsinstrumente und die rechtlichen Aspekte des Börsenhandels. Sie ist aktive Traderin und gibt ihr Wissen in Seminaren an Interessierte weiter.